Robert Schediwy

\*\*\*

# Ein Jahrhundert der Illusionen

Ökonomie, Politik und Kultur im 20. Jahrhundert

www.salzwasserverlag.de/literatur

Schediwy, Robert

# Ein Jahrhundert der Illusionen

### Ökonomie, Politik und Kultur im 20. Jahrhundert

*Schriftenreihe: Lesewerkstatt Rezensionen, Band 2*

Herausgeber: Prof. Dr. Jost W. Kramer und Dr. Robert Schediwy

1. Auflage 2008 | ISBN: 978-3-86741-090-8

© CT Salzwasser-Verlag GmbH & Co. KG, 2008
(www.salzwasserverlag.de). Alle Rechte vorbehalten.

Herstellung: Hohnholt Reprografischer Betrieb GmbH
(www.hohnholt.com). Gedruckt auf chlorfreiem Papier.

Die Deutsche Bibliothek verzeichnet diesen Titel in der Deutschen Nationalbibliografie. Bibliografische Daten sind unter http://dnb.ddb.de verfügbar.

**Umschlag: Anna Breslova, Lost Industry, 1985**

Salzwasser
Verlag

*In Erinnerung an*

*Eduard März und Egon Matzner*

# Inhaltsverzeichnis

**Vorwort** 4

**Einleitung** 7

BERLIN, Isaiah
Im düsteren Bann der Anti-Aufklärung: *Das krumme Holz der Humanität* 12

BRUNNGRABER, Rudolf
Von der Lyrik der Nachrichtenmeldungen: *Karl und das zwanzigste Jahrhundert* 25

CAMUS, Albert
Moralist ohne Gott - Herbert Lottman: *Camus – Eine Biographie* 28

DODERER, Heimito von
Die „Hidden Agenda" der „Dämonen". Der Staatsroman aus den 1950er Jahren und sein antisemitisches Unterfutter: *Die Dämonen* 31

FISCHER, Ernst (1)
Liebenswerte Schwäche: *Erinnerungen und Reflexionen* 48

FISCHER, Ernst (2)
Der lange Weg zum konsequenten Humanismus: *Aufstand der Wirklichkeit – Literarische Studien und Porträts* 51

FURET, François
Rückblick auf eine Illusion: *Francois Furet – Das Ende der Illusion* 54

HIPPIUS, Sinaida
Petersburg, 1919 – 1920: *Petersburger Tagebuch* 67

HOBSBAWM, Eric
Krönung eines großartigen Lebenswerkes: *Das Zeitalter der Extreme. Weltgeschichte des 20. Jahrhunderts* 69

KADARE, Ismail
Chronik in Stein und Blut: *1) Chronik in Stein  2) Der zerrissene April* 77

KAPUŚCIŃSKI, Ryszard
Momentaufnahmen eines Untergangs: *SCHAH-IN-SCHAH* 81

KASTNER, Walther
Ein anpassungsfähiger Individualist: *Mein Leben – kein Traum. Aus dem Leben eines österreichischen Juristen* 85

KEYNES, John Maynard
Ein junger Ökonom im Zusammenbruch der „Welt von Gestern": *Robert Skidelsky: John Maynard Keynes 1883-1920 Hopes Betrayed* 88

KEYNES, John Maynard
Genie des Common Sense und konstruktiver Rebell: Robert Skidelsky: *John Maynard Keynes – The Economist as Saviour 1920-1937* 98

KEYNES, John Maynard
  Auf Augenhöhe mit dem Genie: Robert Skidelsky: *John Maynard Keynes 1883
  – 1946: Economist, Philosopher, Statesman*   114
KEYNESIANISMUS
  Zurück zur Krise und zu Keynes: Gottfried Bombach, Karl-Bernhard
  Netzband, Hans-Jürgen Ramser, Manfred Timmermann (Hrsg.): *Der
  Keynesianismus, Band III – Die geld- und beschäftigungstheoretische Diskussion in
  Deutschland zur Zeit von Keynes*   118
KLEMPERER, Victor
  Die Klischees der Nachgeborenen – über Victor Klemperers „Tagebücher"
  1933-1945: *Ich will Zeugnis ablegen bis zum letzten – Tagebücher 1933 bis 1941
  und 1942 bis 1945*   127
KLEMPERER, Victor
  Ein kühler Spieler – Victor Klemperers Tagebücher 1918-1932: *Leben sammeln,
  nicht fragen wozu und warum. Tagebücher 1918–1924 und 1925–1932*   136
KLEMPERER, Victor
  Zwischen allen Stühlen: *So sitze ich denn zwischen allen Stühlen. Tagebücher
  1945-1959*   145
KREISKY, Bruno
  Zwischen Bosheit und Weisheit – Bruno Kreiskys Memoiren. Zweiter Band:
  *„Im Strom der Politik" – Erfahrungen eines Europäers*   148
KUH, Anton
  Spötter, Warner und Entlarver: *„Luftlinien." Feuilletons, Essays und Publizistik*   151
MANN, Golo
  Nachdenken über Deutschland: *Golo Mann: Erinnerungen und Gedanken – Eine
  Jugend in Deutschland*   156
MÄRZ, Eduard
  Ein Ökonom als Kulturmensch: *1) Tod eines Condottiere oder Skandal in Neu-
  Kakanien   2) Karl Ludwig Freiherr von Bruck oder das Spiel von der Hybris der
  politischen Macht*   160
MATEJKA, Viktor
  Erinnerungen mit Widerhaken: *Anregung ist alles. Das Buch Nr. 2*   169
MATZNER, Egon
  Ein vorbildhafter Intellektueller: *1) Der Wohlfahrtsstaat von Morgen;
  2) Monopolare Weltordnung – zur Soziökonomie der US-Dominanz*   172
MÜHL, Otto
  Ein ehemaliger Kommunarde zieht Bilanz: *Andreas Schlothauer: Die Diktatur
  der freien Sexualität AAO, Mühl-Kommune, Friedrichshof*   182
PERRAULT, Gilles
  Auf den Spuren der roten Kapelle: *Das Netzwerk des Leopold Trepper*   190
POLANYI, Karl
  Karl Polanyis „Great Transformation" – der Versuch einer postmarxistischen
  Synthese: *The Great Transformation*   194

POLANYI, Karl
Kulturhistorisch faszinierend: Kenneth McRobbie, Kari Polany Levitt
(Hrsg.): *Karl Polanyi in Vienna. The Contemporary Significance of the Great Transformation* 198

SCHACHT, Hjalmar
Leben und Wirken einer umstrittenen Persönlichkeit: Pentzlin, Heinz: *Hjalmar Schacht: Ein untadeliger Handlanger zwischen Weimar und Hitler* 207

SOMBART, Nicolaus
Die Stille im Zentrum des Orkans: *Jugend in Berlin 1933-43. Ein Bericht* 212

STIEFEL, Dieter
Insel der Unseligen – Österreich 1918-38 aus der Sicht eines Wirtschaftshistorikers: *Arbeitslosigkeit – Soziale, politische und wirtschaftliche Auswirkungen – am Beispiel Österreichs 1918-38* 215

STOCKMAN, David A.
Brilliante Borniertheit gegen bauernschlauen Biedersinn: *The Triumph of Politics – why the Reagan-Revolution failed* 220

TERKEL, Studs
Amerikas Rassenkonflikt aus erster Hand: *Die sind einfach anders – Die Angst vor der anderen Hautfarbe – Der alltägliche Rassismus in Amerika* 227

WATSON, Thomas J. jr., PETRE, Peter
IBM – Ein Weltkonzern aus der Insiderperspektive: *Der Vater, der Sohn & die Firma – Die IBM-Story – Wie ein Weltkonzern entstand* 232

WEIßBERG-CYBULSKI, Alexander
Spiel mit dem Leben – ein Gefangener analysiert Stalins Säuberungen: *Im Verhör. Ein Überlebender der stalinistischen Säuberungen berichtet* 238

WERTPAPIERMÄRKTE
Unabhängige Analysten?: Elmenhorst, Jan, Kramer, Jost W.: *Beeinflussung von Wertpapiermärkten durch Analystenkommentare – Konfliktpotenziale und Lösungsansätze* 243

WINTER, Ernst Karl
Verantwortungsvoller Mahner in düsterer Zeit:
1) *Rudolph IV. von Österreich*
2) *Alfred Missong (Hrsg.): Ernst Karl Winter – Bahnbrecher des Dialogs*
3) *Karl Hans Heinz (Hrsg.): Ernst Karl Winter – ein Katholik zwischen Österreichs Fronten 1933-1938* 246

ZWASS, Adam
Die Krise im Ostblock: *Planwirtschaft im Wandel der Zeit* 252

**Angaben zur Erstveröffentlichung** **263**

**Autorenangaben** **268**

**Vorwort**

Bücher sind etwas Faszinierendes. Selbst wenn man schon ein paar hundert von ihnen gelesen hat, stellt jedes ungelesene, das man in die Hand nimmt, wieder eine Art „Versprechen" dar: auf Unterhaltung, Spannung, Beschäftigung, vielleicht sogar auf Erkenntnisgewinn. Das einzige Problem bei der Angelegenheit ist eigentlich ein ökonomisches: Eine ungeheure Vielfalt an Büchern, fast unbeschränkt viele, steht einer im Vergleich äußerst beschränkten Zeitspanne gegenüber, über die der – potenzielle – Leser verfügt.

Für die notwendige Auswahl der Lektüre kann man dann den Aussagen des Verlages folgen – oder aber zunächst eine Rezension des Buches lesen. Rezensenten kommt somit eine Wegweiserfunktion bei der Auswahl von Büchern zu, aber zugleich sind sie so etwas wie ein Gutachter dahingehend, ob das jeweilige „Versprechen" eines Buches auch in der Tat eingehalten wird.

Um diese Aufgabe angemessen erfüllen zu können, muss der Rezensent das Buch aber nicht nur lesen, sondern sich auch mit dem Inhalt auseinandersetzen. Ihm obliegt die Verpflichtung zur kritischen Einordnung, zur Reflektion über die Inhalte. Dazu muss das Buch in den eigenen Wissens-, Meinungs- und vielleicht sogar Überzeugungskanon des Rezensenten eingeordnet werden, um seine Stärken und Schwächen beuteilen und aufzeigen zu können.

Beim Verfassen der Buchbesprechung wird dadurch aber zugleich unweigerlich auch dieser Kanon des Rezenten aufgedeckt. Rezensionen, auch und gerade guten Rezensionen, haftet damit nicht nur immer etwas Subjektives an, sondern auch etwas Persönliches, spiegeln sie doch zumindest in Teilen auch den Charakter und die Werte des Rezensenten wider. Darunter kann dann zwar die Objektivität leiden, aber im Gegenzug kann die Aufgabe des „Wegweisens" erfüllt werden. Der Verfasser einer Buchbesprechung agiert gewissermaßen als ein Sieb und „filtert" die Lektüre vor dem Hintergrund seiner Kenntnisse und seiner Persönlichkeit. Ähnlich dem durchgesiebten Sand, der umso feiner ist, je dichter die Maschen sind, ist auch die Einordnung eines Buches in den Kanon umso feiner, je enger die einzelnen Wissens-, Meinungs- und Überzeugungsstränge miteinander verflochten sind.

Dies zeigt sich auch bei den hier zusammengeführten Rezensionen von Robert Schediwy: Die Kommentierungen der Bücher sind geprägt von seinen in Studium und beruflicher Tätigkeit erworbenen wirtschaftlichen und juristischen Kenntnissen, beeinflusst von seinem Interesse an der insbesondere österreichischen Geschichte und Politik, geprägt von seiner Faszination im Bereich von Städtebau und Architektur. Das „Sieb" ist, wie Robert Schediwys Interessen vermuten lassen, ausgesprochen fein geknüpft – und dies ermöglicht eine kompetente Auseinandersetzung mit den gelesenen Büchern. Dies hängt natürlich auch damit zusammen, dass sich Schediwy – wie grundsätzlich jeder Rezensent – insbesondere mit jenen Büchern auseinandersetzt, denen sein originäres Interesse gilt. Bei Robert Schediwy sind dies jene Werke, die sich mit den Themenkomplexen des Totalitarismus, egal welcher politischen Couleur, befassen, sowie dem Einfluss der Wirtschaftspolitik auf das Entstehen oder aber die Verhinderung totalitärer Systeme.

Durch Schediwys Besprechungen, die sein immenses Wissen nicht nur widerspiegeln, sondern zumindest teilweise auch kanalisieren, erhält der Leser seiner Rezensionen nicht nur einen tieferen Einblick in das jeweilige Werk, sondern darüber hinaus einen Orientierungsrahmen, der die eigene Auseinandersetzung mit dem Buch erleichtert – egal ob man dem Rezensenten im Einzelfall zustimmt oder nicht. So kann die Besprechung Interesse an dem Buch wecken – und ich gestehe gerne, dass einige von Robert Schediwys Besprechungen mich neugierig auf das zugrunde liegende Buch gemacht haben. Und ist dies nicht auch eine der Aufgaben guter Rezensionen?

Wismar, Frühjahr 2007

*Jost W. Kramer*

# Einleitung

Die Aufgabe des Rezensenten ist eine herausfordernde, auch wenn man sie, wie das die Herausgeber dieser Reihe tun, als kritische, aber eher bescheidene Vermittlerrolle auffasst und nicht als Gelegenheit, im Gestus des überschäumend Lobenden oder radikal Vernichtenden eigene Allmachtsphantasien zu realisieren. Das Vorhaben, in der immer unübersichtlicher werdenden Flut der Publikationen selbst Orientierung zu finden und diese an andere weiter zu geben, kann allerdings auf zwei verschiedene Arten ausgeübt werden. Einerseits durch sachgerechte Kurzinformation – eine Form, wie sie unserer Zeit und dem Charakter ihrer Medien wohl besonders adäquat ist und wie sie den ersten Band unserer Reihe dominiert. Andererseits gibt es aber auch die essayistische Auseinandersetzung mit Werken, die der Rezensent für besonders bedeutsam hält. Die Gelegenheiten, solche ausführlichere Würdigungen zu publizieren, werden freilich immer spärlicher. Die „Großrezension" ist im Rückzug in Richtung auf die Fachjournale begriffen und nur mehr in wenigen Publikumsmedien anzutreffen. Hier aber erscheint die bedrohte Spezies gefährdet, in die Hand von intellektuellen Showmastern und narzisstischen „Kritiker-Päpsten" zu geraten.

Der Verfasser dieser Zeilen pflegt auch gern und oft das Genre der informativen Kurzbesprechung – aber er steht nicht an, hier seine Faszination durch das Genre der (zumindest ein wenig) ausführlicheren Rezension einzubekennen. Es mag unserer schnelllebigen Zeit widersprechen, es mag eine Art intellektuellen Luxus darstellen: Wer aber einmal ein Heft der „New York Review of Books" durchgeblättert hat, weiß, was der Welt verloren ginge, gäbe es diese Art Auseinandersetzung mit Büchern und Themen, die es wert sind, nicht mehr.

Der vorliegende Band versammelt deshalb mehrheitlich mittelgroße bis größere Rezensionen, und zwar, wie der Untertitel sagt, zu den Themen Ökonomie, Politik und Literatur im 20. Jahrhundert. Es ist ein wenig traurig festzustellen, dass die meisten der Zeitschriften, die mir diese Möglichkeit geboten haben, heute nicht mehr existieren. Die ambitionierte Innsbrucker „Gegen-hart", von Stefanie Holzer und Walter Klier in bewusster Anlehnung an die „New York Review of Books" herausgegeben, hat nach mehrjährigem ehrenvollem Kampf die Waffen strecken müssen. Die Bereitschaft zur Selbstausbeutung ihrer Herausgeber hatte ihre Grenzen. Die „Zukunft", einstmals das theoretische Organ der österreichischen Sozialdemokratie und ein Ort offener intellektueller Debatten, hat ihren Charakter grundsätzlich geändert. Die Jahresbände des „Archivs" des Vereins für die Geschichte der Arbeiterbewegung sind der Knappheit der Ressourcen dieser Institution zum Opfer gefallen. Andere Zeitschriften, die ich hier nicht namentlich nennen möchte, haben ihren Rezensionsteil überhaupt eingestellt, und zwar ohne finanziellen Druck. Man muss also sehr dankbar sein, wenn es heute noch Medien wie „Wirtschaft und Gesellschaft" gibt, die die ausführlichere Auseinandersetzung mit Büchern, die es wert sind, pflegen und fördern. So viel zu den hauptsächlichen Quellen und Aussagen der hier versammelten Rezensionen.

Nun noch ein paar Worte zu deren Gegenstand. Ökonomie, Politik und Literatur sind im 20. Jahrhundert in engster Weise verflochten: Der nicht zuletzt aus Gründen eines ökonomisch motivierten Imperialismus geführte Erste Weltkrieg zerstörte die Illusion der Sicherheit und des Fortschritts, die die Belle Époque vor 1914 allerorts genährt hatte. Den Nachkriegswirren folgten wenige Jahre der Hoffnung auf Wiedergewinnung von Stabilität und Frieden, die aber im Börsenkrach des Oktober 1929 und der darauf folgenden Weltwirtschaftskrise brutal endeten. Angesichts dieses Versagens des liberalen Kapitalismus und seiner Staatsmodelle (der konstitutionellen Monarchie und der demokratischen Republik) wuchs in den 1930er Jahren die intellektuelle Attraktion der Totalitarismen: Der Stalinismus der Fünfjahrespläne, aber auch die gelenkte und „angekurbelte" Wirtschaft der faschistischen Regime schienen Alternativen zur Untätigkeit des liberalen Staates angesichts von Massenarbeitslosigkeit und Elend zu bieten. Viele Intellektuelle erlagen der Faszination dieser „zupackenden" Autoritarismen und ihrer kurzfristig beeindruckenden Erfolge. Andere sahen die Unmenschlichkeit dahinter genauer und ahnten, dass die Rüstungskonjunktur und allgemeine Militarisierung geradewegs in einen noch viel schrecklicheren Weltkrieg führen mussten.

An das Ende dieses Krieges und die Niederwerfung der faschistischen Mächte schloss fast unmittelbar der „Kalte Krieg" an – eine stille, aber erbitterte Auseinandersetzung, die eigentlich erst 1991 mit dem Zerfall der Sowjetunion endgültig entschieden war. Viele Intellektuelle der Linken, die zunächst dem Modell des Realsozialismus viel abgewinnen konnten, wurden schrittweise desillusioniert – die Nennung der Jahreszahlen 1953, 1956 und 1968 möge hier genügen. Am Ende stand die Implosion des „Riesen auf tönernen Beinen" – sie aber ist paradoxerweise in sehr marxistischer Manier erklärbar, denn das System der realsozialistischen Zentralverwaltungswirtschaft war einfach zu ineffizient, um auf Dauer wirtschaftlich und militärisch-technisch mit dem Westen und seiner Vormacht USA zu konkurrieren. Es fesselte die Produktivkräfte, anstatt sie zu entfalten. Und darum musste es entsprechend seiner eigenen Logik des dialektischen Materialismus untergehen.

Dieses Drama des 20. Jahrhunderts wird in den hier rezensierten Werken aus einer Vielzahl von Perspektiven widergespiegelt: Der große Ökonom John Maynard Keynes versuchte, inmitten des Zerbrechens seiner bürgerlichen Welt Rezepte zu finden, um deren auseinander fallenden Teile zu kitten. Sein Biograf Robert Skidelsky hat Keynes' unglaublich reichen Lebensweg mit einer großartigen Serie von Biografien exemplarisch dargestellt. Ein anderer hellsichtiger Zeitzeuge und Sohn der „Belle Époque", Victor Klemperer, beobachtete in seinem monumentalen Tagebuchwerk den Untergang der Zivilisation in seinem geliebten Deutschland: Aus durchaus pragmatischen Gründen hat er sich nach 1945 mit der DDR arrangiert – aber ohne sich Illusionen über deren Charakter zu machen.

Relativ viele der hier rezensierten Werke reflektieren den Weg enttäuschter Linker: Ernst Fischer, Francois Furet, Eric John Hobsbawm, aber auch Karl Polanyi und Alexander Weißberg-Cybulski sind hier zu nennen. Sich mit den Büchern solcher Denker auseinander zu setzen, hat stets besonderen Reiz, denn sie versuchen, den Blick aufs Ganze zu richten, eben auf die Interdependenzen von Ökonomie, Politik und Kultur. Auch wenn der Rezensent selbst sich nie als ideologischen Marxisten verstanden hat: dieses Bemühen, sich auf rationaler Basis der gesellschaftlichen Totalität zu stellen, ist höchst beeindruckend. Noch dazu hatte ich das Glück, mich etlichen der hier vorgestellten Buchautoren, etwa Eduard März und Viktor Matejka, gegen Ende ihres Lebens freundschaftlich verbunden zu fühlen oder zumindest mit ihnen gelegentlich diskutiert zu haben (wie im Falle Bruno Kreisky und Eric John Hobsbawm).

Einem ganz anderen, auf hohem Niveau gescheiterten (und moralisch noch dazu einigermaßen anrüchigen) Versuch, ein Gesamtbild sozialer Prozesse zu erfassen, ist meine nun schon mehr als zehnjährige Auseinandersetzung mit Heimito von Doderers großem Wiener Gesellschaftsroman „Die Dämonen" gewidmet, deren aktuellste Version hier inkludiert ist. Was bei Doderer als paranoider Entwurf einer notwendigen „Scheidung der Rassen" konzipiert wurde, endet, unbelehrt, aber durch verbalen Zuckerguss nahezu unkenntlich gemacht, in nostalgischer Unverbindlichkeit. Dass für Intellektuelle um die Mitte des 20. Jahrhunderts auch ein Weg abseits der Verlockungen des rechten und linken Totalitarismus gangbar war, belegt übrigens das kurze Leben von Albert Camus, wie es Herbert Lottman in seiner großen Biografie dargelegt hat.

Eine Besonderheit stellt im Rahmen der hier versammelten Artikel mein – ursprünglich für eine Gedenkschrift vorgesehener – Beitrag über meinen verstorbenen Freund Egon Matzner dar. Er ist im eigentlichen Sinne kein Rezensionsessay, obwohl Egon auch als Verfasser und Anreger zahlreicher Bücher hervor getreten ist. Konzeptionell stellt er zwar auch eine Art „kritische Würdigung" dar, aber eben nicht eines einzelnen Buches, sondern eher eines Lebenswerks und einer Lebenshaltung – wodurch er sich dann doch wieder in den Kanon einfügt.

Nicht alle der Werke, denen dieser Band gewidmet ist, wurden hier genannt. Es ging mir aber in jedem Fall darum, wichtige Werke und interessante Themen zu entdecken. Sollte die Lektüre dieser bescheidenen Einführung Lust darauf machen, die besprochenen Werke im Original zu lesen und sich mit ihnen direkt auseinander zu setzen, wäre die Intention des Rezensenten erfüllt. In einer Zeit, in der das Lesen es nicht leicht hat und es selbst im Internet (nach einem überraschenden Vorstoß) wieder vor der Macht der Bilder zurückzuweichen scheint, ist ja die Lektüre jedes einigermaßen anspruchsvollen Buches ein kleiner Widerstandsakt gegen die fortschreitende Trivialisierung des Denkens.

Wien, den 8.12.2006

*Robert Schediwy*

BERLIN, Isaiah

**Im düsteren Bann der Anti-Aufklärung**

*Das krumme Holz der Humanität*

Frankfurt/Main, S. Fischer Verlag 1992

Das 20. Jahrhundert hat den Fortschrittshoffnungen der Menschheit, wie sie im 17. und 18. Jahrhundert formuliert wurden und im 19. Jahrhundert fast allgemeine Geltung erlangten, schwerste Schläge versetzt. Die friedliche und gesicherte Vorkriegswelt der Belle Époque, die später von Überlebenden wie Joseph Roth, Stefan Zweig oder John Maynard Keynes nostalgisch erinnert wurde, versank im Blutbad des Ersten Weltkriegs. Nicht nur, dass alle Friedenskongresse und die Antikriegsagitation der internationalen Arbeiterbewegung umsonst gewesen waren; die irrationale Massenhysterie, mit der allerorts der Weltkrieg begrüßt wurde, die Ausbreitung des nationalistischen Flächenbrandes auch auf friedliche Gemüter, musste alle erschüttern, die an die Möglichkeit eines linearen Fortschritts von Humanität und Zivilisation glauben wollten.

Aber es kam noch schlimmer. Die Diskreditierung der Vorkriegseliten in den Verliererstaaten des Ersten Weltkriegs (Deutschland, Österreich, Ungarn, aber etwa auch Russland) und im „unbefriedigten Siegerstaat" Italien führte nach Kriegsende zu längeren Unruhen, die schließlich in mehr oder minder gewaltsame Führerdiktaturen mündeten. Faschismus und Nationalsozialismus einerseits und Kommunismus andererseits standen einander dabei zwar als unversöhnliche Gegner gegenüber, waren aber in ihrer Verachtung der Menschenrechte, in ihrem zynischen Voluntarismus und in der Benützung der Machtmittel von Industrie und Propaganda einander durchaus ähnlich. Lenin und Goebbels bejahten etwa in fast identischen Worten das modernste Propagandainstrument

Film. Auch die stalinistische und faschistische Gleichschaltung der Intelligenz in Künstlerverbänden hatte vollkommen parallelen Charakter.

Den tiefsten Schock musste diese Entwicklung auf jene Menschengruppe ausüben, die existentiell am meisten auf die Fortschrittshoffnung in Richtung auf allgemeine Toleranz und Humanität ausgerichtet sein mußte: die durch die Emanzipations-bewegung des 19. Jahrhunderts entstandene liberale jüdische Intelligenz. Diese hatte ihre angestammte Religion vielfach durch eine Art Glauben an die deutsche Kultur ersetzt, mit Goethe, Schiller, Lessing und Heine als Erzvätern. Viele emanzipierte Ostjuden wurden so im slawischen Umfeld geradezu zu Vorkämpfern des Pangermanismus. Ihre Sicht erhielt durch den Massenmord des Holocaust den schwerstmöglichen Schlag. Zugleich mussten jene, die an die Emanzipation durch die neue Heilslehre des Marxismus-Leninismus geglaubt hatten, feststellen, dass auch in der Sowjetunion Stalins nationalistische und offen antisemitische Tendenzen immer deutlicher spürbar wurden (die Kennzeichnung der Juden als eigene Volksgruppe und die Schaffung eines eigenen Nationalgebietes Birobidschan im hintersten Sibirien hatten ja keineswegs emanzipatorischen Charakter). In den letzten Jahren von Stalins Herrschaft war die antisemitische Paranoia, etwa anläßlich der sogenannten Ärzteverschwörung oder des Prager Slánsky-Prozesses, offenkundig.

Isaiah Berlin, geboren 1909 in Riga, 1957-1967 Professor für Sozialphilosophie und politische Theorie in Oxford, 1974-1978 Präsident der Britischen Akademie der Wissenschaften, ist ein vom Zerfall dieser Aufklärungshoffnungen persönlich zutiefst betroffener Denker. Von seinen Werken liegen auf Deutsch unter anderem *Wider das Geläufige – Aufsätze zur Ideengeschichte* und *Das krumme Holz der Humanität* vor. Sie reflektieren in zum Teil geradezu obsessiver Weise diesen Zerfall der Aufklärungshoffnungen und dessen Wurzeln.

Jeder bedeutende Denker ist von einigen zutiefst persönlichen Grunderfahrungen und Hauptthesen geprägt, die sich in seinem gesamten Werk wiederfinden. Es ist vor allem der Reichtum der Verarbeitung dieser Grundideen, der den großen Schriftstellern (wie den großen Musikern) ihren Rang in der Kulturgeschichte zuweist. Isaiah Berlin, von dem *Le Monde* einmal behauptet hat, es würden ihn „künftige Generationen als einen der letzten Repräsentanten des europäischen Geistes erkennen", nimmt nach diesen Kriterien einen höchst achtbaren, wenn auch nicht unbedingt einen Spitzenrang unter den Vertretern des europäischen Geistes im 20. Jahrhundert ein.

Vielleicht ist diese Beurteilung auch dadurch geprägt, dass Aufsatzsammlungen notwendigerweise gewisse Leitthemen immer wieder anschlagen müssen, während größere, einheitliche Werke eine freiere und umfassendere Entfaltung erlauben. Isaiah Berlins Geist scheint jedenfalls mit relativ engen Variationen permanent um einige oft nahezu identisch formulierte Hauptthemen zu kreisen.

Immer wieder begegnet man etwa der Idee des „dreibeinigen Schemels": jener drei Thesen, auf die sich nach Berlin die zentrale Tradition des politischen Denkens im Abendland stützt. Die erste These lautet: Auf alle echten Fragen könne es nur eine richtige Antwort geben. Die zweite These besagt, dass es eine Methode zur Aufdeckung dieser richtigen Antworten gebe; die dritte und vielleicht wichtigste Annahme besagt, dass alle richtigen Antworten zumindest miteinander vereinbar sein müssen.

Diese Grundthesen sieht Berlin zum ersten Mal fundamental bei Machiavelli erschüttert, der ohne explizite Verurteilung der christlichen Moral anmerkt, dass man mit ihr keine großen und machtvollen Reiche nach Art der Römer errichten könne. Das Aufreißen dieses Wertepluralismus sei die entscheidende Leistung Machiavellis gewesen, meint Berlin.

In besonderem Maße ist Berlin von den anti-aufklärerischen Denkern des 18. und 19. Jahrhunderts fasziniert. Dies betrifft etwa den italienischen Geschichtsphilosophen Giambattista Vico, der gegenüber dem „flachen" Fortschrittsdenken der Aufklärung einen historischen Wertepluralismus postulierte (das Zeitalter der homerischen Griechen sei zwar grausam und ungerecht gewesen, aber nur dieses hätte eben die kraftvollen Epen der Ilias und Odyssee hervorbringen können).

Auch Herder und Hamann, die deutschen Gegenaufklärer, faszinieren Berlin und tauchen immer wieder in seinen Schriften auf. Viel mehr als Herder, der eine idyllische Vielfalt historisch gewachsener Kulturen postuliert, verfällt Berlin allerdings dem düsteren Bann des wortgewaltigen Savoyarden und gegenrevolutionären Schriftstellers Joseph de Maistre, dessen antirationalistische und autoritäre Doktrinen am Petersburger Zarenhof der napoleonischen Zeit viel Gehör fanden. Während Berlin sonst eher wenig zitiert – das ist durchaus ein Fehler, denn eine Vielfalt unterschiedlicher Originalzitate hätte gerade jenen Eindruck von Repetitivität gemildert, der bei seinen Schriften öfters aufkommt – zitiert er de Maistre an zentraler Stelle sogar doppelt. Das erste dieser zentralen Zitate (wiedergegeben auf Seite 146-147 des Bandes *Das krumme Holz der Humanität*) ist de Maistres berühmte Passage, in der dieser die lebendige Natur – sehr im Gegensatz zu den idyllischen Vorstellungen des 18. Jahrhunderts – als schauerliches Reich des Fressens und Gefressenwerdens darstellt: „Kein Augenblick vergeht, in dem nicht ein Lebewesen von einem anderen verschlungen würde. Über alle diese zahlreichen Tierrassen ist der Mensch gesetzt, und seine zerstörerische Hand verschont nichts von dem, was lebt. Er tötet, um sich zu nähren, er tötet, um sich zu kleiden, er tötet, um sich zu schmücken, er tötet, um anzugreifen und er tötet, um sich zu verteidigen, er tötet, um sich zu belehren, er tötet, um sich zu unterhalten, er tötet, um zu töten (...). Und welches Wesen löscht in diesen allgemeinen Schlachten ihn aus, der alle anderen auslöscht? Er selbst. Dem Menschen selbst obliegt es, den Menschen zu erwürgen (...). So wird (...) das große Gesetz der gewaltsamen Vernichtung aller Lebewesen erfüllt."

An die Seite dieser berühmten Schreckensvision vom Leben stellt Berlin – wieder in zweifacher Ausfertigung – de Maistres berüchtigte „Scharfrichterpassage" (ebenfalls aus den *Soirées de Saint Petersbourg*). Einer genauen Beschreibung des Vorgangs des Räderns, der vielleicht grauenhaftesten Hinrichtungsart, schließt de Maistre eine Art Loblied des Henkers, dieses blutbesudelten Hüters der irdischen Ordnung an. Er sei „der Schrecken und zugleich das Band aller menschlichen Zusammenschlüsse. Nehmt diesen unbegreiflichen Bediensteten aus der Welt fort und schon tritt an die Stelle der Ordnung das Chaos, die Throne versinken und die Gesellschaft verschwindet."

Berlin, ein feinfühliger Amateurpsychologe, verweist auf die schrecklichen Jugenderlebnisse de Maistres (als frommer Betreuer von zum Tode Verurteilten), die dieses düstere Weltbild eines im Privatleben sympathischen und umgänglichen Mannes geprägt haben dürften. Er macht auch zu Recht deutlich, dass de Maistre nicht nur als wortgewaltiger, wenn auch unzeitgemäßer Verfechter der vorrevolutionären absolutistischen Ordnung anzusehen ist, sondern auch als Ahnherr des neuen Irrationalismus der Macht, wie er im 20. Jahrhundert in den faschistischen Systemen seine schrecklichste Realisierung finden würde. Sein Wettern gegen La Secte hat schon höchst modernen Charakter. La Secte – das sind für de Maistre die Störer und Umstürzler: Protestanten und Jansenisten, Deisten und Atheisten, Freimaurer und Juden, Naturwissenschaftler und Demokraten, Liberale, Utilitaristen, Anti-Klerikale, Egalitaristen, Materialisten, Rechtsanwälte, Journalisten, Reformer und Intellektuelle jeder Art ...

Das Charakteristikum und vielleicht auch die Schwäche von Berlins Denken ist es allerdings, dass er von Autoren wie de Maistre zuweilen fasziniert erscheint wie das Kaninchen von der Schlange: Ein freies, distanziertes Urteil wird so unmöglich. Wenn er de Maistres Sprache rühmt, „die sich bisweilen zu klassischer Würde und Schönheit erhebt", wenn er de Maistres Bemerkungen „von außergewöhnlichem Scharfblick und prophetischer Kraft" lobt, so sind das teilweise durchaus zutreffende Wertungen. Über die Ungeduld der Russen in der Wissenschaft sagte de Maistre beispielsweise, sie wollten „alles an einem Tag tun" – hierin könnte man auch eine prophetische Kritik des überhasteten und gescheiterten Industrialisierungsoptimismus von Lenin und Stalin sehen. Berlin charakterisiert de Maistre auch durchaus zutreffend als „Nachhall der fanatischen Stimmen der Inquisition" und zugleich als den „frühesten Ton einer militant antirationalen Melodie des modernen Faschismus". Trotzdem ist hier etwas, was Berlin zu überwältigen scheint, dem er nicht ganz gewachsen ist.

Besonders deutlich wird dies in dem – autobiographisch sicherlich besonders bedeutsamen – Aufsatz, den Isaiah Berlin dem Leben und den Ansichten von Moses Hess gewidmet hat (*Wider das Geläufige*). Moses Hess (1812-1875) war zunächst, wie Karl Marx, einer jener jungen Leute, die für den sozialen Fortschritt eintraten, und zwar mit einem „Gemisch aus Metaphysik, sozialem Messianismus und persönlicher Leidenschaftlichkeit, woraus die unzähligen historisch-theologischen Systeme in der Regel bestanden, mit denen die deutschen Universitäten damals das philosophische Publikum überschwemmten".

In Karl Marx, der ihn wegen seiner Naivität stets verspotten sollte, begegnete Hess 1841 seinem Abgott, „der der mittelalterlichen Religion und Politik den letzten Stoß versetzen wird (...) Denke dir Rousseau, Voltaire, Holbach, Lessing, Heine und Hegel in einer Person vereinigt, ich sage vereinigt, nicht zusammengeschmissen, so hast du Dr. Marx". Berlin befasst sich aber vor allem mit dem besten und bekanntesten Buch von Moses Hess aus 1862, in dem dieser zu einer Art frühen Befürworter des Zionismus wurde. Berlin beeindruckt es noch immer als „kühnes und schöpferisches Meisterwerk der Gesellschaftsanalyse" und zugleich als „Sammlung beunruhigend deutlicher Wahrheiten, darauf angelegt, die liberalen jüdischen Befürworter der Assimilation überall aufzurütteln". Hess versichert, dass Nationalität wirklich sei, Nationen seien „eine natürliche historische Entwicklung wie Familien oder natürliche Arten". Die Verleugnung der Nationalität verspiele jedermanns Respekt. „Der neumodische Jude, der die jüdische Nationalität verleugnet, ist nicht nur ein Apostat, ein Abtrünniger im religiösen Sinne, sondern ein Verräter an seinem Volke, an seinem Stamme, an seiner Familie". Hess geht so weit, den antisemitischen Autor der „Wacht am Rhein", Nikolas Becker, der ihn persönlich beleidigt hatte, weil Hess als Jude es gewagt hatte, Beckers deutsch-nationales Lied zu vertonen, geradezu recht zu geben: Es sei dies „beinahe instinktiv eine natürliche Reaktion" gewesen. Rassen seien eben wirklich und die Juden eine andere Rasse als die Deutschen. Die Deutschen hassten eben weniger die jüdische Religion oder die jüdischen Namen als vielmehr die „jüdischen Nasen".

Es ist bekannt, dass der moderne, säkuläre Staat Israel in gewissem Sinn ein spätes Produkt des völkischen Wahns des 19. Jahrhunderts ist: Wären nicht Menschen wie Moses Hess oder Theodor Herzl, der zunächst ein „deutscher Dichter" werden wollte, in ihrem Wunsch nach Assimilation (Hess nennt sie sogar Teutomanie) zurückgestoßen worden, so hätten sie nicht auf dem eher dünnen Substrat des historischen jüdischen Glaubens das Bedürfnis nach einer eigenen „völkischen" Heimat entwickelt – mit all den tragischen Folgen für die Entwicklung einer Region, in der es ja eine ortsansässige Bevölkerung, die Palästinenser, gab. Die Überlappung des alten, stammesreligiös bedingten Exogamieverbots mit dieser modernistischen, nationaljüdischen Volkstümelei bewirkte sogar, dass der Zionismus in gewissem Sinne wirklich, wie es ihm die umstrittene UNO-Resolution vorwarf, rassistische Züge annahm.

(Man denke daran, dass eine Hochzeit zwischen Juden und Nichtjuden in Israel praktisch unmöglich ist – weshalb die seltenen Paare, die so ein Wagnis eingehen, meist in Zypern heiraten.)

Moses Hess sah übrigens durchaus korrekt voraus, dass die Träger einer Besiedlung Israels nicht die relativ integrierten jüdischen Bevölkerungen Westeuropas sein würden, sondern die verarmten, der Religion ihrer Väter noch verbundenen jüdischen Massen Osteuropas. Er sah auch durchaus realistisch die westliche Kolonialmacht Frankreich als möglichen Protektor jüdischer Kolonisation im Nahen Osten.

Indem Berlin diesem Moses Hess, einem sicherlich persönlich absolut integeren und weitaus sympathischeren Mann als der verbissene, antisemitische Marx, recht gibt, ohne auf den Geburtsfehler eines solchen Staates als Nebenprodukt des europäischen Kolonialismus und als schmerzvoller Reflex völkischen Wahns zu verweisen, integriert er aber wie Hess gleichsam den Ungeist des Nationalismus, unter dem er leidet, ins eigene Denksystem.

Am eindrucksvollsten sind Isaiah Berlins Essays dort, wo sie von dieser persönlich prägenden Tragik frei sind: Etwa im hochinteressanten und berührenden Aufsatz über Alexander Herzen, den russischen Revolutionär und unehelichen Sohn eines Hocharistokraten mit einer braven deutschen Bürgerstochter. Herzen, ein Enttäuschter der Revolution von 1848, der in seinem Pessimismus in Bezug auf die menschliche Natur Berlins Auffassungen nahe kommt und prophetisch vor der unterdrückenden, kasernenhaften Disziplin warnte, die von den Kommunisten von Cabet bis Marx gefordert wurde, ist eine jener weniger bekannten Gestalten des 19. Jahrhunderts, die Berlin zu Recht als eigentlich einsichtsvoller und realistischer im Vergleich zu den großen Systemgründern herausstellt. Roger Hausheer ist zuzustimmen, dass „Berlin in vieler Hinsicht mutig gegen den Strom argumentiert und es nicht sein kleinstes Verdienst ist, einige Denker dem Vergessen und der Vernachlässigung zu entreißen und ihnen historische Gerechtigkeit widerfahren zu lassen, die nicht zuletzt deshalb ignoriert, entstellt oder missverstanden wurden, weil sie es gewagt hatten, den herrschenden geistigen Orthodoxien ihrer Zeit zu widersprechen".

Isaiah Berlins Grenzen liegen aber zweifellos immer wieder offen, nicht nur dort, wo er aus seiner persönlichen Betroffenheit gleichsam antinomische Bindungen eingeht. Ein Problem ist auch die von ihm gewählte Methode, nämlich jene der reinen Ideengeschichte.

Wenn an dem in vieler Hinsicht obsoleten Lehrgebäude von Marx und Engels irgend etwas gültig bleibt, dann sicher jene These, die soziale Realitäten und Ideen, gesellschaftliche „Basis" und gedanklichen „Überbau" in enge Beziehung setzt und den reinen Ideenhimmel nicht ohne Bezug auf dessen konkretes Substrat in den sozialen Verhältnissen der Menschen untersuchen möchte. Dies ist bei Isaiah Berlin aber kaum gegeben, und gelegentliche Verweise auf reale soziale Geschehnisse tragen häufig genug den Charakter des Oberflächlichen, ja geradezu Dilettantischen. Einige Beispiele: Über die Revolutionen sagt Isaiah Berlin in seinem Aufsatz über Montesquieu folgendes: „Als der Versuch der französischen Revolution scheiterte, die Menschen über Nacht glücklich und tugendhaft zu machen, sagten einige ihrer Anhänger, dass die neuen Prinzipien nicht richtig verstanden, nicht richtig angewandt worden seien oder dass nicht diese, sondern andere Prinzipien den wahren Schlüssel zur Lösung aller Probleme enthielten. Zum Beispiel habe die rein politische Lösung der Jakobiner die Dinge verhängnisvoll vereinfacht, und man hätte die sozialen und ökonomischen Faktoren stärker berücksichtigen müssen. Als man 1848/49 genau dies tat, die Resultate aber immer noch enttäuschend ausfielen, erklärten die Anhänger einer wissenschaftlichen Lösung, dass etwas anderes übersehen worden sei, zum Beispiel der Klassenkampf, die Comteschen Entwicklungsprinzipien oder ein anderer wesentlicher Faktor."

Was heißt hier, dass man „1848/49 genau dies tat"? Hier wird die reale soziale Komplexität revolutionärer Vorgänge zu nichts sagendem Wortgeklingel.

Ähnlich die Bemerkung auf Seite 332 in *Wider das Geläufige*, die von Marx und Engels vorausgesehene und unterstützte Verschärfung des Klassenkampfes sei „zu gegebener Zeit eingetreten". Der Sieg des Bolschewismus, um den es hier geht, war ja keineswegs ein Ergebnis der „Verschärfung von Klassenkämpfen", sondern vielmehr Resultat der Erschöpfung und des sozialen und politischen Vakuums am Ende eines katastrophalen Krieges.

Wo Berlin in seinem Aufsatz über Disraeli und Marx, über die aristokratischen Vertreter des „jungen England" schreibt, die fest an eine organische Nation glaubten und sie „junge Menschen, denen vor der Industriewelt grauste" nennt, bleibt wiederum die reale Tatsache des Zustandes dieser Industriewelt, die sehr wohl Grausen verdiente, unreflektiert. Der Schulterschluss von Tories und Arbeiterbewegung gegen die industrielle Bourgeoisie, etwa bei den Arbeiterschutzgesetzen, war hier durchaus verständlich. Ähnlich oberflächlich die Bemerkung (in *Das krumme Holz*, S. 301), dass „Marx über einzigartige prognostische Fähigkeiten verfügte, hat er doch die zentrale Tendenz der gesellschaftlichen Entwicklung erkannt – die Konzentration und Zentralisation des kapitalistischen Unternehmens, den damals noch in den Anfängen steckenden unerbittlichen Trend zu immer größeren Unternehmungen und die damit verbundene Verschärfung sozialer und politischer Konflikte". Diese Konzentrationstendenz gibt es natürlich, aber gerade sie scheint längerfristig keine Verschärfung sozialer und politischer Konflikte gebracht zu haben: Diese haben sich ja viel deutlicher in den Randzonen der kapitalistischen Welt manifestiert, in denen dieser Konzentrationsprozess gerade eben nicht so weit fortgeschritten war.

So erscheint Isaiah Berlin, trotz des Respekts, den man ihm zweifellos zollen muss, unter vielen Gesichtspunkten als unfreier, gebundener Denker. Natürlich haben die antiaufklärerischen Autoren, mit denen er sich schmerzvoll auseinandersetzt, in ihrer Kritik bestimmter selbstgefälliger und banaler Aspekte der Aufklärung durchaus ihr Moment an Wahrheit. Trotzdem scheint ihnen Berlin in einem geradezu beunruhigenden Maße zu verfallen. Der Stoß der Humanisten der Renaissance und der Aufklärung gegen die Scheingewissheiten der alten religiösen und sozialen Vorurteile bewirkte zwar unvermeidliche Gegenreaktionen. Berlin kommt diesen Gegenreaktionen aber in weiterem Maße entgegen, als dies legitim erscheinen dürfte. Berlins Lieblingszitat stammt von Kant: „Aus so krummem Holze, als woraus der Mensch gemacht ist, kann nichts ganz Gerades gezimmert werden." Aber hat nicht Kant auch geschrieben, Aufklärung sei der „Ausgang des Menschen aus selbstverschuldeter Unmündigkeit?" Der kritische Geist, der etwa den Humanisten Cornelius Agrippa 1531 dazu führte, „die Widersprüche der Historiker und ihre schamlosen Erfindungen" zu kritisieren, ihre „Neigung, Hauptfiguren zu idealisieren und Tatsachen zu verdrehen", oder der Kampf Voltaires um eine umfassende Sozialgeschichte in aufklärerischer Absicht sind vielleicht doch positiver zu bewerten, als Berlin das tut. Die jüdische Emanzipation, die der Welt statt „klärender" Talmudisten Gelehrte und Nobelpreisträger von Weltrang geschenkt hat, wäre somit eindeutiger zu bejahen, als dies Berlin möglich erscheint. In einer Zeit, da sich ein neuer Ethnozentrismus breitmacht und *political correctness* auf der Inkommensurabilität unterschiedlicher Kulturen besteht, liegt schließlich auch eine gefährliche relativistische Interpretation des von Berlin so geschätzten Pluralismus der Kulturen nahe. In einer Zeit, da immer noch historische Sophismen französischer Modephilosophen grassieren, das Individuum oder die Kindheit seien „Erfindungen des 18. Jahrhunderts", wäre auch eine Verstärkung des antihistoristischen Elements durchaus wünschenswert.

Gewiss ist der Mensch kein ahistorisches Wesen – aber die Art, wie selbst altägyptische Weisheitslehren zu uns sprechen, oder das Kinderspielzeug, das wir in urtümlichen Begräbnisstätten finden, machen doch deutlich, dass die Elemente des „allgemein Menschlichen", jedenfalls im Alltagsleben, ungeachtet wechselnder religiöser und politischer Ideologien, eine beachtliche zeitliche und örtliche Invarianz zeigen (und 4000 Jahre oder etwa 200 Generationen sind ja in der biologischen Geschichte einer Spezies eine kurze Zeit). Die politische und religiöse „Ideengeschichte" täuscht hier vordergründig größere Variabilität vor. Nur ganz selten lassen sich die Menschen in ihren Alltagssorgen von den großen Ideologien wirklich fundamental ergreifen, denen sie sonst eher gewohnheitsmäßig und en passant huldigen – und gerade diese Augenblicke, in denen Ideologen Geschichte machen, sind häufig Momente des Massenwahns: Wenn die Welterrettungsphantasien psychopathischer Sektierer, neurotisierter Gelehrter und verkrachter Existenzen plötzlich wirklich die „Massen ergreifen" und zur realen Gewalt werden, weil verzweifelte Menschen nach „Erlösern" suchen, dann ist meist die Stunde der Blutbäder gekommen. Die Abgrenzung und Immunisierung bestimmter unmenschlicher Aspekte von Religionen und politischen Systemen unter dem Gesichtspunkt, dies sei eben Merkmal autochthoner Kultur (von mangelnder Pressefreiheit bis zum Gebot der Verschleierung, vom Eheverbot zwischen Menschen unterschiedlicher Religion, von der Strafe des Handabhackens bis zur Klitorisbeschneidung) grassiert heute allenthalben. Hier ist unermüdliche und kämpferische Berufung auf die Traditionen der Aufklärung unerlässlich. Ein Denker wie Isaiah Berlin gehört hier allerdings nicht zur Verteidigungslinie jener, die unter diesem Banner Widerstand leisten. Seine Schriften sind gekennzeichnet von der schmerzlichen Hoffnungslosigkeit des durch die Blutbäder unseres Jahrhunderts zutiefst Erschütterten – und sie sprechen von der düsteren Faszination durch die Obskurantisten der Anti-Aufklärung.

(1995)

## BRUNNGRABER, Rudolf

## Von der Lyrik der Nachrichtenmeldungen

*Karl und das zwanzigste Jahrhundert*

Nördlingen, Greno Verlag 1988

Greno, derzeit der vielleicht interessanteste deutschsprachige Verlag, hat Rudolf Brunngrabers Buch „Karl und das 20. Jahrhundert" wieder aufgelegt. Mit dieser Mischung von autobiographischem Roman und journalistisch-statistischer „Tatsachenlawine" ist Brunngraber 1932 ein großer literarischer und Publikumserfolg zuteil geworden. Von den Nazis verboten, wurde das Buch zwar 1950 und 1978 wieder herausgegeben, hat aber immer noch nicht die verdiente Beachtung gefunden. Brunngraber schildert das Leben des Wieners Karl Lakner im Zusammenhang mit den wirtschaftlichen und politischen Zeitereignissen, die sein Leben bestimmen. Er wird geboren, als Frederick Taylor seine ersten Erfolge auf dem Gebiet der wissenschaftlichen Betriebsführung erzielt, als sich die Zeit anschickt „exakt zu werden, das will sagen, erbarmungslos".

Karl Lakner ist das uneheliche Kind einer zwanzigjährigen Dienstbotin und eines Maurergehilfen. Später heiraten die Eltern, der Vater bekommt eine Stelle bei der Straßenbahn, aber er ist Trinker, schlägt Frau und Kind, die Mutter muss durch Wäschewaschen die Familie erhalten. Dieses eindringlich geschilderte Kleine-Leute-Schicksal wird kontrastiert mit der immer bedrohlicheren internationalen Lage. Dabei wird die Rolle der späteren Mittelmächte eher beschönigend dargestellt, die herausfordernde Präpotenz Wilhelms II. erfährt etwa kein Wort der Kritik, allenfalls konzediert Brunngraber, „die Deutschen begingen wie gewöhnlich den Fehler, das herauszusagen, was die anderen dachten" (S. 29). Brunngrabers Faktenlawinen sind also keineswegs als völlig „objektiv" zu werten.

Der junge Karl kann zwar nur die Bürgerschule besuchen, hungert und kämpft sich aber bis durch die Lehrerbildungsanstalt. Dann kommt der Krieg. Karl ist „wie so viele für den Züchtigungsfeldzug entflammt", reagiert also nach Meinung Brunngrabers „gesund im zeitgenössischen Rahmen" (S. 85), der Schock des Notlazaretts im Bahnhof von Grodek erschüttert ihn aber. Karl „schiebt zwischen sich und die Welt den Alkohol", wird hoch dekoriert – aber findet nach Ende des Krieges nicht mehr Tritt im bürgerlichen Leben. Er wird in Schweden gastfreundlich aufgenommen, hat zwar noch einige berufliche Chancen – aber die Weltwirtschaftskrise entwurzelt ihn völlig. Am Rande der Kriminalität, dem Suff ergeben, findet er sein Ende im Selbstmord.

Diese Beschreibung des Proletarierloses und seines weltgeschichtlichen Hintergrundes war trotz einer gewissen deutschbetonten Grundhaltung kein Buch, das den braunen Machthabern passen konnte; es gibt „die Maßlosigkeit der deutschen Annexionsprogramme" zu, spricht von der Internationale der Rüstungsindustrie und ihrem Einfluss auf die Politiker. Es vertritt auch nicht die Thesen vom „Dolchstoß" und „im Felde unbesiegt".

Wenig später freilich hat sich Brunngraber mit dem NS-Regime arrangiert. „Radium", „Opiumkrieg" und „Zucker aus Cuba" waren vielgelesene Bestseller des Dritten Reiches, eine Radiofassung von „Opiumkrieg" hat Goebbels sogar so begeistert, dass er Brunngraber in Privataudienz empfing. Nach dem Krieg hat der Autor die „Psychologie des Dritten Reiches" aufzuarbeiten versucht, war ein getreuer Anhänger der SPÖ, erhielt 1960 ein Ehrengrab am Zentralfriedhof. Karl Ziak, der einen ähnlichen Weg ging, hat ihm in der „Zukunft" (April 1970) zum 10. Todestag einen bewegenden Nachruf geschrieben.

Dass Rudolf Brunngrabers erster großer Roman nun wiederentdeckt wird, ist äußerst verdienstlich. Ein informativeres Nachwort, etwa von dem Brunngraber-Kenner Wendelin Schmidt-Dengler, wäre aber am

Platz gewesen. Nicht, dass es darum ginge, auf den Autor und die vielen, die sich wie er zeitweilig vom NS-Regime blenden ließen, Steine zu werfen. Aber eine differenziertere Betrachtung als die Kasimir Edschmids wäre am Platze. Von Brunngrabers Sicht der Geschichte als eines tragischen Kampfplatzes der Machtgelüste scheint es manchmal nur ein Schritt – allerdings ein entscheidender – zu jener NS-Optik, die die Bedenkenlosigkeit der „Plutokraten" mit dem eigenen, größenwahnsinnigen Zynismus zu übertrumpfen gedachte. Aber Brunngrabers Humanismus schwingt doch immer mit. Selbst wo er den „Wert eines Menschen", das heißt der in ihm gespeicherten Rohstoffe, mit 4 Mark angibt, bleibt hinter der zynischen Fassade das Entsetzen vor den im Weltkrieg hingeschlachteten, in der Weltwirtschaftskrise hungernden Massen fühlbar. Trotz aller ostentativen Sachlichkeit und Nüchternheit steckt in Brunngraber verborgener Lyrismus.

(1989)

## CAMUS, Albert

### Moralist ohne Gott

Herbert Lottman: *Camus – Eine Biographie*

Hamburg, Hoffmann & Campe 1986

Das literarische Werk von Albert Camus steht heute nicht mehr so sehr im Zentrum modischer Aufmerksamkeit wie in den 1960er Jahren. Dennoch entdecken immer wieder gerade junge Menschen die Faszination dieses „Moralisten ohne Gott", die Intensität seines Naturerlebens, die Kraft und Dichte seines Erzählstils. Albert Camus, Nobelpreisträger 1957, im Januar 1960 Opfer eines tragischen Verkehrsunfalls, ist einer der letzten großen Schriftsteller, die als moralisches Gewissen ihrer Nation, ja ihrer gesamten Generation fungiert haben. Nicht umsonst ist es ein Nichtfranzose, der seit langen Jahren in Paris ansässige amerikanische Journalist Herbert Lottman, der dieser Persönlichkeit internationalen Formats eine monumentale Biographie gewidmet hat.

Lottmans Buch ist ein Werk, an dem er viele Jahre lang gearbeitet haben muss. Es vereinigt in sich alle Vorzüge der angelsächsischen Biographietradition – ausgewogene Balance zwischen Zuneigung und Distanz zum Objekt der Beschreibung, kritische Offenlegung der verwendeten Quellen, Verknüpfung des individuellen Lebensschicksals mit dem Zeithintergrund. Und es verarbeitet eine ungeheure Datenfülle in so meisterhafter Weise, dass eine kaum überbietbare atmosphärische Dichte des Miterlebens entsteht. Da ist alles festgehalten, was über Camus und seinen Lebenskreis erfahrbar war – bis hin zu den koketten Spritzern von Rinderblut, die sich Albert Camus' Onkel und Förderer, ein wohlbestallter, intellektuell regsamer Fleischhauer aufs blaugestreifte Hemd applizierte, bevor er in sein Stammcafé mit den Professoren von Algier diskutieren ging ...

Leider ist Lottmans 1979 erstmals publizierte Biographie für die deutsche Ausgabe gekürzt worden. Aber auch die verbliebenen 640 Seiten bieten ein faszinierendes Panorama eines Lebens und einer Epoche. Da ist das kleinbürgerliche Europäerviertel von Algier, Belcourt, in dem Albert Camus als Sohn einer Kriegerwitwe in beengten Verhältnissen heranwächst. Da wird Camus' Jugend, die Geschichte seiner ersten literarischen und theatralischen Versuche, seines Studiums, seiner Lungenkrankheit verknüpft mit den wirtschaftlichen und politischen Entwicklungen der Zeit, vor allem mit der prägenden kulturellen Wirkung der Volksfrontperiode. Schon früh zeichnet sich Camus' kompromisslose intellektuelle Redlichkeit ab: Der junge Algerienfranzose, kurzfristig Mitglied der KP, wird noch in den dreißiger Jahren von dieser ausgeschlossen, weil er ihre taktische Abkehr von der Vertretung der Interessen der moslemischen Mehrheit offen missbilligt.

Lottman zeigt, wie sich in Camus früh der Gedanke festsetzt, Zentralthemen wie das des „Absurden" zyklisch, d.h. je in einem Theaterstück, einem Roman und einem philosophischen Essay zu behandeln – und er lässt aus Camus' bewegtem Privatleben seine Mentoren wie Jean Grenier und die Vorbilder für die literarischen Gestalten seiner großen Werke hervortreten. Camus' Rolle im Zweiten Weltkrieg, das langsame aber folgerichtige Hineinwachsen in den Widerstand aus einer ursprünglich fundamental pazifistischen Einstellung, wird ohne Heroisierung und Mythenbildung beschrieben. Camus' Rolle als Chefredakteur von „Combat", der angesehenen Resistance-Zeitung, seine Position in der französischen Nachkriegsöffentlichkeit, die Freundschaft und der letztlich Bruch mit Sartre und Simone de Beauvoir treten plastisch hervor. Auch Albert Camus' „Leiden an Algerien", seine unablässige, aussichtslose Bemühung, die Vertretung der Forderungen der moslemischen Mehrheitsbevölkerung mit dem Existenzrecht der alteingesessenen europäischen Minderheit zu verbinden, wird in aller ihrer Vergeblichkeit als exemplarisches humanitäres Engagement deutlich.

Aber Camus ist eben für Lottman keine Lichtgestalt, kein Idol. Er scheut sich nicht, auch seine dunklen Seiten zu zeigen. Camus' Sucht nach sexuellen Abenteuern, sein mediterraner „Machismo", die zu einem zerstörerischen Faktor seines Familienlebens wurden, die neurotischen Ängste vor Menschenansammlungen, die quälenden Schreibhemmungen, die Camus in seinen letzten Jahren auch durch eine Vielzahl öffentlicher Auftritte nicht überdecken konnte, und vor allem die Folgen der dauernden Bedrohung durch die TBC, die den lebensfrohen, sportlichen Studenten Albert Camus traf und ihn ein Leben lang als memento mori verfolgen sollte. Aber vielleicht war es gerade dieser permanente Druck, der Camus stets vor leichtfertiger Oberflächlichkeit bewahrte und der seinem Lebens- und Kunstwillen die charakteristische Färbung „prometheischen Trotzes" verlieh.

Herbert Lottman bringt uns den Autor des „Fremden", der „Pest", des „Mythos von Sisyphos" und des „Menschen in der Revolte" in seiner ganzen Menschlichkeit nahe. Und er zeigt das Bild einer Persönlichkeit, die, ungeachtet ihrer Schwächen, auch heute in jedem ihrer prinzipiellen Engagements vorbildhaften Charakter hat. Diese Verbindung intensiver künstlerischer Ausdruckskraft mit exemplarischer Humanität lässt uns ermessen, wie sehr wir heute schriftstellerischer Leitbilder vom Format eines Albert Camus entbehren.

(1987)

**DODERER, Heimito von**

**Die „Hidden Agenda" der „Dämonen". Der Staatsroman aus den 1950er Jahren und sein antisemitisches Unterfutter**

*Die Dämonen*

München, DTV-Verlag 1985

Aus Anlass von Heimito von Doderers hundertstem Geburtstag im Jahr 1996 ist es zu einer vertieften kritischen Würdigung des eigenwilligen Romanautors gekommen. Speziell die hervorragende Biografie Wolfgang Fleischers[1] unterzog die Haltung Doderers in der NS-Zeit und ihre „Bewältigung" durch ihn nach 1945 einer etwas weniger schönfärberischen Betrachtung, als dies beim österreichischen „Staatsdichter" zuvor üblich gewesen war. Schon kurz zuvor, 1994, hatte Gerald Sommer[2] auf deutlich antisemitische Aspekte der „Strudlhofstiege" hingewiesen, und Sommers Arbeiten – zum Teil in Zusammenarbeit mit Kai Luehrs[3] – haben das Thema in den letzten Jahren weiter verfolgt. Zuletzt hat Sommer als Herausgeber von „Gassen und Landschaften" ein umfangreiches Werk vorgelegt, in dem manche „dunkle Punkte" ein wenig aufgehellt werden.[4]

---

[1] Wolfgang Fleischer: Das verleugnete Leben. Die Biographie des Heimito von Doderer. Wien 1996.
[2] Gerald Sommer: Vom Sinn aller Metaphorie. Zur Funktion komplexer Bildgestaltungen in Heimito von Doderers Roman „Die Strudlhofstiege". Dargestellt anhand einer Interpretation der Entwicklung der Figuren Mary K. und Melzer. Frankfurt am Main u.a. 1994.
[3] Kai Luehrs/Gerald Sommer: Nach Katharsis verreist. Heimito von Doderer und der Nationalsozialismus. In: C. Caemmerer/W. Delabar (Hrsg.): Dichtung im Dritten Reich? Zur Literatur in Deutschland 1933–1945. Opladen 1996, S. 53ff.
[4] Gerald Sommer (Hrsg.): Gassen und Landschaften. Heimito von Doderers „Dämonen" vom Zentrum und vom Rande aus betrachtet (= Schriften der Heimito-von-Doderer-Gesellschaft, Band 3). Würzburg 2004

Ausgespart bzw. umstritten blieb in dieser Debatte allerdings lange Zeit die – für sensible Leser durchaus evidente – Tatsache, dass Doderers zentrales Romanwerk, „Die Dämonen", auch noch in seiner endgültigen Fassung von 1956 deutliche Spuren des rassistischen Ungeists der Zwischenkriegszeit trägt. Gerade angesichts der etwas befremdlichen Tatsache, dass in Sommers monumentalem Sammelband ausgerechnet die Namen wesentlicher Zeitzeugen wie Viktor Matejka, Roman Rocek und Heinrich Treichl fehlen[5], wäre vielleicht doch noch einmal der „Fall Doderer" aufzurollen.

Meine Grundthese: Die „Dämonen" sind noch in ihrer Fassung aus den 1950er Jahren ein antisemitischer Roman, soll in der Folge mit zahlreichen Beispielen belegt werden.

Dem Betrachter wird bei der Lektüre der „Dämonen" ziemlich bald klar, dass dieses Werk in geradezu archetypischer Form eine subtile und hämische Kunst der antisemitischen Anspielung kultiviert. Es erscheint offenkundig, dass große Teile des Romans im Wiener bürgerlich-jüdischen Milieu der Zwischenkriegszeit spielen. Dies wird aber nicht explizit gemacht – es geht nur aus einer geradezu endlosen Kette von Insinuationen und nicht eben schmeichelhaften Zweideutigkeiten hervor.

Ein Kurzabriss der Inhalts der „Dämonen": Einige Herren aus „gutem Haus" (mit Adelsprädikat) geraten, wie es scheint, vor allem durch erotische Verstrickungen in „jene Kreise", fühlen sich aber dort nicht gerade wohl. Den zentralen Handlungsfaden bilden die undurchsichtigen Aktionen eines gewissen „Kammerrats Levielle", der sich gemeinsam mit einigen Helfershelfern Teile eines im Gefolge des Ersten Weltkriegs in England gebundenen Vermögens anzueignen versucht, und die Gegen-

---

[5] Vgl. Gerald Sommer (Hrsg.): Gassen und Landschaften. Heimito von Doderers „Dämonen" vom Zentrum und vom Rande aus betrachtet. Würzburg 2004, S. 413.

aktion einer Gruppe mehrheitlich aristokratischer „Unsriger". Welcher Herkunft der „Böse" ist, wird klar, wenn man die ersten zwei Silben seines Namens hervorhebt. Dass es aber nicht um Levielle allein geht, machen bald Ausdrücke wie „Dreckbande" gegenüber der offenkundig jüdischen Familie der Freundin eines jener Jung-Aristokraten (und Offiziersheimkehrer) klar (S. 198 und 200 der dtv-Ausgabe der „Dämonen"[6]). Weitere Belege dieser schmierigen Anspielungstechnik finden sich zuhauf. Es gibt in den „Dämonen" offenbar eine „hidden agenda". Der schon genannte Levielle begegnet uns etwa gleich in der Einleitung. Er sei ein Pariser, „zumindest ein halber" (S. 13), mit seinen „Verstellungskünsten" sei es aber nicht weit her (S. 12). Er müsse „niederer Abkunft" gewesen sein (S. 14), „irgendwo ausgekrochen" (S. 213). Friederike Ruthmayer, eine unzweifelhaft „arische" Dame mittleren Alters, die von Levielle umworben wird, fragt sich bange, „wie er wohl früher einmal geheißen haben mochte" (S. 104). Levielle wird hier auch als „mittleres Maß zwischen den drei Größen Österreicher, Pariser, plus irgendeinem unbekannten X" beschrieben.

Eines von Doderers Alter Egos im Roman, René von Stangeler, ist bei der Familie Siebenschein in „gänzlich andersartiges Material" geraten (S. 50), auch dies, wie es scheint, eine Umschreibung von „Fremdrassigkeit". Vater Siebenschein, einem Rechtsanwalt, wird zwar bestätigt, „einer der integersten Menschen zu sein, die ich je kannte" (S. 57) – offenbares Echo der Wertschätzung Doderers für seinen zeitweiligen Schwiegervater Medizinalrat Dr. Hasterlik. Dass dessen Frau Irma allerdings ausgerechnet für den plattdeutschen Dichter Fritz Reuter schwärmt, wird ihr als unpassende Skurrilität angerechnet (S. 578).

Den Damen jüdischer Herkunft wird im Ganzen mehr Wohlwollen zuteil als den Männern, allerdings mit einem gewissen „Stich". Eine „gu-

---

[6] Heimito von Doderer: Die Dämonen. Roman. München 1985.

te" (und korpulente) Selma Steuermann hat „in ihren Kreisen" für den vorgeblichen Chronisten der „Dämonen", den Sektionsrat von Geyrenhoff, geradezu „spioniert" (S. 10), und Mary K., der wir schon in Doderers „Strudlhofstiege" begegnen, wird als ein „wahrhaft wohlgeratenes Weib" mit „fast ehrwürdigen Zügen uralter Rasse" beschrieben (S. 36). Dabei geht es aber vorrangig um erotische Attraktion. Kajetan von Schlaggenberg, ein weiteres der Alter Egos Doderers – sympathischerweise mit schonungsloser Selbstkritik gezeichnet –, gibt an einer Stelle zu, sein „letztes Fluchtvehikel" in der Rechtfertigung der extrem schwierigen Beziehung zu seiner Gattin Camy sei deren „erwähnte Abstammung" (S. 68). Als positive Gegenbeispiele „zum Thema" – worauf hier genauer angespielt wird, wird sich bald weisen – nennt Chronist Geyrenhoff „die schöne Frau Steuermann, Frau Direktor Altschul und Clarisse Markbreiter" (S. 68). Was die Damen besagter Herkunft betrifft, zeigt sich der Roman in der Tat enthusiastisch – aber vor allem insoweit, als sie mit ihrer Leibesfülle dem knabenhaften Bubikopfideal des „Sportgirls" der 20er Jahre widersprechen.

Wir wissen heute, dass Doderer 1929 in der „Neuen Freien Presse" folgendes Inserat schaltete: „Junger Doktor aus guter Familie, finanziell unabhängig, tadellose Erscheinung, sucht Anschluß an ca. 40jährige distinguierte israelitische Dame (Wienerin) von nur sehr starker korpulenter größerer Figur und schwarzem Haar. Strengste Diskretion. Unter: Neue Jugend Nr. 47302".[7] Das Kapitel „Topfenkuchen" und noch manche andere Passagen des Buchs scheinen dieser bekannten Vorliebe des Autors für „dicke Damen" in ihrer „fremdrassigen" Variante gewidmet. Aber selbst bei der mit freundlichem, erotischem Interesse geschilderten Aufstehzeremonie der Clarisse Markbreiter verwandelt sich deren „mütterlich breites" Gesicht plötzlich in ein „durch die Nase vorgetriebenes Profil, wird gewissermaßen hager und von einer befremdlichen und hastigen Lebhaftigkeit wie besessen" (S. 86).

Wiewohl Doderer dem Physiognomischen in antisemitischer Sicht durchaus Bedeutung beimaß[8] – im engeren Sinn war es offenbar für den vom Phänomen des Jüdischen förmlich obsedierten Autor nicht entscheidend. Diffusere Chiffren wie lebhafte Gestik („Alle Munde und Hände in unaufhörlich redender Bewegung", S. 87) und „wogendes Geschnatter" in einem entsprechenden Damencafé sind hier offenbar wichtiger. Eine Art Lackmus-Test, vor allem für männliche Personen, ist dabei die Qualifikation „frech", die offenbar Doderers massive jugendliche Unterlegenheitsgefühle gegenüber den selbstbewussten und wortgewandten jüdischen Intellektuellen reflektiert, mit denen er als lange Zeit „brotloser" Literat konkurrierte. Ein junger Historiker, Herr Dr. Neuberg, „groß, stark, rundlich und weißblond", entspricht etwa keineswegs „rassischen" Klischees (auch Levielles Söhne sind übrigens blond). Aus seinem „eigentlich offenen" Antlitz sieht aber zuweilen „fette Frechheit" hervor, die ihn Frau Ruthmayer „in unbestimmter Weise widerwärtig macht" (S. 106). Viel später erfahren wir denn auch, dass er eine „rein jüdische Ahnenreihe" besitzt (S. 1301) – weshalb er auch größere Mengen Alkohol nicht verträgt. Hier geht es, so scheint es, einfach um die „Stimme des Blutes", die sich von oberflächlichem Schein nicht täuschen lässt (und auch nicht durch so notorische Beispiele jüdischer Alkoholiker wie Joseph Roth und Egon Friedell, um Zeitgenossen Doderers zu nennen).

So weit bloß einige Beispiele aus den ersten zehn Prozent der enormen Textmasse des Werks, die im Wesentlichen aus den 30er Jahren stam-

---

[7] Zitiert nach: Elizabeth C. Hesson: Twentieth Century Odyssey. A study of Heimito von Doderer's „Die Dämonen". Columbia, S.C., 1982.
[8] Siehe dazu: Gerald Sommer: Sündenbock und Prügelknabe. Antisemitismus und Antibolschewismus bei Heimito von Doderer. In: Kai Luehrs (Hrsg.): „Excentrische Einsätze". Studien und Essays zum Werk Heimito von Doderers. Berlin u.a. 1998, S. 39ff. Hier: S. 40.

men. Sie ließen sich aber bis zum Ende des Buchs beinahe ad infinitum fortsetzen.

Das unbefangene Gemüt könnte natürlich leicht über solche Anspielungen hinweg lesen. War derlei Geschwätz damals nicht beinahe Allgemeingut und selbst von jüdischen Autoren selbstquälerisch rezipiert? Der fatale Otto Weininger beeinflusste ja, wie man weiß, nicht nur Doderer, sondern selbst Hitler. Die diologische Schlagseite ist zudem für jüngere Leser vielleicht so subtil, dass sie derlei permanente Zweideutigkeiten ignorieren könnten. Aber sie übersähen ein wesentliches Element: Dieser Roman wurde nämlich, wie wir heute wissen, als affirmative Darstellung der großen „Scheidung der Rassen" um 1930 konzipiert – und er ist als solcher, so absurd das auch erscheinen mag, bis in die Endredaktion in den 1950er Jahren durchgeführt worden.

*Das* ist das vorher genannte zentrale „Thema" von Doderers „Dämonen" – und dieser heute (halb) verborgene Bedeutungsgehalt des Romans macht ihn skandalös. Die zum hundertsten Geburtstag Doderers erschienene kritische Biografie Wolfgang Fleischers fordert zwar sehr zurecht auf, in den heutigen „Dämonen" das „Theatrum Judaicum bewusster mitzulesen".[9] Aber selbst Fleischer, so scheint es, hat ein wenig Angst vor der eigenen Courage. Denn er argumentiert zum Teil unvermutet apologetisch. Doderer sei als Nazi gleichsam ein „Versager" gewesen[10] – die Tatsache, dass das erste Drittel der „Dämonen" weitgehend unverändert aus den Typoskripten der 30er Jahre in die Endfassung übernommen werden konnte, spreche dafür. Es gäbe also keine „schandbare ursprüngliche Fassung".

---

9   Fleischer (Anm. 1), S. 234.
10  Fleischer (Anm. 1), S. 234.

Ähnlich entschuldigend argumentieren auch Luehrs und Sommer[11], die den politisch tendenziösen Urtitel des Werks, „Die Dämonen der Ostmark", als bloßen „Ausdruck eines „politisch opportunistischen sich Anbequemens" deuten, einer „Gefügigkeit, die sich dabei zwar mit dem Inhalt des Romans vereinbaren, aber kaum mit ihm begründen lässt".

Das Argument lässt sich allerdings angesichts der Fülle tendenziöser Anspielungen selbst im heutigen Text auch ins Gegenteil wenden: Schandbar ist vor allem die endgültige Version, denn Doderer blieb, unbelehrt vom größten Massenmord der Geschichte, seiner rassistischen und verdeckt paranoiden Roman-Konzeption treu.

Geht man auf besagte Typoskripte der 30er Jahre im Doderer-Archiv zurück – hier ist Professor Wendelin Schmidt-Dengler für seine Hilfe und Literaturhinweise herzlich zu danken – ist Fleischers Feststellung zwar teilweise zuzustimmen: Der Doderer-Ton ist damals nicht wesentlich kruder oder rassistischer als später. Sicher: Levielle wird hier noch deutlicher „Lévielle" geschrieben, und dass dieser Mann ungewisser Abkunft es wagt, von „unseren Größten" der Literatur zu sprechen und sich damit gleichsam in die deutsche Kultur hineinzudrängen, erweckt als „Frech heit" besondere Verbitterung.[12] Der von Levielle finanzierte Zeitungskonzern „Allianz" – Doderer liebte, wie gesagt, „sprechende Namen" – erhält zunächst auch explizit weltverschwörerische Bedeutung: „Diese ‚Allianz' war nicht auf diesen einen Zeitungskonzern und Buchverlag beschränkt, wenn man's nur dem eigentlichen Wortsinne nach nahm! Diese Allianz war heutzutage vielmehr überall. Sie konnte einen schreibenden Menschen totmachen, totschweigen – denn außer den ihren gab es ja kaum mehr wirkliche Sprachrohre in die Öffentlichkeit – sie konnte einen schreibenden Menschen, der gegen sie ver-

---

11 Luehrs/Sommer: Nach Katharsis verreist (Anm. 3), S. 61.
12 Heimito von Doderer: Dämonen, Studien II, Nachlass, Ser. n. 14239, S. 396.

stieß, wahrhaft lebendig begraben."¹³ Dass diese Passage in der publizierten Version (vor dem Satz „Er beherrschte den Raum seines Lebens nicht", S. 292) nicht mehr aufzufinden ist, erscheint kaum verwunderlich.

Die Tatsache, dass ein jüdischer Wucherer namens Mandus, der die Schuldscheine des germanisch-zechfreudigen Rittmeisters Eulenfeld aufgekauft hat, mitsamt seinen gesammelten Dokumenten bei einem Eisenbahnunglück verbrennt, wird in diesen Vorstudien übrigens noch dreist als „Sühnetod" bezeichnet.¹⁴ Bloß ein unpassender Ausdruck? Für den höchst mittelalterkundigen Historiker Doderer lag der Bezug zu den Verbrennungspogromen des 14. Jahrhunderts, in denen ja auch so manche Gläubiger die Zahlungsunwilligkeit ihrer Schuldner „sühnen" mussten, allerdings nicht fern. Auch in den heutigen „Dämonen" macht aber der Feuertod des Mandus, jetzt „Mandhus" genannt, diesen „liebenswert" (S. 77).

Doderer hat die Konzeption seiner „Dämonen" in einem Schreiben an die Reichsschrifttumskammer von 1936 deutlich genug als „theatrum judaicum in drei Stockwerken" (familäres und erotisches Leben – Presse und Öffentlichkeit – Wirtschaft und Banken) beschrieben.¹⁵ Luehrs und Sommer werten dies begütigend als „parteipolitisch zurechtgekämmte Selbstdarstellung"¹⁶ – aber die von Doderer dargestellte Konzeption „hält" bis heute. Doderer hatte mit Recht den Eindruck, dass sein Roman unter den politischen Verhältnissen der späteren 40er Jahre „unpublizierbar gewesen"¹⁷ wäre. Auch angesichts der im Gefolge des Kalten Kriegs aufgekommenen „Schwammdrüber"-Haltung gegenüber Anhängern des Nationalsozialismus erscheint es freilich unglaublich, mit wel-

---

13   Heimito von Doderer: Dämonen, Studien II, Nachlass, Ser. n. 14239, S. 400.
14   Heimito von Doderer: Dämonen, Studien I, Nachlass, Ser. n. 14238, S. 81.
15   Vgl. Fleischer (Anm. 1), S. 234.
16   Luehrs/Sommer (Anm. 3), S. 62.
17   Zitiert nach: Luehrs/Sommer (Anm. 3), S. 65.

cher – um im Jargon zu bleiben – „Frechheit" Doderer seine antisemitische Konzeption bei der Fertigstellung der „Dämonen" in den 1950er Jahren durchzieht.

Bekanntlich läuft der Schluss des Romans im 15. Juli 1927 zusammen, nach Doderer dem „Cannae der österreichischen Freiheit". In diesen Schlusspassagen spielen aber „unechte" und „freche" jüdische Gestalten wie die linken Agitatoren Malik („eine galizianische Megäre"), Holder und Gyurkicz (S. 1248) eine so symbolhafte Rolle, dass man immer noch von einer Illustration der absurden These „Die Juden waren die Dämonen der Ersten Republik" sprechen kann.

Imre von Gyurkicz, der zuletzt zynischerweise durch eine Art „Heldentod" das Recht zugesprochen bekommt, den angemaßten Adelstitel zu tragen, illustriert dabei in besonders widerwärtiger Weise das latent antisemitische Thema Doderers. Er ist zunächst über seine Freundschaft mit der (arisch-aristokratischen) Geigerin „Quapp" peripher mit den „Unsrigen" verbunden. Als die gute Quapp im Roman den „echten" magyarischen Adeligen Géza von Orkay kennen und lieben gelernt hat, kommt ihr Imres „Sprech-Tonart" aber plötzlich „wie getrübt vor, aus irgendeiner minderen, ja fast unappetitlichen Quelle kommend, fremd und dubios" (S. 1013). Dies, wohlgemerkt, in einem Textteil aus den 1950er Jahren – aber die Botschaft der 30er Jahre ist noch mehr als greifbar. Auch dass der „Frechheit mitunter wirklich etwas innewohnt wie eine faszinierende Dämonie", wird – am Beispiel Gyurkicz – behauptet (S. 938). Fazit: Die – frechen – Juden erscheinen immer noch als die „Dämonen der Ostmark". Gerald Sommer hat Recht: Die „antisemitische Grundtendenz war und blieb für Doderer zeitlebens bestimmend"[18] – Aber sie prägte eben auch seinen großen „Staatsroman".

---

18   Sommer: Sündenbock und Prügelknabe (Anm. 8), S. 40.

Doderer ist gewissenhaft. Das antisemitische Motiv zieht sich in den „Dämonen" bis in die „Unterwelt": mit den – offenbar jüdischen – Besitzerinnen dubioser Spieler-Cafés und dem kraken- oder spinnenhaften Verbrecher Meisgeier, einem „geierschnabeligen" Individuum, natürlich ungewisser Abkunft, das wie aus einem expressionistischen Film à la „Nosferatu" entsprungen scheint. Die hier zentrale Krakenmetapher entspricht einem geläufigen Klischee der antisemitischen Karikatur des ersten Jahrhundertdrittels. Auch Hitler sprach in „Mein Kampf" davon, die ganze Welt sei „in Gefahr, in die Umstrickung dieses Polypen zu geraten".[19] Im eigentlich politischen Bereich hielt sich Doderer allerdings weitgehend bedeckt, aber wir verdanken Wolfgang Fleischer den Hinweis, dass er Friedrich Austerlitz, den Verfasser des – sicherlich problematischen – Leitartikels der „Arbeiter-Zeitung" vom 15. Juli 1927, wohl auch zu den „Dämonen" der Ersten Republik zählte. In einem Brief vermerkte Doderer ja noch 1955 in paranoid gefärbter Übertreibung, Austerlitz habe „durch seinen maßlosen Leitartikel" die am gleichen Tag erfolgte Niederbrennung des Justizpalastes „verursacht", und stellte zu einem Zeitungsfoto des Chefredakteurs fest: „Das holde Antlitz spricht Bände" – offenbar in Anspielung auf Austerlitz' prononciert „jüdisches" Aussehen.[20] Hier darf man sich im Übrigen mit Luehrs und Sommer an Doderers Tagebucheintragung vom 21. Juli 1935 erinnern, nach der das „jüdische Antlitz logischerweise mit Frechweit gezeichnet ist".[21]

Der antisemitische Grundtenor bei Doderer ist natürlich kein „Fund", sondern den Doderer-Experten längst bekannt. Aber er wird von diesen

---

[19] U. Schupp: Ordnung und Bruch. Antinomien in Heimito von Doderers Roman „Die Dämonen". Frankfurt am Main u.a. 1994, S. 254.
[20] Fleischer (Anm. 1), S. 191.
[21] Luehrs/Sommer (Anm. 3), S. 58.

Spezialisten, die ja zum Großteil als vom Schriftstiller Doderer Faszinierte zum Thema kommen, in eigenartig verschämter Weise behandelt.

„Wo vereinzelt Kritik an Werk Doderers geübt wird, bleibt sie fast immer vorsichtig und zurückhaltend", meinte Hans Joachim Schröder 1976,[22] und daran hat sich ungeachtet der Beiträge von Sommer, Fleischer, Luehrs und anderen eigentlich überraschend wenig geändert. Die Fakten sind zwar alle auf dem Tisch, aber es scheint immer noch Tabuschwellen zu geben. Zumindest für die deutschsprachige Gelehrtenschaft dürfte lange Schröders Ausspruch gegolten haben: „Die Doderer-Forschung ist so konservativ wie der Autor, mit dem sie sich befasst." Henner Löfflers „Doderer-ABC" ist dabei eines der aktuellsten Beispiele liebevoller Weißwaschungsliteratur.[23] Aber selbst eindeutig kritische und aufgeschlossene Beobachter wie Sommer, der amerikanische Doderer-Übersetzer Vincent Kling oder Andrew Barker[24] scheinen noch heute teilweise dem nur scheinbar versöhnlichen Charme Doderers beim Roman-Rückblick auf das christlich-jüdische Zusammenleben im Wien der 1920er Jahre zu verfallen. Selbst wo Luehrs/Sommer die „Dämonen" in heutiger Fassung ein nur „scheinbar faschismuskritisches Buch" nennen,[25] spürt man noch eine gewisse Zurückhaltung, die ganze, bittere Wahrheit auszusprechen.

Dass selbst der vorgebliche „Anti-Ideologe" Doderer der 1950er Jahre in Wahrheit einen immer noch gewaltigen Rucksack an reichlich übel riechender rassistischer Ideologie durch die Welt seiner „Dämonen" schleppte, scheint niemand gern aufgreifen zu wollen. Wenn Reininger

---

22 Hans Joachim Schröder: Apperzeption und Vorurteil. Untersuchungen zur Reflexion Heimito von Doderers. Heidelberg 1976, S. 3.
23 Henner Löffler: Doderer-ABC. München 2000.
24 Andrew Barker: Doderer's Habsburg Myth. History, the Novel and National Identity. In: A. Bushell: Austria 1945-1955. Studies in Political and Cultural Re-Emergence. Cardiff 1996, S. 37ff.
25 Luehrs/Sommer (Anm. 3), S. 54.

in seinem Buch „Die Erlösung des Bürgers" zum Thema Antisemitismus und „Dämonen" summarisch meint: „Es blieb bei in Nebensätzen versteckten Kommentaren des Erzählers, in denen er seine Distanz zu Vorstellungen ausdrückt, die in manchen Gesprächen der ‚Unsrigen' auftauchen",[26] dann kann geradezu von irreführender Verharmlosung gesprochen werden.

Fleischers Biografie erwähnt, wie gesagt, Doderers Schreiben an die Reichsschrifttumskammer aus 1936 – aber sie erwähnt erstaunlicherweise eine weitere, höchst aussagekräftige Quelle zum Thema gar nicht (die sogar Reininger erörtert): Es gibt nämlich ein „Aide-mémoire", das Doderer vermutlich um 1934 an einen Freund und Berater in Fragen der Konstruktion der Wirtschaftsintrige seines Großromans gerichtet hat. Elizabeth Hesson ist dieses Dokument immerhin bedeutungsvoll genug erschienen, um es vollinhaltlich und unübersetzt in ihr Buch aufzunehmen.[27]

Gerade dieses Aide-mémoire in Briefform macht die paranoide und rassistische Grundkonzeption der „Dämonen", der Doderer bis in die 1950er Jahre treu geblieben ist, in erschreckender Weise deutlich – und es ist als *privates* Zeugnis, das offenbar nicht für offizielle Stellen gedacht war, auch nicht nachträglich als „opportunistisch gefärbt" zu verharmlosen. Das Grundthema des Buchs wird hier vom Autor durch das Bild des „Risses" beschrieben, der die Aussichtslosigkeit und die Dissonanz „grundverschiedener Rassen- und Geistesart" im Europa um 1930 erweise. Der Hauptfigur Schlaggenberg stelle zwar die „merkwürdige Nei-

---

[26] A. Reininger: Die Erlösung des Bürgers. Eine ideologiekritische Studie zum Werk Heimito von Doderers. Bonn 1975, S. 140.
[27] Hesson (Anm. 7), S.102ff. – Das Original im Doderer-Nachlass trägt die Seriennummer 14188 und den Titel Materialsammlung R 7 und DD (bei Sommer, Anm. 3, findet sich auf S. 39ff. ein von Sommer selbst kommentierter Abdruck).

gung vieler Arier für das jüdische Weib" ein „belustigendes Bein",[28] kurz vor der im letztlich veröffentlichten Werk allerdings nicht mehr behandelten Katastrophe der österreichischen Creditanstalt, 1931 also, komme es aber zu einer „Ausscheidung aller wesensfremden Elemente aus jenem Kreis, den ich mit dem Worte die ‚Unsrigen' gern bezeichne". Am Schluss der „Zerlegung der Gesellschaft" im Zusammenhang mit der „Judenfrage" finde „jeder dorthin, wo er hingehört".

Doderer versteigt sich hier so weit, von einer „gottgewollten Rassenkluft" zu sprechen – obwohl er durchaus konzediert, auf der jüdischen Seite fänden sich auch Personen „ohne einen Tropfen semitischen Blutes". In dem „von allen wesensfremden Elementen gereinigten" Kreis der „Unsrigen" hielte nach dieser famosen Konzeption am Romanschluss Kajetan von Schlaggenberg eine Rede über das „Neue Reich".[29] Diese sollte nach Reininger mit einer von Doderer im Atelier Gütersloh am 1. Juli 1932 verlesenen Schrift identisch sein, nach der das kommende neue Reich unter anderem die „Spannung zwischen den Ständen" und das „Erlebnis der verbindlichen Autorität" wiederherstellen würde – womit allerdings nicht bloß, wie Reininger meint, der „Muff des Autoritarismus" einer vorbürgerlichen Epoche beschworen wurde, sondern einfach die damals geläufige faschistische Ideenwelt in ihrer antiproletarischen Variante (also minus der pseudodemokratischen Rhethorik von der „Volksgemeinschaft").[30]

So weit, wie im Aide-mémoire skizziert, ist es zwar nicht gekommen. Es erscheint aber doch erstaunlich, wie viel der hartnäckige und fleißige Autor Doderer von dieser seiner Grundkonzeption in die 1950er Jahre retten konnte. Noch heute ist es etwa auffällig festzustellen, dass in den

---

28  Zitiert bei Hesson (Anm. 7), S. 107.
29  Hesson (Anm. 7), S. 115.
30  Vgl. Reininger (Anm. 26), S. 43.

„Dämonen", sehr konträr zur Wiener Realität der Zwischenkriegszeit mit ihrer Vielzahl haltbarer „Mischehen" (vor allem in der von Doderer weitgehend ignorierten Welt der Arbeiterbewegung), alle „gemischtrassigen"

Paare scheitern müssen. René Stangeler und Grete Siebenschein, Schlaggenberg und seine Frau Camy, Quapp und Gyurkicz, ja selbst der „brave Arbeiter" Kakabsa und die Buchhändlerstochter Malva Fiedler – sie alle kommen nicht zueinander: Ihre letztliche Trennung – trotz beachtlicher sexueller Attraktion – wird nicht etwa durch Unverträglichkeiten im Charakter motiviert, sondern einfach durch ein irrationales Gefühl des Widerwillens und der „Andersartigkeit". (Kakabsa wird sich allerdings ganz zuletzt mit der unzweifelhaft jüdischen Mary K. zusammenfinden – wahrscheinlich ein Aspekt jenes abschließenden „Zuckergusses" bei der Endredaktion, der auch die Rolle des Kammerrats Levielle in freundlicherem Licht zeigt.) Dabei zeigt sich Doderer zwischendurch durchaus in der Lage, über die zum Teil höchst banalen Gründe des Scheiterns seiner eigenen Beziehung, die vor allem mit seinem notorischen Mangel an bürgerlicher Solidität und Erwerbskraft zu tun hatten, zu reflektieren. Dennoch macht er den Bruch zwischen den „Rassen" zu einem existenziellen, und dies bis in die Endredaktion des Werks lange nach der Periode des offiziellen Rassenwahns.

Ein Wienerwald-Ausflug, der immer deutlicher in „zwei getrennten Gruppen" absolviert wird, erscheint auch in der heutigen Fassung (S. 309) plötzlich als „getrenntes Marschieren" symbolhaft aufgeladen, und Geyrenhoffs Neffe Körger bezeichnet hier dieses getrennte Marschieren (ohne jegliche Distanzierung des Erzählers) als „Vision einer besseren Zukunft". Die „geflüsterte" Frage Quapps „Was meint er?" bleibt zwar unbeantwortet. Aber: „Niemand löst sich ungestraft von den natürlichen Orten und Personen" raunt es noch jetzt (S. 1291) in den Worten „Scolanders" (für den Albert Paris Gütersloh Vorbild stand). Hier werden nicht einfach die damals geläufigen Mythen und Vorurteile einer bestimmten Gesellschaftsschicht deskriptiv dargestellt – hier werden sie, unbelehrt von einer Menschheitskatastrophe, verdeckt weitergetragen.

Dass zahlreiche jüdische Vorbilder seines Romans, unter anderem sein Ex-Schwiegervater oder Bela Faludy, das Vorbild für Gyurkicz, unterdessen in schrecklicher Weise hingemordet worden waren, beirrte Doderer auch nach 1945 offensichtlich nicht im Geringsten. Das Einzige, was er, mit viel Geschick übrigens, unternahm, war, sein Werk bei der Fertigstellung in den 1950er Jahren zu „arkanisieren", sodass es nur „Eingeweihten" die verborgene Botschaft vermitteln würde.

Die Tendenz der „Dämonen" wurde vom Autor nicht etwa humanistisch uminterpretiert (etwa im Sinne einer Entlarvung der zerstörerischen Brutalität jenes wahnhaften Trennungsprozesses, der damals viele vollkommen assimilierte Bürger auf ihr „Jude-Sein" im Sinne der Nürnberger Gesetze zurückwarf). Die Botschaft wurde vielmehr bloß dissimuliert, wohl, um nicht das Misstrauen jener zu erwecken, die hier weiter als naturgegebene Antipoden der „Unsrigen" fungierten – und das gelang in beachtlichem Maße. Selbst eine so sensible Beobachterin wie Hilde Spiel konnte Doderer für sich gewinnen: Sie bekannte sich als „wehrlos gegenüber dieser Verdichtung wienerischen Lebensgefühls, dieser so präzisen wie skurrilen Sprache ..."[31]. Gerade in diesem Zusammenhang ist es aber wichtig zu erinnern: Doderer warnte seinen späteren Biografen Wolfgang Fleischer persönlich vor Hilde Spiel als potenzieller „alttestamentarischer Rachegöttin".[32]

Eher schon erstaunlich angesichts der doch recht durchsichtigen Camouflage des Grundthemas ist allerdings das außerordentlich positive, weitgehend unkritische Presse-Echo, das die „Dämonen" 1956 fanden –

---

31  Zitiert bei: Sandra Wiesinger-Stock: Hilde Spiel. Ein Leben ohne Heimat?. Wien 1996, S. 179.
32  Fleischer (Anm. 1), S. 424 (2006).

wobei selbst sensible jüdische Betrachter offenbar die reichlich transparente „hidden agenda" des Buchs zu ignorieren bemüht waren. Nur in der völlig ohnmächtigen KP-Ecke um Viktor Matejkas „Tagebuch" war man sich damals im Klaren, wes Geistes Kind Doderer geblieben war – und auch Professor Richard Meister von der Akademie der Wissenschaften soll, nach privater Aussage von Engelbert Pfeiffer, innerhalb des konservativen Lagers vor einer allzu intensiven Hochjubelung des Erfolgsautors – etwa einer regierungsoffiziellen Nominierung zum Nobelpreis – gewarnt haben.

Heute allerdings, Jahrzehnte später und mit einigem Abstand zum Doderer-Zentenar, schiene es endlich am Platz, den Schleier dieses Tabus zu lüften und Doderers „Dämonen" ihres angemaßten Prunkgewandes zu entkleiden. In gewissem Sinn entspricht das sogar Doderers eigenen Intentionen, denn dass der pedantisch planende Schriftsteller so kompromittierende Dokumente wie das Aide-mémoire in seinem Nachlass aufbewahrt hat, lässt vermuten, dass er an späterer „Entschlüsselung" durchaus interessiert gewesen sein dürfte (wenn er auch vermutlich eher auf „späte Rechtfertigung" seiner tiefgründigen „Einsichten" gehofft haben dürfte und nicht auf die bloße endgültige Entlarvung seiner plebejischen Ressentiments).

Nochmals sei festgestellt: Nicht was er einmal *war*, ist Doderer anzukreiden, sondern dass er es blieb – nicht der Irrtum, sondern die Unbelehrbarkeit. Nicht die Einlassung mit dem NS-System wäre ihm vorzuhalten (von dessen pöbelhaften Seiten er sich ja bald distanzierte), sondern die gleichsam feinsinnig verpackte Inhumanität, die selbst seine bedeutendsten Werke durchsetzt und die Menschen nicht als Menschen sieht, sondern nach absurden unübersteigbaren „Schicksalskriterien" scheidet und die gegen rationale Daseinsbewältigung einen raunenden Kult der „Ergriffenheit" setzt. Dass Doderer als Romanautor im technischen Sinn ein hervorragender Könner war, bleibt unbestritten. Desgleichen steht fest, dass sein Werk berührende Passagen von hohem literarischem Rang enthält.

Heimito von Doderers monumentaler Staatsroman repräsentierte bei seinem Erscheinen im Jahr 1956 sicherlich in gewisser Weise den harmonisierenden und verdeckenden, dabei aber immer noch latent von den Vorurteilen und Ressentiments der Zwischenkriegszeit geprägten Zeitgeist. Heute allerdings wäre es an der Zeit, Doderer als „Staatsdichter der Zweiten Republik" ein für alle Mal zu verabschieden.

(2006)

## FISCHER, Ernst (1)

### Liebenswerte Schwäche

*Erinnerungen und Reflexionen.* Mit einem Nachwort von Karl-Markus Gauß unter Mitarbeit von Ludwig Hartinger

Frankfurt/M., Sendler-Verlag, 2. Auflage 1987

Ernst Fischers „Erinnerungen und Reflexionen" gehören zu den ganz wenigen österreichischen Politikermemoiren von literarischem Rang. Wer dieses großartige Buch nicht schon bei seiner Erstpublikation zu Anfang der siebziger Jahre gelesen hat, sollte jetzt die Gelegenheit ergreifen, da es in der Werkausgabe des Sendler-Verlages mit einem informativen Nachwort von Karl-Markus Gauß und Ludwig Hartinger wieder erschienen ist. Eine Fülle von Szenen und Gestalten verdient die Bezeichnung unvergesslich. Ob es um den Konflikt zwischen dem borniertn, autoritären Vater einerseits und der selbstbewussten, rebellischen Mutter aus „großem Haus" geht, der die Jugend Ernst Fischers und seiner Geschwister im k.u.k. Offiziersmilieu prägte; ob Fischer aus eigener Anschauung ein gewaltiges Panorama des Zusammenbruchs der italienischen Front im Jahr 1918 zeichnet oder die dramatischen Geschehnisse um den 15. Juli 1927 oder den 12. Februar 1934 schildert, die er als Redakteur der „Arbeiter-Zeitung" hautnah miterlebte; ob er die Gegensätze innerhalb der kommunistischen Internationale zur Zeit des Paktes zwischen Hitler und Stalin darstellt oder ob Fischer seine prägendsten Liebeserlebnisse, seine schlimmsten politischen Irrtümer einbekennt – immer weiß er packend und überzeugend zu erzählen. Und immer bleibt er uns, nicht zuletzt dank des offenen Eingeständnisses eben dieser Irrtümer und Fehler, sympathisch. Ernst Fischer war ein „ewiger Jüngling", der durch seinen Idealismus, durch das Feuer seiner Worte, die Herzen zu gewinnen verstand. Und diese Kraft wirkt mit seinem Erinnerungsbuch auch weit über seinen Tod hinaus. Vom Standpunkt des

Historikers aus ist es zudem ein Glücksfall, dass Fischer zum Zeitpunkt der Abfassung dieses Buches politisch heimatlos, da von der KPÖ bereits verstoßen, war: So werden seine Memoiren nicht durch politische Loyalitäten allzu stark belastet.

Gewiss gibt es, wie die Nachwortautoren fairer Weise anmerken, auch in diesem Werk Aussparungen und einseitige Akzente. Gewiss sind manche Gespräche, wie der Autor auch zugibt, aus der Erinnerung effektvoll nacharrangiert. Und dass Fischer bei seinem Hang zur rhetorischen, etwas opernhaften Dramatisierung, beim eingestandenen „schlampigen Verhältnis zur Realität" dabei Verdrehungen passieren können, hat er sogar selbstkritisch aufgearbeitet. Sein Lenin-Drama aus den zwanziger Jahren stellt etwa in „revolutionärer Romantik" den Kronstädter Aufstand als *Folge* statt als *Auslöser* der „NEP"-Linie dar. Diese Selbstkritik mag im Sinne von Wilhelm Busch zuweilen auch als intelligente Selbstrechtfertigung fungieren – etwa wo Fischer einbekennt, auf die Moskauer Prozesse „hereingefallen" zu sein, seine entsprechenden Schriften ausführlich zitiert, entschuldigend aber auch Aragon, Bloch, Feuchtwanger usw. als Gefährten des Irrtums nennt. Dennoch gehört die kritische Gewissenserforschung zu den sympathischsten (und bei Politikern seltenen) Aspekten dieses Buches.

Einmal stellt sich Ernst Fischer die Frage, warum er die Zeit der stalinistischen Massenverfolgung in der Sowjetunion überlebt hat. Das Buch selbst gibt möglicherweise die Antwort: Vielleicht war es gerade seine liebenswerte Schwäche, die ihn gerettet hat. Fischer konnte Männer und Frauen bezaubern – und er wirkte, trotz gelegentlich beachtlichen persönlichen Mutes, auf niemanden bedrohlich. Niemand musste Fischer je wirklich fürchten. Aber es war wohl nicht immer leicht, sich auf ihn zu verlassen.

Angesichts der Niederschlagung des ungarischen Volksaufstandes von 1956 besprach Ernst Fischer gemeinsam mit Maria Szécsi, damals

"Maria Rapp" genannt, den Plan, auf der Wiener Landeskonferenz der KPÖ eine kritische Grundsatzanalyse vorzunehmen. Die Ökonomin würde zuerst sprechen. Dann sollte Fischer in der Diskussion an ihre Seite treten. Szécsi sprach – ihre Rede ist auch heute noch ein großartiges Dokument des Mutes und der Würde –, aber sie stieß auf massive, eisige Ablehnung. Sie sah Fischer an. Aber Ernst Fischer schwieg. Angesichts der klaren Mehrheitsverhältnisse war es für ihn wohl auch aussichtslos, sich zu exponieren. Er veröffentlichte allerdings – gegen den Widerstand des „Orthodoxen" Hollitscher – Maria Rapps Rede im „Tagebuch" vom 15.12.1956. Die Freundschaft blieb intakt. Dennoch hat es Maria Szécsi, die im Mai 1953 aus der KPÖ austrat, Ernst Fischer nie ganz verziehen, sie so im Stich gelassen zu haben. Eduard März, der seiner zweiten Frau Maria Szécsi in tiefer Liebe zugetan war, hat den Bericht über dieses ihr angetane Unrecht dennoch mit Worten der Bewunderung für den blendenden Geist und sympathischen Menschen Ernst Fischer abgeschlossen – und mit der resignativen Feststellung: „Sein größter Fehler war eben diese Schwäche. Er war nicht stark genug für die Politik. Er hätte sich ganz der Literatur zuwenden sollen."

Das ist eine Schlussfolgerung, die auch Fischers Erinnerungen mehrfach unterstreichen. Man mag der Meinung sein, dass ein Buch, das Heinrich Drimmel ebenso begeisterte wie Hans Mayer oder Iring Fetscher, politisch ein wenig leichtgewichtig sein muss. Und in der Tat, Ernst Fischer als Romantiker der Revolution, der noch in der 1968er-Bewegung sein jugendliches Rebellentum wiederfindet, das ist einer, den die Praktiker der Macht stets belächelt haben. Ernst Fischer als sensibler Zeitzeuge, als literarischer Feuergeist und kritischer Humanist aber hat uns mit seinem Memoirenwerk ein großartiges Dokument der Widersprüche unseres Jahrhunderts geschenkt. Er ist heimgekehrt in die Literatur.

(1988)

## FISCHER, Ernst (2)

## Der lange Weg zum konsequenten Humanismus

*Aufstand der Wirklichkeit – Literarische Studien und Porträts.* Auswahl und Nachwort von Karl-Markus Gauß unter Mitarbeit von Ludwig Hartinger

Frankfurt/Main, Vervuert Verlag, 1989

Um die Mitte der 1980er Jahre wurde eine auf 12 Bände angelegte Ernst Fischer-Ausgabe begonnen. Die Herausgeber Karl-Markus Gauß und Ludwig Hartinger haben dafür viel Kritikerlob geerntet – aber ein wirkliches Geschäft ist das Unternehmen weder im Sendler-Verlag noch in dessen Nachfolger, dem Vervuert-Verlag geworden. Für 1989 war ursprünglich ein Doppelband mit Fischers Schriften zur österreichischen Literatur geplant – aus Geldmangel ist statt dessen nur eine kleinere Sammlung von Arbeiten zu Petöfi, Hanns Eisler, Thomas Mann, Kleist, Böll, Aragon, Havel, Beckett und Solschenizyn herausgekommen. Hoffen wir, dass der Appell der Herausgeber, ihr Unternehmen nicht auf halber Strecke „verhungern" zu lassen, auf geneigte Ohren schöngeistiger und subventionswilliger Ministerialräte trifft!

Ein Schöngeist und Schönredner (im durchaus ambivalenten Wortsinn) ist Ernst Fischer auch in jener Zeit gewesen, da er dem Kampf des Proletariats im Rahmen der KPÖ zum Durchbruch zu verhelfen meinte. Seine Rede zum 100. Todestag Sándor Petöfis hat den mitreißenden Schwung, aber auch die Oberflächlichkeit der großen rhetorischen Geste bis heute bewahrt. Dass der ungarische Nationaldichter Sohn eines Serben war und eigentlich Petrovics hieß, dass die nationale Emphase hier wie in so vielen anderen Fällen verborgenen Identitätskonflikten entsprungen sein mag, passt etwa nicht in das Loblied der „schlanken, steilen Flamme der Revolution".

Auch die hymnische Vorrede zu Hanns Eislers Faust-Dichtung – die übrigens samt ihrem Objekt den Groll der SED-Kulturbürokraten erweckt hat – befremdet aus aktueller Sicht mit Wendungen wie: „Leichenschmaus nationaler Entwürdigung in Westdeutschland". Wo Fischer kurz vor dem Aufstand des 17. Juni 1953 von „deutscher Wiedergeburt" und „nationaler Erneuerung in der Deutschen Demokratischen Republik" spricht, ist ihm der Vorwurf intellektueller Unredlichkeit nicht zu ersparen.

Als Gast des Moskauer „Hotel Lux" zur Zeit der großen Säuberungen wusste Ernst Fischer wohl, wie es in der von ihm so gepriesenen Sowjetunion zuging – und dennoch scheute er sich nicht, nach 1945 dem bürgerlichen Humanismus vorzuwerfen, den „Teufelspakt mit dem Imperialismus zu schließen" und die Gewalttätigkeit und undemokratische Vorgangsweise der revolutionären Erneuerung als „pseudohumanistische Ausflucht" zu nehmen. Angesichts solcher Passagen versteht man nicht nur den Hass der „kalten Krieger" gegen den Ernst Fischer jener Jahre, sondern man wünscht sich als Abschlussband der Werkausgabe geradezu seine schlimmsten Entgleisungen gesammelt: das geschichtsklitternde Drama über den Kronstädter Aufstand, die verlogene Leichenrede für Stalin, das unsägliche Anti-Tito-Stück und anderes mehr.

Aber Fischer ist selbst in jenen Aufsätzen genussvoll zu lesen, in denen er seine Schwächen und Irrtümer am deutlichsten offenbart. Sein Pathos ist heute nicht mehr jedermanns Sache – aber es ist nie gedankenleer. Und Komplexität, Gedankenreichtum, ausdrucksvolle Sprache zeichnen selbst jene Aufsätze aus, in denen die Utopie der befriedeten Welt in ärgerlich platter Weise „seit dem Sieg der Oktoberrevolution zum erreichbaren, geschichtlich vor uns stehendem Ziel" gestempelt wird.

Die große Kleist-Studie aus dem Jahr 1961 zeigt gottlob bereits einen anderen, einen geläuterten Ernst Fischer. Mit großer Einfühlungskraft, Schönheit der Sprache und kritischer Sympathie schildert Fischer Leben und Werk dieses tragischen Rebellen aus dem deutschen Junkertum. Auch wenn das ärgerliche Konstrukt des „bürgerlichen Individualismus" – ein rechter Kampfbegriff der Zensoren und Geistesunterdrücker – noch gelegentlich darin herumspukt: Hier wird doch deutlich, dass ein Ernst Fischer nie ganz für jene zu vereinnahmen war, die den vergesellschafteten Menschen als braven Obrigkeitsdiener realsozialistischer Machthaber auffassten. Fischers Insistieren auf den realistischen Aspekten Kleists mag mit dem Zusammenbruch der offiziellen marxistischen Kunsttheorie und ihres Subjektivismusvorwurfs weitgehend unerheblich geworden sein – es bietet doch eine interessante und sonst zuweilen vernachlässigte Perspektive.

Die Rolle der verdrängten Homosexualität in Kleists Oeuvre wird dagegen von Fischer geradezu schamhaft umschrieben – sie ist aber doch ein wichtiger Schlüssel zur extremen Gefühlspalette seines Werkes, dessen selbstzerstörerische Intensität durchaus jener Linie angehört, der man Nietzsche und Thomas Bernhard zuzählen kann.

Die auf den Kleist-Text folgenden Aufsätze sind eher Gelegenheitsarbeiten. Sie stammen aus der Zeit, in der Fischer bereits immer unverhohlener jenen Stalinismus kritisiert, dem er sich äußerlich lange Jahre unterworfen hatte. Fischers kluge Notizen zu Vaclav Havels „Gartenfest" und die Gegenüberstellung der fiktiven Absurdität von Becketts „Endspiel" mit der realen Absurdität in den Schilderungen von Solschenizyns Iwan Denissowitsch sind hier besonders zu nennen.

Mit seiner Hervorhebung der Herr-Knecht-Relation bei Beckett bleibt Fischer seinem Erbe des revolutionären Realismus treu. Mit seiner unbedingten Ablehnung einer Herrschaftsform, die sich sogar anmaßte, die Naturgesetze zu negieren, hat er aber nach mancherlei Irrungen die Position des konsequenten kritischen Humanisten errungen.

(1989)

## FURET, François

## Rückblick auf eine Illusion[33]

*Francois Furet – Das Ende der Illusion*

München, Piper Verlag 1996

François Furets Buch (französischer Originaltitel: Le passé d'une illusion – essai sur l'idée communiste au XXe siècle) ist von den französischen Medien zu Anfang 1995 enthusiastisch gefeiert worden. Le Monde sprach sogar von einem Meisterwerk. Das über 700 Seiten starke Werk des international bekannten Historikers – er ist Spezialist für die Geschichte der französischen Revolution und lehrt heute an der Universität Chicago – wird auch im Klappentext der französischen Ausgabe als „erste große Synthese über den Kommunismus im 20. Jahrhundert" gefeiert. Die sofort im Piper-Verlag erschienene Übersetzung und zahlreiche Rezensionen in überregionalen Medien bezeugen das große Interesse auch im deutschen Sprachraum.

Ob dieser rasche Ruhm des gewichtigen Buches andauern wird, ist schwer abzuschätzen. Furet, der 1948-1956 selbst Kommunist war, bekennt, in einem Werk der „Interpretation den Vorrang vor der Dokumentation gegeben" und nur die ihm „nützlichsten" Werke zitiert zu haben. Das Buch ist auch in starkem Maße „frankozentrisch". Aspekte wie die Tradition der „ganzheitlichen" Bejahung der französischen Revolution (bis hin zum jakobinischen Terror) durch weite Kreise des französischen republikanischen Bürgertums, die ein ähnliches Verständnis für die Ereignisse in Russland 1917 nahe legten, sind sicher in anderen Ländern unbeachtlich.

---

[33] Eine erste Fassung dieses Textes erschien als Besprechung der französischen Ausgabe in: Archiv – Jahrbuch für Geschichte der Arbeiterbewegung 1995.

Dazu ist Furets Thema selbst für Frankreich relativ eingeschränkt: Es könnte über weite Strecken den Titel „Die französischen Intellektuellen und die Sowjetunion" tragen. Die Hoffnungen und Illusionen der nordfranzösischen Bergleute oder der Arbeiter bei Renault, die diese zeitweilig mit dem Kommunismus verbanden, werden ebenso wenig tieferer Betrachtung unterzogen wie etwa die späte Ausstrahlung des marxistisch-leninistischen Gedankengebäudes auf die postkolonialen Länder der Dritten Welt – vermittelt durch die Sozialisationswirkung europäischer Eliteuniversitäten auf eine schmale Schicht politischer und militärischer Aktivisten. Ungeachtet dieser Summe nicht unbeträchtlicher Einschränkungen ist Furets monumentaler Anstrengung höchster Respekt zu zollen.

Schon im ersten Kapitel, der „revolutionären Leidenschaft" gewidmet, insistiert der Historiker auf der Verwandtschaft der beiden großen antiliberalen und antidemokratischen Zeitströmungen, die sich aus der Katastrophe des Ersten Weltkrieges ergaben, und nimmt damit das – noch vielfach „allergische" Reaktionen hervorrufende – Totalitarismusthema auf. Dabei konstatiert er als „das stärkste geheime Bindeglied zwischen Bolschewismus und Faschismus" die Existenz des „gemeinsamen Feindes", der (bürgerlichen) Demokratie, deren „Agonie" beide wunschbildhaft proklamierten und deren „Täuschungen" beide so gerne entlarvten.

Ein längeres Kapitel über den Ersten Weltkrieg ist reich an Abschweifungen, etwa zum Thema: „Wie kriegslüstern ist der Kapitalismus?"

Benjamin Constant und Auguste Comte sahen, wie viele Repräsentanten des 19. Jahrhunderts, in den Tendenzen zur Wohlstandsmehrung und zur Industrie die kriegerischen Neigungen geschwächt, während Lenin bekanntlich in seiner Imperialismustheorie der Suche nach Monopolgewinnen als Weltkriegstreiber prominenten Raum gab – eine Theorie, die nach Furet „schlecht gealtert" sei. Wir begegnen den Philosophen

Alain und Halévy im Ersten Weltkrieg, Ernst Jünger, den Sixtus-Briefen – und der Formel „Frieden ohne Annexion und Entschädigung", die immerhin im (ohnmächtigen) deutschen Reichstag am 19. Juli 1917 eine Mehrheit von 212 gegen 126 Stimmen finden konnte.

Erheblich konziser ist Furets Behandlung der Beziehung zwischen französischer und russischer Revolution. Die Apologeten der letzteren zeigten natürlich eine besondere Vorliebe für die „jakobinische" Phase Frankreichs mit ihrem ausgeprägten Massenterror und ihrem extremen Voluntarismus: der „Erfindung des Menschen durch sich selbst". In welchem Maße diese Sicht auch im intellektuellen Bürgertum Frankreichs auf positiven Widerhall stieß, illustriert Furet unter anderem anhand der großen „Hearings" der französischen Liga für Menschenrechte über die Lage in Russland zwischen dem 28. November 1918 und 15. März 1919. Ohne ihren französischen Bezugspunkt hätte die Oktoberrevolution viel mehr von ihrer Fremdartigkeit bewahrt, meint der Historiker. Interessant ist, dass Fuget hier und auch sonst bei der – eigentlich geschichtsverfälschenden – bolschewistischen Terminologie von der „Oktoberrevolution" bleibt. (Nur an einer einzigen Stelle spricht er von einem „Putsch einer kleinen kommunistischen Sekte im zurückgebliebensten Land Europas, der nur durch die allgemeine Kriegsmüdigkeit und die Wut der geschlagenen Völker tatsächlich zu einem mit 1789 vergleichbaren Modellereignis geworden" sei – die „Illusion, die Lenin sich über seine eigene Aktion gemacht" habe, sei so „zu einer von Millionen Menschen geworden".)

Furets Prägung durch das „fortschrittliche" Lager zeigt sich im übrigen auch in der Nonchalance, mit der er den Überlegungen der Konservativen und „bürgerlichen Liberalen" (auch aus Russ-lind selbst) über die Katastrophe des neuen Regimes den Rücken zuwendet: Eine Sinaida Hippius, die in ihrem 1920 publizierten „Petersburger Tagebuch" die Realität des Totalitarismus beschreibt (und um eine britische Intervention betet), kommt bei Furet ebenso wenig vor wie andere „reaktionäre", aber illusionslose Betrachter. (Sogar der Comic-Klassiker „Tintin au pays des Soviets" aus 1929 präsentiert die Sowjetunion als Land des Massenhungers, des Politterrors, der gewaltsamen Getreiderequisitionen und der potemkinschen Inszenierungen für Sympathisantenbesucher aus dem Ausland. Man muss wohl zugeben, dass diese Basisklischees des rechtskonservativen belgischen Zeichners Hergé aus heutiger Sicht der Sowjetrealität jener Zeit angemessener waren als die meisten Traktate wohlmeinender Intellektueller). Nur Bertrand Russells „Theory and Practice of Bolshevism" (London 1921), eine empirische Bestandsaufnahme der tristen russischen Realität und der Paradoxie, dass ein „als Tyrannei in Russland verabscheutes Regime außerhalb dieses Landes als Befreiung erhofft" werde, wird rezipiert – wohl, weil Russell trotz allem damals an das nahe Ende des Kapitalismus glaubte.

Dafür bezieht sich Furet natürlich auf Rosa Luxemburgs frühe Kritik aus 1904 an den zu autoritären, zu zentralistischen Konzeptionen Lenins, der Blanqui näher stehe als Marx und das Proletariat einer Oligarchie von Intellektuellen zu unterwerfen tendiere.

Die zweite Säule von Furets Auseinandersetzung mit dem „universellen Charme" des Roten Oktober sind die zwei großen Artikel Karl Kautskys von 1918 und 1919, in denen dieser, wie Rosa Luxemburg, den Bolschewiken nicht zubilligt, für eine ganze Klasse zu sprechen. Kautsky schließt darüber hinaus aber aus der Zurückgebliebenheit der russischen Verhältnisse und aus dem Voluntarismus der Führung, dass dieser Weg in die absolute Despotie nur mit einem dem Ende der Jakobinerherrschaft ähnlichen fatalen Zusammenbruch enden könne.[34] Diese Kautskyanische Position erscheint natürlich auch von der damals in bürgerlichen Kreisen weit verbreiteten Erwartung, der „Spuk des Bolsche-

---

34  Karl Kautsky: Die Diktatur des Proletariats, Wien 1918.

wismus" werde sich nur kurz halten können, beeinflusst. Kautskys marxistisch-deterministisches Argument von Russlands ökonomischer Unterentwicklung fand übrigens ihr Echo in Léon Blums berühmter Rede auf dem Kongress von Tours, auf dem die französische S.F.I.O. (Section Française de l'Internationale Ouvrière) zerbrach: Verzweifelt versuchte Blum damals, den Führungsanspruch des russischen Revolutionsmodells unter Hinblick auf die Zurückgebliebenheit des Landes zurückzuweisen – aber die Russlandromantik, die bei vielen französischen Sozialisten damals eine „in der Ferne wiedergefundene revolutionäre Hoffnung" widerspiegelte (ähnlich der späteren die Kuba- und Nicaragua-Begeisterung der 1960er und 1970er Jahre), diese Gefühlswelle war offenbar allzu dominierend.

Auffällig bleibt dabei, dass Furet die substantiellen Auseinandersetzungen des Austromarxismus mit der russischen Revolution, vor allem die exemplarische und schwankende Position Otto Bauers mit ihrer Tendenz zur langfristigen Hoffnung auch bei luzider Einsicht in den aktuellen Schrecken nur ganz am Rande wahrnimmt.

Furets Technik, ausführlich über einzelne, oft wie zufällig herausgegriffene Persönlichkeiten und Werke zu reflektieren, finden wir auch im Kapitel über die „Gläubigen und Enttäuschten" wieder. Hier ist es vor allem das dokumentarisch wichtige Tagebuch des jungen katholischen Idealisten Pierre Pascal, der sich 1916-1927 in Russland aufhielt; das Tagebuch ist 1975, 1977 und 1982 in vier Bänden in Paris erschienen. Der Absolvent der Eliteschule École Normale Supérieure von 1910 begeisterte sich als Anhänger der französischen Militärmission in Petersburg für den Bolschewismus, schloss sich dem Regime an und zog nach Moskau, erkannte aber früh die brutalen Machtkämpfe und alles durchsetzenden Lügenformeln des Sowjetkommunismus, ohne freilich zunächst als „Renegat" nach Frankreich zurückkehren zu wollen. („Was soll er mit seinem Hass auf den Bürger, wenn er dessen Haltung gegenüber dem Kommunismus teilt?" vermerkt Furet mit feiner Ironie.)

Furets zweiter Kronzeuge ist Boris Souvarine, ein mit zwei Jahren nach Paris gekommener Sohn russisch-jüdischer Einwanderer. Der junge Mann ist zunächst einer der eifrigsten Bannerträger der bolschewistischen Machtergreifung in der französischen Linken und der Internationalen. Souvarine wird aber 1924 am 13. Kongreß der KPdSU als „Rechtsabweichler", „Neo-Menschewik" und Sozialdemokrat angegriffen – sein Fall und sein Ausschluss aus der Partei sind Teil des Kampfes der „Troika" Kamenew-Sinowjew-Stalin gegen die Anhänger Trotzkis, dem damals Ähnliches vorgeworfen wurde. Souvarine, in den Worten des Untertitels der ihm gewidmeten Biographie von Jean-Louis Pannée, „der erste Enttäuschte des Kommunismus"[35], entwickelt sich zu einem der ersten „Sowjetologen". Aus einem Organ eines „nonkonformistischen Kommunisten" wird das von ihm herausgegebene Bulletin immer mehr zur analytischen Tribüne. Souvarine, der es verweigert, sich zum Trotzkisten stempeln zu lassen, mutiert schließlich mit seinem großen Buch über Stalin zum nahezu „akademischen" Betrachter der sowjetischen Entwicklung, deren leidenschaftliche Bejahung seine Jugend geprägt hat.

Als Gegenmodell dieser Distanzierungs- und Enttäuschungsphänomene referiert Furet den Lebensweg von Georg Lukács, der trotz aller Schwierigkeiten doch stets der Partei treu ergeben blieb und noch an der Schwelle des Todes (in einem Interview für die New Left Review, Juli/August 1971) betont hat: „das Schlimmste der kommunistischen Regimes ist besser als das Beste der kapitalistischen Regimes" ...

Den zentralen Teil von Furets Buch bilden die der Konfrontation von Kommunismus und Faschismus gewidmeten Kapitel. Furet bemüht sich zunächst nachzuweisen, dass das Totalitarismuskonzept keine „spätere

---

[35] Boris Souvarine – Le premier désenchanté du Communisme, Paris 1993.

Erfindung der Vertreter des Kalten Krieges" war, die die Sowjetunion durch den Vergleich mit dem entmenschten Nazi-System entehren sollte.

Schon Karl Kautsky habe in seinen Texten aus den dreißiger Jahren[36] ohne Komplexe stalinistischen Kommunismus und Nationalsozialismus verglichen. Besonderes Augenmerk als frühem Totalitarismusdenker schenkt Furet Waldemar Gurian[37], einem katholischen Philosophen jüdischer Herkunft, der später an der Universität Notre Dame, Indiana, lehrte und offenkundig Hannah Arendt beeinflusste. Auch in Thomas Manns Tagebüchern ist der Vergleich Bolschewismus – Nationalsozialismus häufig zu finden, zum Beispiel am 7. September 1933 oder am 1. Oktober 1933, wo Mann die reglosen Wachtposten der SA vor der Feldherrenhalle als Kopien der statuenhaften Wachen vor dem Lenin-Mausoleum bezeichnet und vermerkt, man imitiere hier, ebenso wie in Sachen Film, ungeniert den sogenannten Todfeind.

Eine Gestalt wie Ernst Niekisch, der auch nach seiner Wendung zum „Rechten" Stalin als „Fanatiker der Staatsraison" bejubelte und sich nach seiner Russlandreise 1932 vom industriellen Aufbauwillen des Fünfjahresplanes begeistert zeigte, macht die Querverbindungen auch auf der „national-bolschewistischen" Seite deutlich.

Den Höhepunkt seiner internationalen Verankerung in den Milieus der Intellektuellen verdankt der – längst zum Stalinismus gewordene – Bolschewismus natürlich seiner Rolle als „antifaschistisches Bollwerk" gegen Hitler zwischen 1933 und 1939, die ab 1941 wieder aufgenommen wurde, als hätte es die Periode der Allianz der Totalitarismen bei der Teilung Osteuropas nie gegeben.

---

[36] Zum Beispiel Marxism and Bolshevism – Democracy and Dictatorship, in: J.Shaplen/D.Shub: Socialism, Fascism, Communism, New York 1934.
[37] Waldemar Gurian: Bolschewismus als Weltgefahr, Luzern 1935.

Unter dem Gesichtspunkt der – in Frankreich zeitweilig sehr erfolgreichen – Volksfrontstrategie wird Furets Buch hier wieder recht frankozentrisch, bezieht aber auch den Spanischen Bürgerkrieg relativ ausführlich ein. Dieser war nicht nur waffentechnisch (vor allem für die Achsenmächte) ein Probegalopp für den Zweiten Weltkrieg – er half Stalin auch politisch, die Technik der Etablierung eines volksdemokratischen Marionettenregimes zu erproben. Wieder verweist Furet auf das Modellbeispiel der französischen Revolution. So verfasste 1937 der kommunistische Historiker Jean Bruhat ein Buch über die „Züchtigung der Spione und Verräter in der französischen Revolution" (Le Châtiment des espions et des traîtres sous la Revolution française), dessen Bejahung des Jakobinerterrors in die kühne Schlussfolgerung einer expliziten Rechtfertigung der Moskauer Prozesse mündete: „Glaubt man, dass die faschistischen Mächte für den ersten Arbeiter- und Bauernstaat nicht einen ebenso tiefen Hass aufbringen, wie es einst jener der Feudalstaaten gegen die französische Revolution war?" Was bei Jacob L. Talmon später – ins Negative gewendet – zur Diskreditierung der französischen Revolution als Urbild des modernen Totalitarismus werden sollte, erscheint hier also als positives Vorbild „harten Durchgreifens" in einer Welt von Feinden ...

Im Zusammenhang mit dem Höhepunkt der Periode der anti-faschistischen Solidarität rollt Furet die typischen, von Propagandagetrommel begleiteten Reisen führender westlicher Intellektueller nach Moskau auf, ebenso wie die Bildung von elitären KP-Sympathisantengruppen in Spitzenuniversitäten wie Cambridge. Ein besonders düsteres Kapitel ist dabei die Stellungnahme der französischen „Liga für Menschenrechte" zum ersten Moskauer Schauprozess: der Bericht ihrer Untersuchungskommission, präsentiert am 18. Oktober 1936. Der Anwalt Rosenmark erwähnt etwa nur en passant in der Einleitung die „Unterschiede" zum französischen Strafrecht (Zivilisten, die durch ein Militärtribunal beurteilt werden, Abwesenheit von Verteidigern und Zeugen, die verbalen

Exzesse des Anklägers Wyschinski). Die Tatsache, dass alle sechzehn Angeklagten gestanden haben, wird in mehr als naiver Weise zum Indiz für die Berechtigung des Urteils gemacht: „Es widerspräche allen Fakten der Geschichte der Strafjustiz, wenn man davon ausginge, dass sechzehn Unschuldige durch Folter oder angedrohte Folter ausnahmslos zu einem Geständnis gezwungen werden könnten."

Auch in diesem Bericht wiederum der Hinweis auf die französische Revolution, die als „Block" zu sehen wäre, und nach der man einem „Volk nicht das Recht verbieten dürfe, gegen die Handlanger des Bürgerkrieges und die Verschwörer mit Beziehungen zum Ausland vorzugehen".

Erstaunlicherweise widmet Furet der Periode des Hitler-Stalin-Paktes nur relativ geringen Raum. Dabei wurde gerade die KPF damals tief getroffen: Mitten in einer „nationalen Welle", im Zusammenhang mit der Kriegserklärung, die zunächst auch die französischen kommunistischen Massen und viele ihrer Repräsentanten ergriff, musste sie in eine Linie der Ablehnung des „imperialistischen Krieges" umschwenken und wurde unter schmählichen Begleitumständen verboten. Furet sieht hierin zu Recht eine Art umgedrehten August 1914: „Damals hatte die sozialistische Partei ihre pazifistischen Verpflichtungen verleugnet, um sich der Regierung des kriegführenden Frankreich anzuschließen. Im September 1939 verleugnete die KPF ihr patriotisches Handeln, um vom kriegführenden Frankreich geächtet zu werden."

Die Schlusskapitel von Furets Buch sind dem Krieg, dem Stalinismus als „höchstes Stadium des Kommunismus" und dem Kommunismus des Kalten Krieges gewidmet, wobei Furet wieder sehr stark auf die Totalitarismus-Kontroverse Bezug nimmt und hervorhebt, dass die führenden Totalitarismusforscher keineswegs etwa dem McCarthyismus nahe gestanden wären. Chruschtschows großer Geheimrede auf dem 20. Parteitag 1956 und den durch sie ausgelösten Verunsicherungen im gesamten kommunistischen Lager ist das Kapitel „Der Beginn vom Ende" gewidmet, dem Furet noch einen „Epilog" folgen lässt.

Letztlich lädt François Furets Monumentalwerk zu einer Art Metareflexion ein. Warum ist es tatsächlich so, dass der Intellektuelle im 20. Jahrhundert, wie Furet meint, „nicht nur den Geist seiner Zeit zu teilen pflegt, sondern ihm voll anheim fällt, ohne ihn wenigstens marginal zu differenzieren"? Woher kommt die Unterwerfung so vieler großer Geister gegenüber den Parteistrategen und ihre Bereitschaft, sich „wie alle anderen auch manipulieren" (zu lassen)?

François Furets Buch legt drei Antworten nahe: Lust an der Provokation, Eitelkeit und die Identifikation mit den Machtstrategen sowie die Überschätzung der eigenen Rolle als „Kämpfer", die beide zu taktischen Selbstbindungen gegenüber dem rückhaltlosen Aussprechen und Einfordern der (subjektiv wahrgenommenen) Wahrheit führen.

Die Lust an der Provokation, die Rolle als „enfant terrible" der bürgerlichen Gesellschaft, ist am besten zu illustrieren durch den blendenden Meister der Paradoxien, George Bernard Shaw. Das Liebkind der Londoner Gesellschaft gab sich stets als geschworener Gegner des britischen Parlamentarismus. Mussolini und selbst Hitler erschienen dem Nietzsche-Bewunderer mit Neigung zum „Übermenschen" zuweilen als Repräsentanten einer „effizienten Regierung im Dienste der Nation". Und Stalin, der Trotzkis Prätentionen der Weltrevolution abgelegt hat und den Aufbau des Sozialismus in einem Land angegangen ist, erscheint Shaw ebenfalls vor allem als handfester Tatmensch. „Stalin ist ein guter Fabier" erklärt Shaw, der im Juli 1931 mit großem Pomp die Sowjetunion bereist und den Diktator getroffen hat.

Herbert George Wells, der von Stalin ebenfalls „um den Finger gewickelt wurde", und die hochbetagten Sidney und Beatrice Webb, die 1935 das berühmt-berüchtigte Buch „Soviet Communism – a New Civilization" publizierten, sind Beispiele von Gutgläubigkeit und leicht täuschbarer Eitelkeit.[38]

André Gide dagegen, der im Juli 1936 mit eben solchem Pomp die Sowjetunion bereiste (300.000 Postkarten mit seinem Porträt wurden gedruckt), ließ sich nicht täuschen – „Er war aufgebrochen, eine revolutionäre Gesellschaft zu finden und er fand allerorts Sklaven, die Stalin anbeten mussten."

George Orwell, den Furet als einen der seltenen engagierten Intellektuellen dieses Jahrhunderts bezeichnet, die „fähig sind zu sehen und die die Wirklichkeit der Abstraktion vorziehen", schrieb nach seiner Rückkehr aus Spanien: „Eine große Anzahl von Leuten hat mir mehr oder weniger offen nahegelegt, nicht die Wahrheit über das zu erzählen, was in Spanien vorgeht, und auch nicht, welche Rolle die KP dabei spielt, weil dadurch in der Öffentlichkeit angeblich Vorurteile gegenüber der spanischen Regierung entstehen könnten, was letztlich nur Franco helfen würde."

Eine ähnlich elitäre und machiavellistische Logik wie die von Orwell kritisierte findet sich in Sartres eigentümlicher Würdigung von Chruschtschows „Geheimrede" und ihrer Auswirkungen auf den Ostblock. Jean-Paul Sartre vermerkt[39]: „Man musste wissen, was man wollte, wie weit man gehen, wie weit man Reformen zulassen wollte, ohne sie jedoch sogleich hinauszuposaunen, sondern lediglich schrittweise umzusetzen." Von diesem Standpunkt aus war der gravierendste Fehler wahrscheinlich der Chruschtschow-Bericht, „denn meiner Meinung nach ist die öf-

---

[38] Vgl.: Stalin-Wells Talk. The Verbatim Record und a Discussion by G. Bernard Shaw, H. G. Wells, J. M. Keynes, Ernst Toller, in: The New Statesman and Nation ( December 1934).
Die erste Auflage des Webb'schen Werkes formulierte ihren Titel noch als Frage – dieses Fragezeichen fiel ab der 2. Auflage weg.

[39] Laut L'Express vom 9. November 1956.

fentliche und feierliche Verurteilung, die detaillierte Aufdeckung der Verbrechen einer ‚heiligen' Persönlichkeit, die so lange das Regime repräsentiert hat, eine Verrücktheit – sofern eine solche Offenheit nicht durch eine vorherige und beträchtliche Verbesserung des Lebensniveaus der Bevölkerung ermöglicht wurde... Aber das Resultat war, dass die Massen eine Wahrheit aufgedeckt erhielten, für deren Aufnahme sie nicht vorbereitet waren. Wenn man sieht, wie bei uns in Frankreich der Bericht die kommunistischen Intellektuellen und Arbeiter erschüttert hat, wird man sich klar darüber, wie wenig zum Beispiel die Ungarn vorbereitet waren, diesen schrecklichen Bericht an Verbrechen und Fehlern aufzunehmen, der ohne Erklärung, ohne historische Analyse, ohne Vorsicht gegeben wurde."

Die Stellungnahme Sartres entbehrt natürlich nicht einer gewissen „Logik der Macht" (es ist die Logik der „Hardliner" à la Honecker, die nicht ohne Berechtigung den „Reformern" stets vorgeworfen haben, das Regime zu schwächen).

Zugleich aber verleugnet diese – unbedankte – taktische Finesse genau jene Aufgabe des Intellektuellen, die im 20. Jahrhundert so notwendig gewesen wäre und die nur so wenige ausgeübt haben: die rücksichtslose Konfrontation der Wahrheit in ihrer ganzen Widersprüchlichkeit und Komplexität. Noch jene, die in der traurigen Farce der Affäre Waldheim nur den Opportunismus und die „Vergesslichkeit" eines Karrieristen dämonisiert haben und sich dabei von der dümmlichen Intrige auf Bezirkspolitikerniveau, die ihn attackierte, nicht distanzieren wollten und konnten, sind in diese „Falle taktischen Denkens" gegangen – ebenso wie diejenigen, die lange Zeit dazu tendierten, die Berechtigung bestimmter Kritikpunkte Jörg Haiders zu leugnen, weil man doch dieser Seite „nicht in die Hände spielen darf".

Als André Gide 1936 von seiner Russlandreise zurückkehrte, erschüttert und mit dem Vergleich Stalin – Hitler auf den Lippen, fehlte es nicht an Leuten, die ihm den „guten Rat" gaben, sein Buch „Retour de l'URSS" nicht zu veröffentlichen. Er hat es dennoch getan, einen „Skandalbestseller" mit fast 150.000 Auflage produziert – und eine massive Kampagne gegen sich bewirkt, in der natürlich der Vorwurf, „das demokratische Lager zu spalten", nicht fehlen durfte.

Blickt man – mit François Furet und über ihn hinaus – zurück auf die Geschichte dieses Jahrhunderts der großen politischen Erlösungsutopien, so wird einem klar, wie selten darin Menschen wie Orwell und Gide waren, die ihren eigenen, von der Verwirrung der Zeit abgehobenen Standpunkt fanden. Das ist eine der trübsten Feststellungen, die sich bei der Lektüre von Furets Monumentalwerk aufdrängen.

(1995, 1996)

# HIPPIUS, Sinaida

## Petersburg, 1919 – 1920

*Petersburger Tagebuch*

Berlin und Weimar, Aufbau-Verlag 1993

Sinaida Hippius, die Frau des Schriftstellers und Kulturphilosophen Dimitri Mereschkowski, stand ein Leben lang im Schatten ihres berühmten Mannes, obwohl Freunde der Familie wie Andrej Bely die scharfzüngige Schönheit mit den langen rotgoldenen Haaren „um fünfundzwanzig Köpfe größer als er" einschätzten und proklamierten, Mereschkowski habe sich „von ihrem Spiel der Gedanken genährt, während sie für ihn die Arbeiterin mit dem Putzlappen in der Hand spielte".

Im Petersburg der ausgehenden Zarenepoche war die Hippius allerdings nicht Arbeiterin, sondern einflussreiche Herrin eines Salons, in dem sich seit 1889, dem Jahr ihrer Heirat, die Intelligentsia traf.

Als unbedingte Gegnerin der zaristischen Autokratie und des Weltkrieges sympathisierte die Hippius mit den führenden Köpfen der Februarrevolution 1917, insbesondere mit Kerenski. Dem bolschewistischen Putsch und dem ihm folgenden Rückfall in Autokratie und Barbarei stand sie dagegen mit unversöhnlichem Hass gegenüber. Ihr Petersburger Tagebuch der Jahre 1919-1920 hat sie trotz höchster Lebensgefahr heimlich geführt und sofort nach ihrer Ausreise veröffentlicht. Seine Neuherausgabe durch den „Aufbau"-Verlag der Ex-DDR ist ein wirklicher Beitrag zur geistigen Rekonstruktion Osteuropas, aber auch des Westens.

Wer es wissen *wollte*, konnte also Bescheid wissen, von Anfang an: über den Massenterror, die Denunziationen, das Schiebertum, über die Lügenpropaganda und die Charakterlosigkeit, die sich im Gefolge des Oktoberputsches der Bolschewiki sofort verbreiteten. Gorki, der von ehemaligen „Bourgeois" gierig Antiquitäten aufkauft, einem hungernden alten Freund beim Mittagessen aber keinen Bissen anbietet und die Bitte, sich für dessen verhafteten Bruder einzusetzen, zynisch abweist: solche Szenen haben den „Aasgeruch der Wahrheit" und sind nicht bloß, wie Christa Ebert meint, „Ausdruck einer unbeirrbaren Subjektivität des Urteils". Ebenso das erschütternde Bild von dem vierjährigen Mädchen, das auf ein Ladenschild mit aufgemalten Lebensmitteln einschlägt und weint: „Sie lassen sich nicht nehmen!"

Präzise Beobachtungsgabe und luzide Verzweiflung sind die Kraftquellen dieses einmaligen Tagebuchdokuments. Die Hippius geht im übrigen auch mit der „weißen" Bürgerkriegsseite hart ins Gericht, deren „Nichtanerkennung" Finnlands und der baltischen Staaten sie mit Recht als schweren taktischen Fehler kennzeichnet. Das Lavieren und die Untätigkeit Englands, auf dessen Befreiung St. Petersburgs von der Seeseite her sie wie viele andere vergeblich hoffte und die ineffektive Blockade gegen das Terrorregime der Bolschewisten geißelt die Hippius mit Worten, die auch der gegenwärtigen Haltung des Westens zur bosnischen Tragödie gelten könnten. Natürlich unterschätzt sie dabei die Kraft der bolschewistischen Utopie in Russland, aber auch im kriegsgeschwächten Nachkriegseuropa ebenso wie die habituelle Schwierigkeit demokratischer Staaten, ihre Söhne für einen Interventionskrieg in fernen Landen zu mobilisieren. Von „Dekadenz", die Christa Ebert im ersten Satz des Nachwortes der Autorin attestiert, kann aber in diese Tagebuchaufzeichnungen keine Rede sein. Es ist höchst erfreulich, dass der fehlende Teil der Kriegstagebücher von Sinaida Hippius, den sie selbst für verloren hielt, unlängst in Petersburger Archiven gefunden wurde. Eine vollständige russische Ausgabe ist angekündigt und sollte baldigst ins Deutsche übersetzt werden.

(1993)

## HOBSBAWM, Eric

## Krönung eines großartigen Lebenswerkes

*Das Zeitalter der Extreme. Weltgeschichte des 20. Jahrhunderts*

München, Hanser 1995

Eric John Hobsbawm hat es geschafft. Es ist dem 1917 geborenen Gelehrten gelungen, noch vor dem 80. Lebensjahr seine großartige Trilogie über das „lange 19. Jahrhundert" von 1789 bis 1914 mit einem in sich dreigeteilten Monumentalwerk über das „kurze 20. Jahrhundert" von 1914 bis 1991 (dem Jahr des Zerfalls der Sowjetunion) zu krönen. Dem legendären Werk *Europäische Revolutionen* 1789 bis 1848, der *Blütezeit des Kapitals* von 1848 bis 1875 und dem *Imperialen Zeitalter* von 1875 bis 1914 folgen nun Überblicke über das *Zeitalter der Katastrophen* von 1914 bis 1945, das *Goldene Zeitalter* 1945 bis etwa 1975 und die zunehmend krisengeschüttelten Jahrzehnte danach.

Wie üblich sind die Rezensionen hymnisch. Hobsbawms neues Monumentalwerk hat zwischen Oktober 1994 und Februar 1995 bereits acht Auflagen erlebt.

Woran liegt dieser grandiose Erfolg? Sicherlich nicht nur daran, dass es der Autor versteht, mit „Datenlawinen" geschickt ausgewählter Statistiken und Zitate den Leser zu beeindrucken. Entscheidend ist vermutlich, dass Hobsbawm das besitzt, was vielleicht zum wertvollsten Erbe des heute im hegelianischen Mehrfachsinn aufgehobenen Marxismus zählt: den Blick aufs Ganze. Es ist diese Vision der gesamtgesellschaftlichen Dynamik, in klarer bildhafter Sprache formuliert, die Hobsbawm oft zu außerordentlich brillanten Kernaussagen führt. Sie ist es, die Ökonomen ebenso fasziniert wie Historiker oder auch breitere Schichten des intellektuellen Publikums, das es gottlob auch am Ende des 20. Jahrhunderts noch gibt. Der mächtige Band mit seinen über 600 Seiten ist natürlich nicht resümierbar. Einige kurze Anmerkungen seien aber doch gestattet. Die Periode des Ersten Weltkrieges, der nur kurzen Nachkriegserholung der Weltwirtschaftskrise als Übergang zum Zweiten Weltkrieg wird von Hobsbawm zu Recht als „Zeitalter der Katastrophen" bezeichnet. In der Einleitung seines Buches bekennt der Autor übrigens, dass es im wesentlichen einen Zeitabschnitt betreffe, in dem er Meinungen und Vorurteile als Zeitgenosse eher denn als Gelehrter gesammelt habe. Das wird vielleicht am deutlichsten in manchen Passagen dieses ersten Teiles. So kommt hier (aber auch später) der „Katastrophenaspekt" des Aufstieges der Sowjetunion, deren Konfrontation mit dem Rest der entwickelten Welt die Geschichte dieses Jahrhunderts prägen sollte, ungewöhnlich milde zur Sprache. Hobsbawm, der in seiner Jugend lange stalintreuer Kommunist und später Euro-Kommunist war, möchte, so scheint es, die Ideale und den Glauben seiner Jugend nicht gänzlich desavouieren, obwohl er sich in seinen Schlusskapiteln heroisch mit dem „Ende des Sozialismus" konfrontiert. „Ob die sogenannte Oktoberrevolution ein Putsch gewesen wäre, wie anti-kommunistische Historiker argumentiert haben", erscheint Hobsbawm etwa als weitgehend irrelevant, obwohl er sieben Seiten weiter zu Recht bemerkt, dass ein „bedeutender Irrtum der Bolschewiken 1920 ihre Spaltung der internationalen Arbeiterbewegung gewesen" sei, die er völlig zu Recht darauf zurückführt, dass „Lenin und die Bolschewiken nicht eine internationale Bewegung sozialistischer Sympathisanten wollten, sondern ein Korps vollkommen engagierter und disziplinierter Aktivisten, eine Art globaler Einsatztruppe für die revolutionäre Eroberung". Deutlicher könnte man den putschistischen Charakter des leninistischen Parteityps nicht ausdrücken – und Hobsbawm macht auch an anderen Stellen deutlich, dass die fatale Mobilisierung autoritärer Konservativismen und Faschismen als „Retter gegen den Bolschewismus" stets an diesem Schreckgespenst der bolschewistischen Diktatur ansetzen konnte.

Natürlich kann man auch von einem so umfangreichen Buch keine fundamentale Gesamtdarstellung zweier Weltkriege und einer Weltwirtschaftskrise erwarten, über die schon Bibliotheken geschrieben wurden. Höchst erfreulich ist es aber, dass Hobsbawm auch dem „Überbau" von Kunst und Kultur stets ein Kapitel widmet. Diese gehören jeweils zu den persönlichsten des Bandes. So stellt der Autor fest, er sei zwar „zwischen den großen Architekturmonumenten der liberalen Bourgeoisie" im Wiener Ringstraßenbereich aufgewachsen, habe aber durch eine „Art kultureller Osmose gelernt, dass diese als entweder verlogen oder pompös oder beides angesehen werden müssten". Dennoch stellt er mit einigem Bedauern fest, dass solche Gebäude en masse bis in die 1950er und 1960er Jahre – „die katastrophalste Periode in der modernen Architektur" – abgerissen worden seien. Die stets quantitativ und qualitativ „proportionenbezogene" Sicht des Autors erweist sich übrigens auch im kulturellen Bereich als sehr fruchtbar – etwa wo er den dünn gewordenen Firnis traditionellen Hochkulturkonsums dadurch charakterisiert, dass das „Konzertpublikum für klassische Musik in New York bloß zwanzig- bis dreißigtausend Menschen (von 10 Millionen Einwohnern) ausmacht".

Hobsbawms vielfältiger, heute würde man sagen, multikultureller Werdegang zwischen Wien, Berlin, London und Cambridge (mit Geburtsort Ägypten) erweist sich als besonderer Vorteil für seine globale, interkulturelle Sicht. Das Schlusskapitel des ersten Teils, „End of Empires", spiegelt diese übernationale Perspektive in großartiger Weise wider. Die eurozentrische Sicht wird hier in souveräner Art transzendiert, wie etwa auch später in der Würdigung der islamischen Revolution. Der Untergang der kolonialen Imperien war allerdings in gewissem Sinn auch das Ergebnis europäischer Entwicklungen, speziell des Zweiten Weltkrieges. Der für Hobsbawm selbst und seine marxistischen Freunde noch 1939 „unvorstellbare" Untergang des britischen Weltreiches, aber auch wichtiger französischer und niederländischer Kolonien in Ostasien, wurde nicht zuletzt durch den relativ problemlosen Sieg der Japaner in der Anfangsphase ihres asiatischen Feldzuges beschleunigt. Indien wurde zwar nicht erobert, aber die Quit-India-Bewegung der Kongresspartei 1942 war ein deutliches Zeichen – und die großen Sieger des Krieges, die USA und die Sowjetunion, waren aus unterschiedlichen Gründen beide Gegner der alten Kolonialsysteme.

Es muss kaum noch betont werden, dass Eric Hobsbawm ein genialer Zitierer ist: Nicht ohne Bosheit erinnert er etwa, dass der zukünftige Nobelpreis-Ökonom Paul A. Samuelson mit einer Arbeit aus dem Jahr 1943[40] für die Nachkriegszeit „die größte Arbeitslosigkeit (...) die je eine Wirtschaft zu konfrontieren hatte" erwartete.

Hobsbawms Sinn für erhellende Statistiken wird besonders in den Abschnitten über die „soziale und kulturelle Revolution" nach 1945 deutlich. Vor dem Zweiten Weltkrieg hätten selbst Deutschland, Frankreich oder Großbritannien, drei der entwickeltsten Länder, nur etwa ein Promille Studentenanteil an der Bevölkerung gehabt, während dieser heute bei etwa 2,5 bis 3% der Bevölkerung liegt. Das große quantitative Wachstum der Massenuniversitäten bringt Hobsbawm auch in korrekte Beziehung zur bedeutenden Rolle der Studentenunruhen 1968, etwa in den USA und Frankreich. In England und Wales, vermerkt Hobsbawm, gab es 1938 eine Scheidung pro 59 Heiraten – aber Mitte der achtziger Jahre eine pro 2,2 Heiraten. Deutlicher könnte man die dramatischen Änderungen in der Familienstruktur kaum darstellen. Während die Ein-Personen-Haushalte während des ersten Drittels dieses Jahrhunderts in Großbritannien etwa 6% ausmachten, verdoppelte sich ihr Anteil zwischen 1960 und 1980 annähernd von 12% auf 22% aller Haushalte und erreichte 1991 mehr als ein Viertel. Auch das Verschwinden der Bauernschaft als große gesellschaftliche Gruppe und politische Kraft in den westlichen Ländern illustriert Hobsbawm mit ähnlichen Statistiken.

Ein wenig verwunderlich ist es, dass Hobsbawm den dritten Teil („The Landslide") seines großen Werkes in so düsteren Farben malt. Es dürfte kein Zufall sein, dass das letzte Wort seines Buches „darkness" lautet.

Nicht weniger signifikant lauten zwei Kapitelüberschriften „Das Ende des Sozialismus" und „Der Tod der Avantgarde". Eric John Hobsbawms persönliche politische und ideologische Enttäuschungen dürften hier doch recht stark durchschlagen: Nicht umsonst ist eines seiner Einleitungszitate über dieses Jahrhundert Yehudi Menuhins Ausspruch: „Wenn ich das 20. Jahrhundert zusammenfassen müsste, würde ich sagen, dass es die größten Hoffnungen erweckt hat, die die Menschheit je empfunden hat – und alle Illusionen und Ideale zerstört hat." Mit einer Art von Heroismus erkennt der alte Linke Hobsbawm an, dass sogar manche der „Schockbehandlungen" Margaret Thatchers notwendig gewesen seien, und setzt auch offenbar keine Hoffnungen mehr in verstaatlichte Industrien. Auch was die „Verbesserbarkeit der Menschen" betrifft, hat Hobsbawm alle Illusionen verloren – einer seiner genialen Vergleiche betrifft hier die Geschwindigkeitszuwächse der maschinellen Bewegung im Vergleich zum 100-m-Rekord. Was den Realsozialismus betrifft, stellt der Autor aber dennoch mit souveränem Sarkasmus fest, in diesem sei in der Tat so etwas wie ein „sozialistischer Mensch" entstanden – der (wenigstens zeitweilig) Paul Lafargues „Recht auf Müßiggang" realisiert habe.

Während Hobsbawm dem katastrophalen politisch-wirtschaftlichen Aktivismus von Maos China allerdings mit großer Schärfe gegenüber-

---

40  Paul A. Samuelson: „Full employment after the war", in: S. Harris (ed.): Postwar Economic Problems.

tritt, scheint er der heroischesten, aber auch blutigsten Phase des Realsozialismus, den stalinistischen 1930er und 1940er Jahren, immer noch mit einem Rest von Jugendenthusiasmus verbunden zu sein. Der wahnwitzige Schwerindustrie-Fetischismus, der riesige, unverwendbare Industrieruinen und Umweltprobleme hinterlassen hat, wird von ihm immer noch mit einem Rest von Verständnis gesehen – auch wenn er konstatiert, dass die Struktur der Sowjetökonomie Mitte der achtziger Jahre (80% mehr Stahl als die USA, fünfmal so viele Traktoren) einem hoffnungslos veralteten Industrialisierungsmodell entsprach.

Sehr zutreffend ist allerdings die Bemerkung des alten Marxisten, dass gerade der Untergang des Realsozialismus die Marx'sche These des Eintretens einer sozialen Revolution, „wenn die Produktionsverhältnisse zu Fesseln der Produktivkräfte" würden, bestätige. Jene Angehörigen der Linken, die der großen Wende von 1989/90 immer noch den Ehrennamen der Revolution im historischen Sinn versagen wollen, sollten sich dieses Argument eines alten Revolutionstheoretikers einmal genauer überlegen.

Natürlich kann Hobsbawm nicht immer über seinen Schatten springen. An mehreren Stellen argumentiert er, nicht besonders überzeugend, gegen den Charakter des Sowjetsystems als „totalitär" – wohl weil dies eine typische Terminologie des Kalten Krieges war. Aus den gleichen Gründen verneint Hobsbawm wohl die Frage, ob irgendein ernsthafter französischer Romanautor nach 1945 eine internationale Reputation erlangt habe. Hier wäre zumindest Albert Camus zu nennen gewesen.

Vielleicht durch persönliche leidvolle Erfahrung bedingt, sind auch Hobsbawms seltene Hinweise auf Österreich etwas unausgewogen. So meint er, „dieser stark nationalsozialistische Teil Hitler-Deutschlands [sei] bloß durch eine Wendung der internationalen Diplomatie nach 1945 unter die Unschuldigen gereiht" worden – eine Behauptung, die die blamable Preisgabe der Unabhängigkeit des Landes 1937/38 gerade durch

Großbritannien (ähnlich wenig später jener der Tschechoslowakei) „verdrängt".

Kleinlichere Kritiker könnten sich auch an Hobsbawms Feststellung des relativ „neutralen" Charakters von Vielvölkerstaaten vor 1914 stoßen (es gab ja damals recht beachtlichen Magyarisierungs- und Russifizierungsdruck) und sein Fehlverständnis des Begriffes „Null-Summen-Spiel" kritisieren. (Dieses wird an mehreren Stellen als eines betrachtet, das nur „total gewonnen oder verloren" werden kann, während seine Definition tatsächlich nur sagt, dass Auszahlungen und Verluste in Summe identisch sind, also nicht etwa alle Teilnehmer des Spiels zugleich gewinnen oder verlieren können.)

Hier ist aber letztlich keine Beckmesserei angebracht. Eric John Hobsbawms Buch ist die Krönung eines großartigen Lebenswerkes.

Der Verfasser hat lange schon im Stillen gehofft, dass Hobsbawms eindrucksvolle historische Buchserie über die *Europäischen Revolutionen* bis möglichst nahe an die Gegenwart herangeführt werden möge. Dass es Hobsbawm nun vergönnt ist, sein Lebensprojekt in so souveräner Weise abzurunden, ist eine wirkliche Quelle der Begeisterung für viele, die sein Werden über die Jahre verfolgt haben.

Hobsbawms Melancholie eines „alten Linken", der in Solidarność eine „echte Arbeiterbewegung" ortet, die aber „antisozialistisch" gewesen sei, seine etwas unkritische Würdigung der formalen Wachstumsraten des Stalinismus und sein latentes Bedauern gegenüber dem Zerfall der Sowjetunion, der das Schlussdatum seiner Periodisierung setzt, mag man nicht unbedingt teilen.

Höchsten Respekt vor dem Wissen des Autors, seinen oft ungewöhnlich brillanten Formulierungen und vor dem im ganzen klaren und unbestechlichen Blick auf die ökonomisch-historischen Weltzusammenhänge wird ihm aber niemand versagen können.

(1996)

**KADARE, Ismail**

**Chronik in Stein und Blut**

*1) Chronik in Stein*

*Salzburg, Residenz-Verlag 1988*

*2) Der zerrissene April*

Salzburg, Residenz Verlag 1989

Bliebe Albanien nicht bis heute das fremdenverkehrsfeindlichste Land Europas, die Stadt Gjirokastra wäre eine seiner touristischen Attraktionen. „Alles an dieser Stadt war alt und steinern, die Straßen und Brunnen ebenso wie die Dächer ihrer mächtigen jahrhundertealten Häuser, die mit grauen, riesigen Schuppen gleichenden Steinplatten gedeckt waren ... Es war dies eine steile Stadt, vielleicht die steilste auf der ganzen Welt ... gewiss war dies der einzige Ort auf der Welt, wo jemand, der am Straßenrand ausglitt, nicht in den Graben stürzte, sondern womöglich auf das Dach eines hohen Hauses."

Ismail Kadare, der heute international bekannteste albanische Autor, ist 1936 in Gjirokastra geboren. „Es war nicht leicht, in dieser Stadt Kind zu sein", meint er in den Einführungsworten seines großen autobiographisch gefärbten Romans „Chronik in Stein" (Residenz Verlag 1988). Das lag aber nicht nur an der Einengung durch Aberglauben und borniertem Traditionalismus, sondern vor allem an den schrecklichen Zeitumständen.

Der Roman beginnt beinahe als Idyll. Die uralte kleine Stadt wird mit den Augen eines Kindes gesehen – als beseelte, magische Welt: der Nachhall der alten Zisterne, die schlangenartigen Windungen der Wege, das „tückische" Glitzern des Pflasters beeindrucken einen sensiblen Knaben. Das ruhige provinzielle Leben wird nur durch kleine Sensationen unterbrochen – ein bedauernswertes Mädchen bekommt einen

Bart, Gerüchte über eine Welle von Zauberei gehen um, ein seltsamer Erfinder arbeitet an einem perpetuum mobile.

Aber langsam, unmerklich wird die kleine Stadt in den Krieg hineingezogen und jene „Katastrophe", die die alten tratschsüchtigen Frauen bei jedem nichtigen Anlass beschwören, tritt wirklich ein. Ein Flugplatz wird gebaut. Den Knaben faszinieren die großen metallenen Vögel, auch wenn er weiß, dass sie aufsteigen, um Tod zu bringen – denn Italien, die Kolonialmacht Albaniens, hat den Krieg gegen Griechenland eröffnet.

Dieser Krieg nimmt auch im entlegenen Gjirokastra apokalyptische Dimensionen an. Zunächst gibt es regelmäßige Bombenattentate durch britisch orientierte Partisanen gegen die etablierte Oberschicht, wodurch sich das engmaschige Sozialgefüge des Städtchens in brudermörderischen Hass verstrickt.

Die latente Brutalität der Gesellschaft entlädt sich in Mord, Folterung und Brandstiftung. Zuletzt erobern auch noch deutsche Panzer die Stadt.

Ismail Kadare hat für diesen Roman mit Recht internationales Lob geerntet. Der subtile Wechsel der Erzählerperspektive, die die Entzauberung der Kindheitswelt mit vollzieht, die lebensvolle Darstellung des kleinstädtischen Mikrokosmos beeindrucken. Einige „Pflichtverbeugungen" vor Albaniens Diktator Enver Hoxha (übrigens auch ein Sohn Gjirokastras) nehmen dem 1971 erstveröffentlichten Buch nichts von seinem Rang. Hier wird kein grelles Partisanenepos angestimmt. Die schreckliche Verstrickung der Menschen in Leid, Schuld und Vergeltung ist ohne Schwarz-Weiß-Zeichnung dargestellt, auch wenn die Sympathie des Autors auf Seiten der jungen Revolutionäre Isa und Javer steht und nicht auf jener der Großgrundbesitzer und Fabrikherren.

Nach dem positiven Echo der deutschen Erstausgabe von „Chronik in Stein" brachte der Residenzverlag nun auch Kadares 1978 verfassten Roman „Der zerrissene April" heraus.

Er ist einem düsteren „uralbanischen" Thema gewidmet: der Blutrache im albanischen Hochland und ihren rituell festgelegten Bräuchen.

Ein junger Mann namens Gjorg hat das Mordgebot vollzogen, in einer Fehde, die schon 70 Jahre dauert und 44 Tote gefordert hat. Getreu dem „Kanun" muss er zum Begräbnis seines Opfers gehen und dann zum Leichenmahl. Das Dorf gewährt ihm eine Dreißigtagesfrist. Dann ist er vogelfrei und kann allenfalls in einem der geheiligten Fluchttürme zu überleben versuchen.

Die ritualisierte Unmenschlichkeit der albanischen Hochlandgesellschaft kontrastiert Kadare mit einem jungen Paar aus der Stadt. Es hat sich entschlossen, seine Flitterwochen in dieser unwirtlichen Gegend, in der jedes Haus eine turmartige Festung ist, zu verbringen, denn der Ehemann ist fasziniert vom Kanun. Es kommt zu einer Begegnung mit Gjorg, die tiefe Spuren hinterlässt...

In diesem Buch hat Kadare vollends jenen Ausweg in die Vergangenheit gewählt, der dem Schriftsteller auch in den repressivsten Regimes offen steht. Die Handlung spielt zur Zeit des albanischen Königreiches von Achmed Zogu vor der Besetzung Albaniens durch Mussolini. In seiner Schilderung der strengen Regeln der Blutrache entgeht Kadare nicht immer der Gefahr, diese Eigenart des rauen Hochlandlebens ein wenig zu romantisieren, ihre grauenhafte Absurdität damit indirekt zu rechtfertigen.

Die stärksten Passagen dieses etwas uneinheitlichen Romans sind jedenfalls der Welt des zaudernden „Vollstreckers" Gjorg gewidmet, die der Welt Shakespeares, der Kadare tief beeinflusst hat, am nächsten kommt. In der Figur des Besian Vorpsi, des hochzeitsreisenden Schriftstellers, liefert der Autor freilich auch die Kritik an der sentimentalen Faszination des Städters durch den archaischen Rachekult des Hochlandes. „Schreckliche Schönheit, schöner Schrecken" als Kitzel verfeinerten literarischen Genusses wird von Kadare somit gleichzeitig produziert wie denunziert...

Auch heute noch ist Albanien ein archaisches Land. Erst seit wenigen Jahren gibt es die erste Verbindung mit dem europäischen Bahnnetz, ein erstarrtes stalinistisches Regime hat den Personenkult, die brüllenden Lautsprecherparolen und die Spionagehysterie der fünfziger Jahre bis in die achtziger Jahre konserviert. Die Abschließung und Einigelung des winzigen Landes mag aus seiner Geschichte, einer Abfolge von Fremdherrschaften, verständlich sein, hat aber einen tiefen Provinzialismus bewirkt.

Dass ein Schriftsteller gerade aus einer so überspitzten Randposition auf dem Getriebe des westeuropäischen Buchmarktes Aufmerksamkeit zu erregen vermag, hat wohl zum Teil mit dem Reiz des Exotischen zu tun. Es belegt aber auch die erzählerische Kraft und Klugheit eines Autors, der selbst unter extremen Bedingungen seine Integrität zu wahren wusste.

Vor einigen Jahren noch konnte es dem Fremden in Albanien passieren, dass kontaktfreudige Landesbewohner auf den Wink eines Unbekannten hin verlegen das Gespräch einstellten. Dass der führende Schriftsteller eben dieses Landes allen Kontaktverboten zum Trotz internationale Anerkennung finden konnte, ist eine umso größere Leistung.

(1989)

## KAPUŚCIŃSKI, Ryszard

## Momentaufnahmen eines Untergangs

*SCHAH-IN-SCHAH*

Köln, Verlag Kiepenheuer & Witsch 1986

Wer die Bilder vom Sturz der philippinischen Diktatur gesehen hat, kennt die gespenstische Poesie des Unterganges einer Gewaltherrschaft. Noch überträgt der letzte regimetreue Sender die Siegesproklamation der gefälschten Wahl – aber die Gesichter der Paladine sind freudlos, denn draußen vor dem Palast triumphieren bereits hunderttausende Demonstranten über einen zerfallenden Militärapparat. Mühsam verliest der kranke Diktator seine Rede. Aber plötzlich schaltet jemand den Strom ab und das zittrige Trugbild verschwindet ...

Die philippinische Revolution ging an einem Blutbad – mit knapper Not – vorbei. Die iranische Revolution dagegen wurde in Blut geboren und ist bis heute in einen schrecklichen Krieg verfangen. Ryszard Kapuściński hat ihr den zweiten Teil seiner Trilogie über die Diktaturen der dritten Welt gewidmet.

Wer ist dieser Autor, dessen Buch „König der Könige" über den Sturz Haile Selassies binnen kurzem in fünfzehn Sprachen übersetzt wurde und beinahe schon als Klassiker gilt? Kapuściński wurde 1932 in Ostpolen geboren und erlebte als Kind das Grauen des Zweiten Weltkrieges. Er hat sich, ähnlich wie Graham Greene, seither immer von gefahrvollen Situationen in magischer Weise angezogen gefühlt. Sein Interesse für die Dritte Welt begann in den fünfziger Jahren, noch unter dem Eindruck des damaligen Entwicklungsoptimismus. Seither aber hat er als Auslandskorrespondent der polnischen Nachrichtenagentur unzählige blutige und korrupte Regimes stürzen und meist ebenso blutige und korrupte Regimes folgen gesehen. Wenn Kapuściński heute von einer

Tendenz der Ausweitung der Dritten Welt auf die Industrieländer spricht, dann ist das eine zutiefst pessimistische Perspektive.

In seinem Buch über den Sturz des Schahregimes verdichtet Kapuściński wieder die konkreten, genau beobachteten Geschehnisse einer politischen Umwälzung zu einer exemplarischen Parabel von dichterischer Kraft. Da ist der Schah. Er ist kein Unmensch, sondern nur ein schwächlicher Erbe, der erfolglos die brutale Kraftnatur seines Vaters zu imitieren versucht. Er will sogar manches Gute. Eigentlich ist er nur ein überhöhtes Bild jener Unzahl sentimentaler kleiner Tyrannen, die allerorts in Organisationen, Firmen und Parteien ihre Macht auskosten und doch zugleich geliebt werden wollen; weshalb sie Kritik unterdrücken, Speichellecker begünstigen und an den absurden Monumenten ihrer eigenen Eitelkeit bauen.

Nur – der Schah tat dies alles mit den Milliarden seiner Öleinnahmen in großem Stil: Seine Hofschranzen durften zum Mittagessen nach Europa fliegen, Denkmäler ließ er sich zu Tausenden errichten und zur Unterdrückung der Kritik wurde die allmächtige Geheimpolizei SAVAK geschaffen. Die Denkmäler sind unterdessen alle gestürzt. Die ehrgeizigen Projekte aber, mit denen der Schah sein Land in die Zukunft katapultieren wollte, stehen zum Großteil als halb verfallene Ruinen in der Steppe. Es fehlte an Transportmitteln, sie zu installieren, es fehlte an Menschen, die komplizierten importierten Maschinen zu bedienen. Denn der Schah misstraute der heimischen Intelligenz und verließ sich lieber auf ausländische Helfer. Kapuściński beschreibt dieses Scheitern einer Revolution von oben – einer Revolution ohne und gegen das Volk. Und er beschreibt auch den Hass dieses Volkes auf den Schah, auf die Fremden, die er ins Land bringt und privilegiert, die Angst vor der allgegenwärtigen Geheimpolizei und ihren Foltern – und wie zum Schluss der Hass die Angst überwindet und die Revolution von unten beginnt. Alles das ist – holzschnitthaft vereinfacht – politische Analyse von hohem Rang. Aber es ist auch große Literatur. Kapuściński beschreibt, wie nach den ersten Massakern die Revolte im Rhythmus der traditionellen 40-Tage-Abstände zwischen den Trauerfeiern anwächst. Wie jeder neue Gedenktag neue Märtyrer, neue Auflehnung gebiert. Zum Schluss marschieren ganze Städte mit finsterer Entschlossenheit gegen die Panzer des Diktators. Und die Panzer hören auf zu schießen.

Kapuściński sympathisiert mit denen, die den Ausweg in der liberalen Reform suchen. Aber er sieht sie, wie sich selbst, als Außenseiter, als chancenlose, isolierte Intellektuelle. Und er versteht das Volk, das sich erbittert an seinen alten religiösen Traditionen fest krampft und den modernistischen Usurpatoren eine mittelalterlich fanatische Frömmigkeit entgegenhält. In diesem Sinn reflektiert Kapuściński auch die Tragik seiner eigenen Heimat – ihrer rebellischen Frömmigkeit, ihrer Tradition der fehlenden Mitte, der extremen Parteinahmen. „Ich habe nie aufgehört über Polen zu schreiben", sagte Kapuściński in einem Interview mit seinem Übersetzer Martin Pollack. Die stärksten Passagen dieses Buches sind jene, in denen Kapuściński die Bildersprache unserer Medienwelt – Fotos, Dokumentarfilme, Fernsehaufnahmen – in Literatur verwandelt. Unvergesslich, wie er die Filmszene schildert, in der ein Invalide allein auf einem weiten Platz zurückbleibt, den Schüsse der „Ordnungskräfte" von Demonstranten leergefegt haben. Verzweifelt versucht er, sein blockiertes Wägelchen in Gang zu bringen. Ein paar Augenblicke herrscht absolute Stille. Dann beginnen die Soldaten wieder zu feuern, diesmal auf ein einziges Ziel...

Der Ausklang dieses düsteren und poetischen Buches ist die Schalheit des Sieges der großen Volksbewegung. Die neuen Machthaber sind uneinig, die Revolutionskomitees ratlos. Das einzige konkrete Ziel, das sich aufdrängt, ist die Rache an den alten Herren. Diese aber setzt das System der blutigen Unterdrückung fort und sät neuen Hass. Dennoch ist diese Düsternis nicht vollkommen. Den einzelnen Kapiteln stellt

Kapuściński Zitate aus Briefen von Kindern an den lieben Gott voran. Das erste lautet: „Lieber Gott, ich möchte haben, dass es keine bösen Dinge gibt". Dieser Wunsch ist – trotz aller morbider Faszination durch das Unheil – auch bei Kapuściński spürbar. Und darum ist sein Buch kein zynisches, sondern ein sehr menschliches.

(1986)

## KASTNER, Walther

### Ein anpassungsfähiger Individualist

*Mein Leben – kein Traum. Aus dem Leben eines österreichischen Juristen*

Wien, Orac 1982

Walther Kastners Nachmittagsvorlesung über Wechsel und Scheck bot auch dem Spätaufsteher, der den 8-Uhr-Termin der Hauptveranstaltung über Handelsrecht scheute, Gelegenheit, eine der markantesten Persönlichkeiten der Wiener Juridischen Fakultät zu bewundern. Obwohl eigentlich trocken, wirkte Kastners Vortragsstil souverän und gewann durch eine Prise Ironie. Gelegentliche diskrete Hinweise auf Gesetze, die der Vortragende selbst formuliert hatte, vermittelten dem Studenten einen Eindruck von der Autorität, die Kastner auf gesellschaftsrechtlichem Gebiet war und noch ist. 1975 ließ dann die Meldung aufhorchen, der kinderlose Ordinarius habe seine bedeutende Kunstsammlung seinem Heimatlande Oberösterreich geschenkt: Ein seltener Akt, der sich wohltuend vom spitzfindigen, verklausulierten Leihgaben(un)wesen anderer Mäzene unterscheidet.

Alles das und einiges mehr findet man in den Memoiren wieder, die Kastner als rüstiger Achtzigjähriger veröffentlicht hat. Freimütig, aber nicht undiplomatisch schildern sie den Lebenslauf eines erfolgreichen Individualisten.

Kastners Eigenwilligkeit zeigte sich früh: Als er in der fünften Mittelschulklasse das Fehlen des minnesängerischen „h" in seinem Vornamen als Mangel empfand, stellte er „korrigierte" Abschriften seines Taufscheines her und ließ sie bei Gericht beglaubigen: So machte er sich zum „Walther". Gegen ein ungerechtfertigtes Nichtgenügend bei der schriftlichen Deutschmatura drohte der Vorzugsschüler, die Zeitungen zu mobilisieren und setzte sich durch.

Als deutschnationaler Wandervogelführer in Linz veranstaltete Kastner gemeinsame Tanzabende mit der jüdischen Wandervogel-Ortsgruppe und verhinderte die Vereinigung der österreichischen mit der deutschen Jugendorganisation. Aber Kastners auch in der Offenheit seines Schreibstils erfrischende Unkonventionalität verband sich doch auch mit weitestgehender Anpassung. Nach einer Jugendkrise, in der er sich vom Traumziel eines künstlerischen Berufes abwandte, „bestrafte" sich Kastner mit einem Wechsel ins Bankfach, studierte dann Jus und machte unter Dr. Löw Karriere in der Finanzprokuratur. Schon vor 1938 wirkte er als Rechtsexperte an so bedeutenden Geschäftsfällen wie der Untersuchung des CA-Zusammenbruches mit. Im Krieg stieg Kastner bis zur Position des Vorstandsvorsitzenden von Semperit auf und ließ sich – relativ spät – zum Beitritt in die NSDAP verleiten. Das trug ihm, wie er sich ausdrückt, nach dem Krieg kurze Zeit „das unbeschwerte Leben eines Hilfsarbeiters" ein. Kastner, der bei der Arisierung von Bunzl und Biach Expertenhilfe geleistet hatte, wirkte aber auch wieder bei der Rückstellung des Unternehmens mit. Gegen den Vorwurf, allen Machthabern gedient zu haben, verwahrt er sich mit dem Hinweis auf seine „unerschütterliche Liebe zu Österreich" (S. 107) und mit der Frage: „Sollen aber zum Beispiel Gesetze, die keinesfalls verhindert werden können, nicht durch fachlichen Rat soweit als möglich verbessert werden?" (S. 207). Dennoch liegen hier, namentlich in der noch nachträglichen Verharmlosung der NS-Gräuel im Vergleich zur Besatzerwillkür, wohl die problematischsten Aspekte dieses stets erfolgreichen Expertenlebens.

Das Memoirenwerk Walther Kastners besticht jedenfalls durch die bunte Vielfalt der Gefühls- und Lebenswelt, die es widerspiegelt. Spröde juristische Darlegungen wechseln mit anekdotischem Klatsch (wobei Adelsprädikate stets – wenn auch in Klammer – genannt werden). Dann wieder überrascht Kastner mit empfindungsvollen Naturgedichten oder Traumerzählungen. Berührende lebensphilosophische Weisheiten finden sich ebenso wie die stereotype Bemerkung zu Prüfungen, er habe sie mit Auszeichnung abgelegt.

Zuweilen scheint es, als betriebe Kastner trotz aller Reserviertheit nonchalante Selbstdemaskierung, als wolle er Psychologen Material zur Deutung seiner zwischen der mütterlich-musischen und der väterlichen, leistungsorientiert-autoritären Lebenshaltung schwankenden Persönlichkeit liefern. Recht bezeichnend, vor allem in letzterer Beziehung, wirkt Kastners unverhohlene Bewunderung für den unbefragbaren Autoritarismus Kienböcks und speziell Raabs (S. 173) sowie seine Bemerkung, er habe gerade strenge Vorgesetzte stets zu Freunden gewonnen (S. 16). Hier offenbart der brillante Fachmann, der sich immer mit Positionen im Hintergrund zufrieden gab, einen fatalen Hang zur Unterwerfung unter die Irrationalität der Macht. In der offenen Austragung solcher innerer Widersprüche liegt aber letztlich der Vorzug dieses ungewöhnlichen Buches.

(1983)

## KEYNES, John Maynard

### Ein junger Ökonom im Zusammenbruch der „Welt von Gestern"

Robert Skidelsky: *John Maynard Keynes 1883-1920 Hopes Betrayed*

London, Macmillan 1983

Beinahe vierzig Jahre mussten seit dem Tod von John Maynard Keynes vergehen, ehe diese faszinierende, geniale und vielschichtige Persönlichkeit eine angemessene biographische Würdigung erfahren konnte. Robert Skidelskys monumentales Werk setzt aber nun schwer überbietbare Maßstäbe. Wenn die Fortsetzung hält, was der erste Band verspricht, dann wird dies wenigstens im wissenschaftlichen Sinn die definitive Keynes-Biographie. Skidelsky breitet eine Fülle von Material vor uns aus, das dieses reiche Leben in seiner Vielfalt einzufangen versucht: Keynes, der Liebhaber mittelalterlich-lateinischer Lyrik kommt ebenso zu seinem Recht wie Keynes, der Analytiker des britisch-indischen Währungssystems; der Börsenspekulant wie der Ballettliebhaber, der Bücher- und Bildersammler wie der professionelle Ökonom, der erfolgreiche Selbstverleger seiner Bücher wie der Angehörige und Förderer des literarisch-künstlerischen Bloomsbury-Kreises. Alle, auch die vom ersten Keynes-Biographen Roy Harrod schamhaft verschwiegenen Leidenschaften des Fleisches und Geistes dieser so weit gespannten Existenz finden ihre Würdigung. Freilich geschieht dies um den Preis einer Ausführlichkeit, die trotz vielfach brillanter Formulierungen eine Mehrzahl potentieller Leser abschrecken muss. Man würde sich neben dieser hervorragenden wissenschaftlichen Biographie auch eine knappere Kurzfassung desselben Autors wünschen, die mit dem gleichen Grad an Wahrhaftigkeit und Kompetenz ein gedrängteres und damit fassbareres Bild von Keynes vermittelt.

Beispielhaft für Skidelskys weites Ausgreifen ist der Raum, den er der Herkunft Keynes' widmet. Er beginnt mit den Ahnen, die der junge

Maynard in Eton einmal bis zu einem William de Cahagnes zurückverfolgte, der mit William dem Eroberer England betreten haben soll. Skidelsky verweilt erstmals bei John Keynes, Maynards Großvater, der mit seinem Hobby, der Dahlien- und Rosenzucht als Erwerbsgärtner ein Vermögen machte. Eine eigene kleine Biographie wird dessen Sohn Neville zuteil. Dieser, Maynards Vater, entfloh bereits dem Geschäftsleben und etablierte sich an der Universität Cambridge: zunächst als viel versprechender Logiker und von Alfred Marshall geförderter Ökonom, dann freilich immer weiter von eigentlich akademischen zu Aufgaben der Universitätsverwaltung retirierend. Gewissenhaft, mit Neigungen zu Pedanterie, Selbstzweifeln und obsessiven Hobbys, stellt dieser Vater ein eigentümliches Gegenstück und doch teilweises Vorbild zu seinem vor Selbstvertrauen berstenden Erstgeborenen dar. Was Neville sich mühsam erkämpfte und wovor er oft zurückschreckte, schien Maynard zuzufliegen. Die Herausgeberschaft des „Economic Journal" etwa, die Alfred Marshall 1890 Neville zudachte, und vor der jener sich scheute, wurde von Maynard 1911 ganz nebenbei übernommen... (S. 63).

Nicht nur der für Maynards wissenschaftlichen und beruflichen Weg sehr bedeutsame Vater wird von Skidelsky gewissenhaft erfasst. Ein eigenes Kapitel ist auch der einzigartigen „Cambridge Civilisation" gewidmet, die in der Victorianischen Ara durch Verstärkung des Leistungsaspektes und Stipendiatentums neuen Glanz gewann. Ein Hauptrepräsentant dieser Zivilisation war und blieb bis in Maynards Studentenzeit Alfred Marshall, in dessen zusammenfassender Schau die Ökonomie sich mit der Ethik verschränkte: ein „moralisierter" Mittelschicht-Kapitalismus mit seinen Tugenden: Energie, Initiative, Rationalität, Sparsamkeit, Fleiß und Redlichkeit sollte laut Marshall den Weg in einen permanenten Fortschritt und die darwinistische Vervollkommnung der Menschheit ebnen. Ein anderer führender Repräsentant der Cambridge-Zivilisation, der Moralphilosoph Henry Sidgwick prägte die dort bald vorherrschende Atmosphäre religiösen Zweifels – freilich mit Maß. Der dreiundzwanzigjährige Maynard Keynes schrieb bissig über ihn: „He never did anything but wonder whether Christianity was true and prove that it wasn't and hope that it was" (S. 34).

In diesem großbürgerlich-akademischen Milieu wuchs Keynes als ältestes von drei Kindern behütet, aber unter beachtlichen intellektuellen Leistungsanforderungen heran.

Seine geistigen Talente entwickelte Maynard mit geradezu spielerischer Leichtigkeit, zur wachsenden Bewunderung seiner Eltern. Psychologisch war für ihn das Aufwachsen in einem sehr viktorianisch geprägten Haushalt allerdings nicht leicht. Maynard lispelte, stotterte zeitwielig, hielt sich seit seinem sechsten Jahr ein Leben lang für hässlich (S. 169) und wurde noch mit acht Jahren als Brutalmaßnahme gegen Masturbation der Beschneidung unterzogen. (S. 66) All dies mag für seinen weiteren Werdegang ebenso bedeutsam gewesen sein wie die prodeutsche und antifranzösische Grundstimmung in seinem Elternhaus. Die Bewunderung seines Vaters für aristokratische und sonstige Hoheiten übernahm Maynard freilich nicht. Schon der brillante Eton- und Cambridgestipendiat zeigte einen gewissen Zug zur legeren Respektlosigkeit gegenüber Autoritäten, der freilich Angespanntheit und Würdigung seitens Vorgesetzter nie ausschloss – ein sehr typisches Merkmal auch des reifen Ökonomen Keynes.

Keynes' soziale Herkunft und Entwicklung, seine Fähigkeit, den Schlägen der Schule wie des Lebens durch geschicktes Ausweichen zu entgehen, zeigen ihn schon in seinen Jugendjahren auf jener luftigen Höhenposition, die er nie mehr verlassen sollte. Er war stets, wie Skidelsky dies ausdrückt, Mitglied der „Eliten der Establishments", denen er angehörte (S. 1), also Mitglied der Crème de la crème: King's scholar in Eton, Apostel in Cambridge, Lieblingsschüler Alfred Marshalls, Vorsitzender einer großen Versicherung etc. Diese bevorzugte Position wurde von ihm aber

– trotz gelegentlicher Anflüge eines frivolen Zynismus – stets auch als ethische Verpflichtung begriffen. In seiner geplanten Familiengeschichte sprach er etwa schon als Etonschüler vom „tiefen Verantwortungsgefühl, die großen Namen der Vergangenheit zu tragen und die zugewiesenen Positionen auszufüllen" (S. 3). Zu dieser Zeit bewunderte er die weltabgewandte Askese des Bernhard von Cluny – bald aber auch den kritischen Glauben an die Vernunft des Peter Abälard.

In gewissem Sinne durchlebte auch Keynes seine Jugend in einer quasi klösterlichen Gesellschaft. Anders als so viele sensible Söhne der britischen Mittel- und Oberschicht scheint er aber in der Jungmännergesellschaft der Internatsschule und des noch fast „frauenfreien" Cambridger Universitätslebens glücklich gewesen zu sein: er nützte die geistig anregende Atmosphäre, ließ sich nie auf seine stärkste Begabung, die Mathematik, einengen und entwickelte seine sexuellen Neigungen entsprechend der latent bis manifest homoerotischen Atmosphäre.

Bis in seine späten dreißiger Jahre blieb Maynard Keynes eindeutig dem gleichgeschlechtlichen Liebesleben verpflichtet: Zwar unter Wahrung des äußeren Dekorum, aber ungeniert und sogar im Gefühl der Überlegenheit dieser durch die griechischen Philosophen „geadelten" Form der Gefühlsbeziehung. Roy Harrod hat hier die massivsten seiner biographischen Verfälschungen vorgenommen, und es ist Skidelsky zu danken, dass er diese längst nicht mehr geheime Seite von Keynes' Wesen unbefangen erörtert.

Tatsache ist, dass langjährige intensive Freundschaften wie jene zum Maler Duncan Grant großen Einfluss auf Keynes' Persönlichkeitsbildung hatten, dass aber auch die Urteile seiner Mitwelt durch diese affektive Seite mitgeprägt wurden. Ein sehr heterosexuell orientierter Mann wie Bertrand Russell empfand etwa nicht nur Bewunderung für Keynes' Geist, sondern auch leisen Abscheu vor seinen sexuellen Präferenzen; andererseits wurde aber das Urteil von „gleich gesinnten" Bloomsbury-

Freunden wie Lytton Strachey durch Eifersucht auf abspenstig gemachte Eroberungen mitbestimmt. Fernab jeder Schlüssellochperspektive betrachtet, zeigt sich Keynes auch in diesen Beziehungen vielschichtig: gefühlvoll, aber auch kühl, meist überlegen, dabei aber werbend, finanziell sorgend und verständnisvoll. So wie er epische Lyrik auch vom quantitativen Aspekt der Anzahl der Zeilen betrachtete (S. 84), führte er übrigens unter anderem eine private Orgasmusstatistik (S. 204) – was Freunde befremdete, aber nichts am herzlichen Charakter seiner Zuneigungen änderte.

Keynes, der Ökonom, kommt in dieser Jugendbiographie erst in Ansätzen vor, und da vornehmlich als praktischer Institutionenkenner und Wirtschaftspolitiker: Als Schüler seines Vaters und des alten Marshall hatte er zunächst durchaus konventionelle Grundauffassungen. Freihandel war nach Skidelsky „sein einziges politisches Anliegen" vor dem ersten Weltkrieg. „Free trade and free thought! Down with pontiffs and tariffs!" lautet etwa eine schwungvolle Briefstelle aus 1903, als die Konservativen um Joseph Chamberlain für Protektionismus und Präferenzzölle innerhalb des Empire eintraten (S. 122). In einer Rede in Cambridge wies Keynes sogar 1910 ausdrücklich darauf hin, dass Protektionismus keine vermehrte Beschäftigung erbringen könnte, und betonte die Unmöglichkeit genereller Überproduktion (S. 228). Gegen die Quantitätstheorie des Geldes hatte Keynes auch noch keine grundlegenden Einwände: Seine Arbeit über den britisch-indischen Golddevisenstandard, mit der er 1913 seinen Ruf als praktischer Ökonom begründete, zeigt zwar schon Ansätze seiner späteren Präferenz für eine Demonetisierung des Goldes, ist aber keineswegs umstürzlerisch zu nennen, sondern eher eine geschickte Verteidigung der offiziellen Position des Indienministeriums gegen Korruptionsvorwürfe aus der Öffentlichkeit. Fabiersozialismus und Frauen eroberten die Cambridge-Avantgarde erst gegen 1910, also nach Keynes' Studienzeit: seine eigene jugendliche „Progressivität" erschöpfte sich durchaus noch in der Anhängerschaft an die individualistische Ethik von G. E. Moore, ein wenig Freidenkerei und in augenzwinkernden Insiderbekenntnissen zu „Sodom und Gomorrha". Während seiner kurzen aber erfolgreichen Tätigkeit im Indienamt (1906-08) zeigte sich freilich bereits Keynes' administrative Brillanz, die „Fähigkeit, Männer von vierzig zu beeindrucken" (S. 186). Seine Funktion im Schatzamt während des Krieges hob ihn schließlich scheinbar mühelos in die Höhen praktischer Wirtschaftspolitik. Keynes, der wie Skidelsky richtig schreibt, nicht der Typus des „Puzzle Solvers" war, des spielerischer Ökonomen, der sich leicht in irrelevante Abseitigkeiten verfängt, sondern ein Mann des „genialen Hausverstandes", empfing gerade aus solchen praktischen Aufgaben die Impulse seiner großen Neuerungen.

Die Bemühung um die qualitativen, nicht-numerischen Aspekte ökonomischer Probleme war übrigens bereits Kennzeichen des jungen Keynes – ebenso wie die Vorliebe für ein möglichst hohes Niveau der Verallgemeinerung. Skidelsky verweist etwa bezüglich Keynes' weit in die Vorkriegszeit zurückreichender Beschäftigung mit der „Treatise on Probability" (veröffentlicht 1921) auf seine Vorliebe für den allgemeineren Fall der Wahrscheinlichkeitslogik gegenüber dem Grenzfall der Sicherheit, und er sieht darin eine Parallele zu Keynes' späterer Suche nach einer allgemeineren makroökonomischen Theorie, die nicht nur Vollbeschäftigungsgleichgewichte umfasst (S. 184). Skidelsky beleuchtet in diesem Zusammenhang auch die Skepsis des mathematisch hoch begabten Ökonomen Keynes gegenüber der Mathematik als Instrument der Sozialwissenschaften („Mathematical reasoning now appears as an aid in its symbolic rather than its numerical character. I at any rate have not the same lively hope as Condorcet, or even as Edgeworth, „éclairer les sciences morales et politiques par le flambeau de l'Algèbre" – S. 223).

Den intellektuellen Höhepunkt dieses Buches stellt zweifellos die Darstellung des Reifeprozesses von Keynes im Gewissenskonflikt seiner

Kriegstätigkeit dar. John Maynard Keynes war zutiefst in der speziell britischen Variante der „goldenen Vorkriegszeit" verankert: im sonnigen Fortschrittsoptimismus des 19. Jahrhunderts, in den viktorianischen Grundwerten und Gewissheiten der Mittelschicht, relativiert durch die edwardianischen Freiheitsimpulse und gelockerten Sitten ab 1900. Der Erste Weltkrieg brachte den schrittweisen Zusammenbruch dieser Gewissheiten, zerstörte die finanzielle Führungsposition Englands und mündete in einen Frieden, der den nächsten Krieg in sich barg. Keynes hatte zwar nach dem Wort von Jean Giraudoux „das Privileg der Großen, die Katastrophen von einer Terrasse anzuschauen". Er sah das Grauen des Krieges ebenso wenig körperlich an, wie er sich je der Begegnung mit der materiellen Not der Arbeiter aussetzte. Aber er erlebte dennoch sensibel den säkulären Zusammenbruch, den dieser Krieg bedeutete, und wurde geprägt durch die Erfahrung der Fragilität einer verfeinerten Zivilisation, die er wie so viele als unzerstörbar gegeben angenommen hatte. In seinem Essay „Before the War" schrieb etwa Clive Bell, ein Mitglied des Bloomsbury-Kreises, 1917 voll bitterer Ironie: „Not, I suppose, since 1789 have days seemed more full of promise than those spring days of 1914" (S. 284). Das Erwachen aus diesem Traum war fürchterlich – und die ökonomischen und politischen Grundlagen der als so prekär erkannten Zivilisation zu sichern, sollte künftig Keynes' Hauptanliegen sein.

Roy Harrod, für Skidelsky der „Meister der selektiven Zitierung" (S. XVIII) hat übrigens Keynes' Haltung zum Krieg ebenso verschleiert wie seine sexuelle und spielerisch-spekulative Seite. (Keynes schrieb etwa 1903 an Lytton Strachey: „I find economics increasingly satisfactory, and I think I am rather good at it. I want to manage a railway or organise a Trust, or at least swindle the investing public". Der letzte Teil der Briefstelle wurde von Harrod bei der Zitierung durch Punkte ersetzt.)

Keynes benützte seine hohe Position in der Kriegsfinanzierung des britischen Schatzamtes namentlich im Jahre 1915 dazu, immer wieder für einen begrenzteren britischen Kriegseinsatz einzutreten, für eine hauptsächlich finanzielle Unterstützung der Alliierten und eine Vermeidung der Aufstellung großer Armeen. Er war nahe daran, bei Verabschiedung der allgemeinen Wehrpflicht Anfang 1916 wie sein vorgesetzter Minister McKenna aus dem Schatzamt auszuscheiden und deklarierte sich (was Harrod vernebelt) ausdrücklich als Wehrdienstverweigerer aus Gewissensgründen (er hätte dies, um es sich bloß persönlich zu „richten", nicht nötig gehabt). Obwohl Keynes, nach außen erfolgreich, letztlich in seiner Tätigkeit verblieb, verfluchte er damals den von ihm später bewunderten Lloyd George als Verfechter des „K.O.-Schlages" gegen Deutschland. Er schrieb an Duncan Grant: „I work for a Government I despise, for ends I think criminal" – (S. XIX). Keynes' Unterschätzung der deutschen Kriegsziele, die Kriegsgegnerschaft der damals als Wohngemeinschaft fungierenden Bloomsbury-Gruppe und seine Einsicht, dass der Massenkrieg einer ökonomischen Abdankung Englands vor dem neuen Großgläubigerstaat Amerika gleichkam, prägten diesen Gewissenskonflikt ebenso wie später seine Haltung zum Friedensvertrag.

Ins Bewusstsein einer breiteren Öffentlichkeit trat John Maynard Keynes mit seinem Buch „The Economic Consequences of the Peace" (1919), von dem er – auf eigene Kosten und mit eigenem Gewinn – mehr als 100.000 Stück absetzte. Dieser Bericht eines Finanzexperten von der Pariser Friedenskonferenz ist sicher in manchem einseitig. Die ungeheuren Lasten und Blutopfer an der Westfront werden etwa nicht als teilweise Rechtfertigung der französischen Intransigenz in der Reparationenfrage gewürdigt. Zum Teil, etwa in der Schilderung des französischen Finanzministers Klotz, scheint Keynes sogar durch jenen leichten Antisemitismus geprägt, der schon seinen Eton-Aufsatz aus 1900 über Ost-West-Unterschiede charakterisierte (S. 360, S. 94).

In seiner etwas „ökonomistischen" Sicht berücksichtigte Keynes auch nicht die Beschränkungen der Politik als „Kunst des Möglichen": die alliierten Politiker aller Staaten standen 1919 ja unter dem Druck der Öffentlichkeit, Deutschland „für den Krieg zahlen zu lassen", auch wenn dies faktisch unmöglich war, noch dazu, wenn man die entsprechenden deutschen Exportüberschüsse zum Schutze der eigenen Industrien nicht zulassen wollte. Ein „unerfüllbarer" Wunsch, aber so zu tun als ob war wohl in den Siegerstaaten politisch notwendig, um Zeit zu gewinnen.

Trotz solcher kleiner Schwächen ist Keynes' berühmtes Buch letztlich ein weitschauender humanistischer Appell für einen Frieden ohne Hass: für eine europäische Freihandelszone, stabilisierte Wechselkurse, Streichung der interalliierten Schulden und milde Behandlung Deutschlands – eine Lösung, die vielleicht die tragische Vergiftung der Weimarer Republik durch die Reparationenfrage verhindern hätte können. Keynes motivierte seine Vorschläge mit der Warnung „vor dem endgültigen Bürgerkrieg zwischen den Kräften der Reaktion und den verzweifelten Konvulsionen der Revolution, vor dem die Schrecken des vergangenen Krieges mit Deutschland zu nichts vergehen werden, und der, wer immer auch Sieger sein mag, die Zivilisation und den Fortschritt unserer Generation zerstören wird" (S. 391).

Dieser Keynes in seiner bald habituellen Rolle als Kassandra ist ein Mann von siebenunddreißig Jahren, der seinen größten persönlichen Triumphen in einer Zeit allgemeiner Krisen entgegengeht.

Im März 1918 hat er bereits, sehr typisch und ganz nebenbei, bei der Auktion von Degas' Pariser Atelier namhafte Kunstwerke für die National Gallery ersteigert und dabei auch für sich einen Cézanne und zwei Delacroix billig erworben (S. 349). Die „Baisse" der europäischen Zivilisation der Zwischenkriegszeit war für ihn dann allgemein von einer persönlichen „Hausse" begleitet: reich, angesehen, bald glücklicher Gatte einer Primaballerina und Mäzen der Künste – zuletzt weltberühmt durch sein Buch über und gegen die Massenarbeitslosigkeit – lebte Keynes ein immer erfüllteres Leben.

Und doch war ein Kennzeichen dieses Lebens wie so vieler anderer die Sehnsucht nach der verlorenen Sicherheit der Vorkriegszeit – der „Welt von Gestern".

(1984)

## KEYNES, John Maynard

### Genie des Common Sense und konstruktiver Rebell[41]

Robert Skidelsky: *John Maynard Keynes – The Economist as Saviour 1920-1937*

London, MacMillan 1992

Robert Skidelskys Biographie von John Maynard Keynes wird vermutlich, wenn sie fertig gestellt ist, an die 2000 Seiten haben. Der erste Band ist 1983, zum 100. Geburtsjahr des großen Ökonomen erschienen, der zweite Ende 1992. Für den dritten wird der Biograph wohl wieder einige Jahre brauchen.

Skidelsky, Professor für politische Ökonomie an der Universität Warwick, hat zwar auch sonst Bedeutsames geschrieben, etwa eine Biographie Oswald Mosleys, des brillanten Jungstars der Konservativen und der Labour Party, der sich Anfang der dreißiger Jahre als Gründer der britischen Faschistenpartei in die politische Wildnis begab. Hier hielt Skidelsky, der seit seiner Studienzeit in Oxford von der Weltwirtschaftskrise „nicht loskommt", unter anderem fest, dass Mosley, ein früher Anhänger von Keynes, schon 1925 (in seinem Buch „Revolution by Reason") den „Mangel an effektiver Nachfrage" als Quelle von Arbeitslosigkeit identifiziert und den Staat aufgerufen hatte, diese „Nachfragelücke" zu schließen. Er dürfte damit zumindest terminologisch den großen Keynes beeinflusst haben. Trotzdem wird Skidelskys Keynes-Biographie sicherlich das „opus magnum" des ihretwegen bereits geadelten Historikers und Ökonomen.

Bei Arbeiten dieser Größenordnung ist es üblich, den ungeheuren Fleiß des Autors zu bewundern, der sich in das Leben seines „Helden" quasi verbeißt. Im vorliegenden Falle wächst der Biograph aber über diese dienende Funktion weit hinaus. David Marquand hat im „Guardian Weekly" vom 22. November 1992 in einer der zahllosen hymnischen Rezensionen, die den lange erwarteten zweiten Band begrüßten, gemeint, die „magische Figur" von John Maynard Keynes, dem Ästheten und Manager, hätte bewirkt, dass auch das Werk seines Biographen gleichsam magischen Charakter gewonnen hätte. Sein erster Band sei eine „monumentale Leistung gewesen". Der zweite Band übertreffe diese aber noch.

Dieser Meinung kann man sich nur emphatisch anschließen – und dabei doch bedauern, wie wenige Menschen dieses in Teilen sehr anspruchsvolle Buch genießen werden können.

Skidelskys erster Band war dem jungen Keynes bis 1920 gewidmet. Er hat für Nicht-Ökonomen sicherlich leichtere Lektüre geboten. Die Prägung des brillanten Stipendiaten aus der großbürgerlichen Bildungsschicht durch das weltliche Klosterleben in Eton und Cambridge, die „goldene Vorkriegszeit" um 1900, deren Auflösungsprozess der viktorianischen Strenge und Heuchelei, die legere Respektlosigkeit des Höchstbegabten gegenüber Autoritäten begünstigte; das Hineinwachsen des jungen Keynes in das faszinierende intellektuelle, künstlerische und (homo-)erotische Milieu des Bloomsbury-Kreises waren in diesem ersten Band dominierend. Keynes' große Leidenschaft zu dem Maler Duncan Grant, den er seinem Literaten-Freund Lytton Strachey abspenstig gemacht hatte, die spannungsvolle Freundschaft mit Virginia Woolf, die in ihren Tagebüchern spitzzüngig dokumentiert wird, und das elitäre Außenseiterleben in diesem lange als Wohngemeinschaft fungierenden Kreis standen im Vordergrund.

Der „Ökonom des Jahrhunderts" wurde in der Jugendbiographie erst ansatzweise erkennbar. Keynes, der „Freihändler und Freidenker", war

---

41   Englische Originalzitate sind vom Autor ins Deutsche übersetzt.

der Lieblingsschüler Alfred Marshalls, zeigte schon als Vorkriegspraktikant im britischen Indienministerium administrative Brillanz und wuchs während des Krieges im Schatzamt anstrengungslos zu einer administrativen Führungsposition heran. Keynes' pragmatisches und humanes Ethos und sein „menschenfreundlicher Patriotismus", die später seine großen Initiativen zur Bekämpfung der Massenarbeitslosigkeit kennzeichnen sollten, zeigten sich schon damals, als er für einen möglichst begrenzten Kriegseinsatz eintrat und sogar, wie die meisten anderen Männer der Bloomsbury-Gruppe, als Wehrdienstverweigerer aus Gewissensgründen optierte.

(Sein erster Biograph, der Ökonom Roy Harrod, hat diese Tatsache – so wie einige andere allzu „unorthodoxe" Aspekte der keynesschen Vita – kosmetisch etwas verschleiert ...)

Mit dem auf eigene Rechnung produzierten Bestseller über die ökonomischen Konsequenzen des Friedens von Versailles – die Broschüre erzielte eine Auflage von 100.000 Stück – finden wir den Mittdreißiger Keynes 1919 aber bereits in der Rolle, die für ihn typisch werden sollte: als wortgewaltigen Anwalt der ökonomischen und politischen Vernunft, der der Welt unnötiges Leid ersparen möchte und der nicht ohne bissigen Spott gegen extremistische Fanatiker und blinde Traditionalisten in höchsten Positionen den Weg der Einsicht weisen will. Mit den „Economic Consequences of the Peace" vernichtete Keynes intellektuell die unrealistische Konzeption – oder besser die Prätention – des Versailler Vertrages, das besiegte Deutschland für den Weltkrieg, seine Verwüstungen und die interalliierten Schulden zahlen zu lassen. Es war der erste der Kassandra-Rufe eines kühlen, analytischen und dabei konstruktiven Intellekts gegen eine Welt der Unvernunft und der neurotisierten Leidenschaften.

Der zweite Band zeigt diesen Apostel der pragmatischen Vernunft in seiner produktivsten Phase, jener, in der er seine theoretischen Hauptwerke schuf und den Grundstein zur Keynesianischen Revolution legte. Er ist daher auch weithin technisch durchaus anspruchsvolle Lektüre, wiewohl Skidelskys farbige, treffende Formulierungen und Keynes' eigene Sprache es dem Leser so leicht wie irgendwie möglich machen, selbst Fragen wie die tautologische oder nicht tautologische Natur der Identität von Sparen und Investieren als intellektuelles Fest zu empfinden.

Der Beginn des Bandes über den „Ökonomen als Retter" (1930-1937) spielt allerdings noch im Milieu des Bloomsbury-Kreises:

Keynes lebte damals an der berühmt gewordenen Adresse 46, Gordon Square in einer Wohngemeinschaft mit dem Biographen Lytton Strachey, mit Clive und Vanessa Bell und Duncan Grant. Einige andere „Bloomsberries" lebten in benachbarten Häusern; die damals noch in Richmond residierende Virginia Woolf verglich Gordon Square mit einem Löwenhaus im Zoo: „Alle Tiere darin sind gefährlich, gegenseitig ziemlich misstrauisch und voller Faszination und Geheimnisse ...".[42]

Keynes war allerdings in gewissem Sinne sicher eines der harmlosesten Tiere in dieser Menagerie. Der scharfzüngige russische Aristokrat und Marxist Dimitri Mirsky sollte über die ab 1923 von Keynes und den Bloomsberries dominierte liberale Zeitschrift „The Nation" schreiben, sie repräsentiere einen „dünnhäutigen Humanismus für aufgeklärte und sensible Mitglieder der Kapitalistenklasse, die es nicht wünschen, dass die äußere Welt so gestaltet wäre, dass sie ihnen irgendwelche unerfreulichen Eindrücke hinterließe" (Seite 139). Eine gewisse grundsätzliche Menschenfreundlichkeit lässt sich selbst aus diesen eher bissig gemeinten Worten herausdestillieren – und Keynes, ein lebenslanger Anhänger des Cambridge-Philosophen G. E. Moore, der als wertvollste Güter „gewisse Bewusstseinszustände, die aus den Annehmlichkeiten des mensch-

---

[42] Skidelsky Seite 10f.

lichen Umganges und der Freude an schönen Dingen erwachsen" schätzte, dieser Keynes war sicher einer der gutmütigsten Insassen der Löwengrube.

Das hinderte ihn allerdings nicht, nach außen seine Zähne zu zeigen. In seinem Traktat über Währungsreform (1923), in dem Keynes für eine moderat flexible Wechselkurspolitik und gegen die sich abzeichnende Rückkehr zur Vorkriegsparität des Pfundes „um jeden Preis" auftrat, konnte er sich nach dem Urteil seines Biographen „wieder nicht zurückhalten, jene ‚soliden Leute' zu verspotten, die er eigentlich überzeugen wollte" (Seite 154).

Diese Art von souveräner Spottlust gegenüber dem Establishment und seinen Auffassungen sollte Keynes selbst bei der Rezeption seiner berühmten „allgemeinen Theorie" gewisse Schwierigkeiten machen – andererseits hat vielleicht gerade sein Image des „konstruktiven Rebellen" das Werk eines 1936 immerhin bereits über fünfzigjährigen Gelehrten als revolutionär neues Paradigma für die jüngere Ökonomengarde so attraktiv gemacht.

Trotzdem wusste Keynes stets instinktiv, „dass das Geheimnis der Überzeugungskraft darin besteht, im Rahmen des Möglichen zu bleiben" (so eines der „goldenen Worte" Skidelskys, Seite 196).

Zusammen mit der von Roy Harrod schon als Student bewunderten Fähigkeit von Keynes, die Expertise der aktuellsten theoretischen Entwicklungen seines Faches mit Insiderkenntnissen der Tagesgeschehnisse zu verbinden, war dieser geniale Widerspruchsgeist, der sich aber innerhalb rationaler Grenzen hielt, vielleicht das tiefste Geheimnis für die „keynesianische Revolution", die zu einem Zeitpunkt erforderlich wurde, wo die traditionelle Weisheit am Ende und die Welt aus den Fugen schien.

Der Amerikaner Russell Leffingwell, der Keynes von der Friedenskonferenz 1919 kannte, schrieb 1931 über ihn, er habe etwas vom Puck im Sommernachtstraum: „Er attackiert alles Vernünftige und Etablierte oder allgemein Anerkannte – zum Teil aus Spaß an der Sache, zum Teil um die Diskussion zu beflügeln". Er sei „wie ein kluges Kind, das seine bewundernden älteren Mitmenschen damit schockt, die Existenz Gottes und der Zehn Gebote zu bezweifeln".

Dass Keynes dabei aber, wie Leffingwell schrieb, „extrem unverantwortlich" gehandelt hätte, kann ihm von der Nachwelt gewiss nicht vorgehalten werden. Viel eher ist rückblickend Keynes als Vertreter der „extremen Mitte" anzusehen, der stets eher behutsame Veränderungen anstrebte. Seine 1928 ausgesprochene Ablehnung des „Pessimismus der Revolutionäre, die meinen, die Dinge stünden so schlecht, dass uns nur gewaltsame Veränderung retten könnte" und zugleich des „Pessimismus der Reaktionäre, die das Gleichgewicht des Wirtschafts- und Soziallebens für so prekär halten, dass wir keine Experimente wagen dürften", haben sich historisch bestätigt (Seite 379). Und es ist seiner eigenen Sicht zuzustimmen, die ihn oftmals als „krächzende Kassandra" auswies, die mit ihren rechtzeitigen und verantwortungsvollen Warnungen gegenüber traditionalistischen und „etablierten" Auffassungen unterlag.

Keynes, der überlegene Geist, der von der Verwirrung der Gemüter seiner Zeitgenossen kaum berührt wurde, bestätigte sich in seiner Ablehnung der deflationistischen Rückkehr zur Vorkriegsparität des Pfundes gegenüber Gold und Dollar ebenso wie in seiner souveränen Distanz gegenüber Marxismus und Kommunismus, oder, spezifischer betrachtet, in seiner Skepsis gegenüber der Mischung von radikaler Massenrhetorik und extremem fiskalischem Konservativismus bei der Labour Party. Gegen Ende der dreißiger Jahre finden wir Keynes' überlegene Urteilskraft in seiner Einschätzung der geopolitischen Lage ebenso bekräftigt wie in seiner Skepsis gegenüber der Ökonometrie. John Maynard

Keynes, einer der wenigen anerkannten theoretischen Nationalökonomen, der auch, ganz nebenbei, durch gewagte Spekulationen (die ihn zuweilen an den Rand des Ruins brachten) ein reicher Mann wurde, war in jeder Hinsicht ein Meister des zur Genialität gesteigerten Common Sense ...

Einige Beispiele: Über die Ökonometrie Tinbergens äußerte sich Keynes, – wie in Vorahnung von Prognosefiaskos à la 1975, mit Warnungen vor „scheinpräzisen" Aussagen angesichts des nicht homogenen Materials: „Man kann immer eine Formel finden, die recht gut auf einen begrenzten Bereich vergangener Fakten passt. Aber was beweist das? Wie viel Platz bleibt für Erwartungen und den Stand des Zukunftsvertrauens? Welcher Platz ist nicht-numerischen Faktoren wie Erfindungen, Politik, Arbeitskämpfen, Kriegen, Erdbeben, Finanzkrisen eingeräumt?" (Seite 619).

Den Kommunismus, der in den dreißiger Jahren einen beachtlichen Teil der Studentenschaft „seines" Cambridge erfasste, sah Keynes etwa im November 1934 – gegürtet auch durch private Erfahrungen bei Verwandtenbesuchen in Leningrad – als „Beleidigung unserer Intelligenz" (Seite 519). Russland biete „das schlimmste Beispiel administrativer Inkompetenz, das die Welt vielleicht je erlebt hat – und der Opferung von fast allem, das das Leben lebenswert macht". Es war für Keynes „ein schreckliches Beispiel des Übels verrückter und unnötiger Hast". Stalin erschien ihm als „schauerliches Exempel für alle, die experimentieren wollen" (Seite 488). Keynes erkannte aber auch, dass die „subtile, beinahe unwiderstehliche Verlockung des Kommunismus" eben darin bestünde, „dass er verspreche, die Dinge schlimmer zu machen". Keynes spürte somit sehr feinfühlig, dass Kommunismus als „Protest gegen die Hohlheit ökonomischen Wohlergehens" als „Appell an den Asketen in uns" gerade jene Haltung gläubiger Opferbereitschaft ansprach, wie sie in den dreißiger Jahren in den Mittelschichten Europas grassierte.

Über die geopolitische Situation Großbritanniens schrieb er 1936: „Die wirkliche Schwierigkeit bei der Konzeption unserer Außenpolitik liegt darin, dass ... unsere unmittelbaren Interessen nicht von frühen Ambitionen Deutschlands oder Italiens betroffen sind. Italien möchte das Mittelmeer beherrschen – und, vielleicht abgesehen von Ägypten, es würde (uns) vermutlich nicht viel ausmachen, wenn es ihm gelingt. In gleicher Weise sind die deutschen Ambitionen alle ostwärts gerichtet, und gewiss nicht gegen uns" (Seite 627). Trotzdem sprach sich Keynes für Wiederbewaffnung und kollektive Sicherheitsgarantien aus – sehr im Widerspruch zur damaligen „linken" Kombination von Antifaschismus und Gegnerschaft zur britischen Aufrüstung.

Keynes' unglaubliche geistige Dominanz war eine stete Quelle der Bewunderung, Verwunderung und zuweilen auch des Abscheus seiner Zeitgenossen. Beatrice Webb revidierte ihr Urteil („brillant, eingebildet und nicht genügend geduldig für soziologische Entdeckungen") 1926 und schrieb: „Wenn ich umherblicke, sehe ich keinen anderen Mann, der entdecken könnte, wie man den Reichtum der Nationen im öffentlichen Interesse kontrollieren könnte. Er ist nicht nur brillant im Ausdruck und provokant im Gedanken. Er ist ein Realist, er sieht den Fakten ins Auge und hat die Konsequenz und den Mut in Gedanken und Tat". Keynes habe allerdings nicht die Statur eines politischen Führers, er sei nämlich „verachtungsvoll für Durchschnittsmenschen, besonders wenn sie in Herden zusammenkommen". Daher stamme auch seine Antipathie gegenüber Gewerkschaften, gegenüber proletarischer Kultur, gegenüber Nationalismus und Patriotismus, wiewohl er „public spirit", also Sinn für den Dienst am Vaterland besitze (Seite 257). Der Vorsitzende des Macmillan-Komitees, das Anfang der dreißiger Jahre einen wichtigen wirtschaftspolitischen Bericht redigierte, bemerkte, er habe den Eindruck, dass bei den stundenlangen Aussagen von Keynes „die Zeit stehen bleibe" (Seite 345). Michael Straight, der 1934 Keynes als Student hörte, berichtet, der größte Hörsaal von Cambridge sei überfüllt gewesen. („Es war, als hörten wir Charles Darwin oder Isaac Newton zu" – Seite 310.) So faszinierend war der Blick in die geistige Welt dieses proteischen Genius.

Schwerpunkt des mächtigen zweiten Bandes ist natürlich die geistige Entwicklung, die Keynes zu seinem Hauptwerk, der „General Theory of Employment, Interest and Money", der allgemeinen Theorie der Beschäftigung, des Geldes und des Zinses, hinführte und die hier nicht einmal ansatzweise nachgezeichnet werden kann. Keynes' langsam heranwachsende These, dass moderne Wirtschaften zu einem Unterbeschäftigungsgleichgewicht tendierten, dass es keine Garantie dafür gäbe, dass Sparen und Investieren über den Mechanismus des Say'schen Gesetzes permanente Vollbeschäftigung garantieren würden, wird von Skidelsky in faszinierender Weise deutlich gemacht. Von Keynes' Mitarbeit an den Arbeitsbeschaffungsprogrammen der liberalen Partei in den späten zwanziger Jahren über die „Treatise on Money", einen ersten großen Versuch der Synthese, bis zu Keynes' Hauptwerk, von dem er mit Recht annahm, dass es „innerhalb der nächsten zehn Jahre die ökonomische Theorie revolutionieren werde" führt der Weg über unzählige Diskussionen mit Freunden und Gegnern. Einen machtvollen Anstoß erhielten Keynes' Überlegungen natürlich durch den realen Zusammenbruch der Weltwirtschaft, in dem die Vorstellungen von Leuten wie Robbins und Hayek, „gerade jetzt müsse man mehr sparen", (so in der berühmten Leserbriefkontroverse der „Times" vom 17. und 21. Oktober 1932) auch für breiteste Bevölkerungsschichten als absurd entlarvt wurden. Skidelsky greift hier auch ins biographische Umfeld von Keynes aus, etwa auf die Rolle seines Lieblingsschülers Richard Kahn, der die mathematische Darstellung des Multiplikatoreffektes erfand, und – als Liebhaber von Joan Robinson – vermutlich auch deren berühmte Theorie der unvollkommenen Konkurrenz beeinflusste. (Keynes überraschte die beiden

1932 auf dem Teppich von Kahns Büro, schrieb aber seiner Frau Lydia amüsiert, er nehme an, die Konversation habe sich trotzdem nur um die reine Theorie des Monopols gedreht – Seite 449.) Kahn hatte im übrigen den vielleicht denkwürdigsten Auftritt mit dem von steten Inflationsängsten geplagten Hayek. Nach einem Vortrag Hayeks in Cambridge im Jänner 1931 meldete sich Kahn mit der Frage zu Wort: „Sie sind also der Meinung, dass ich, wenn ich mir morgen einen Mantel kaufe, zur Erhöhung der Arbeitslosigkeit beitrage?" – „Ja", antwortete Hayek und wandte sich der mit Dreiecken bekritzelten Tafel zu. „Aber es bedürfte einer sehr langwierigen mathematischen Darstellung, um das zu beweisen..." (Seite 456).

Keynes' Zurückweisung der klassischen Theorie, als eines Vorwandes zur Untätigkeit, entsprach 1936, als sie herauskam, den realen Bedürfnissen und Hoffnungen von Millionen Menschen im krisengeschüttelten Europa und in Amerika. Der geniale Ökonom fungierte quasi als Sprachrohr des Zeitgeistes. Das ändert nichts an der Tatsache, dass manche seiner Rezepte, etwa große öffentliche Arbeiten und die im „Zug der Zeit" liegende Hinwendung zur Schutzzollpolitik auch problematische Seiten hatten.

Die Wirkung von Keynes' Werk war jedenfalls gerade dort am stärksten, wo vorher die Bastionen der „Sound Finance" und der fiskalischen Orthodoxie geherrscht hatten: an der London School of Economics, dem Territorium von Hayek und Robbins, und in Harvard. Dort lief die jüngere Ökonomengarde mit fliegenden Fahnen zum neuen Credo über. In Stockholm wo die Wicksell-Schule eigene Wege einer expansiven Fiskalpolitik suchte und fand und in Chicago, wo man vor allem der bis 1932 restriktiven Geldpolitik des Federal Reserve Board die größte Schuld an der Verschärfung der Krise gab, war sein Einfluss geringer.

Keynes' „Durchbruch" war übrigens gerade in NS-Deutschland sehr deutlich, da er die dort herrschende Praxis theoretisch zu bestätigen schien und Keynes seit 1919 als „deutschfreundlich" galt. Allerdings hatte Keynes zu Schachts totalitärer Ankurbelungspolitik stets geschwiegen. In privaten Briefen, etwa an Professor Spiethoff (25. Mai 1933), hatte Keynes, der durchaus kein besonderer Philosemit war, sich zudem schon 1933 entsetzt über die barbarischen Judenverfolgungen des neuen Regimes geäußert: „Seit vielen Generationen haben sich solche widerwärtigen Ereignisse in einem Land, das sich zivilisiert nennt, nicht mehr zugetragen... Wenn Sie mir schreiben, dass diese Ereignisse nicht durch (obrigkeitliche) Gewalt, sondern als Ausdruck des allgemeinen Willens stattgefunden haben..., würde dies unseres Erachtens die Verfolgungen und Untaten, von denen wir hören, noch zehnmal schlimmer machen."

Keynes, der die liberale Gesellschaft und ihre wirtschaftlichen Grundlagen retten wollte, sah in den deutschen Machthabern also „Barbaren", und „entfesselte Unverantwortliche", wie er dies auch in einem schönen Aufsatz über Albert Einstein im New Statesman vom 21. Oktober 1933 zum Ausdruck brachte.

Von diesem Sonderfall der Keynes-Rezeption abgesehen, der etwa auch für den „Austrokeynesianismus" von Gelehrten wie Reinhard Kamitz und Wilhelm Weber Bedeutung hatte, setzte auf akademischer Ebene natürlich bald ein Prozess der Transformation und Banalisierung seiner Theorien ein. In der etablierten Ökonomie wurden die neuen Gedanken des Reformers in die später so genannte „neoklassische" Synthese zurückgeführt: Der erste Schritt dazu war zweifellos bereits die Formalisierung des Keynes'schen Gedankensystems durch das IS-LM-Modell von John Hicks.

So faszinierend die Darstellung der gedanklichen Entwicklung des großen Ökonomen ist, der sich selbst mit einer Schlange verglich, die sich immer wieder häutet (bemerkenswert ist etwa sein langsamer Weg vom Freihändler zum Protektionisten), so faszinierend ist aber auch sein privater Weg. Auch hier „häutete" sich Keynes: Von der zufrieden praktizierten elitären Homosexualität der Jugend (in der Keynes unter anderem eine Orgasmusstatistik führte), wandte er sich, für seine Freunde höchst überraschend und irritierend, zu Anfang der zwanziger Jahre der großen Liebe seines Lebens zu, der russischen Ballerina Lydia Lopokotova. Diese formal wenig gebildete, aber charmante, drollige, vor natürlicher Intelligenz und Witz sprühende Frau verlor nie ihre Faszination für den großen Mann. Unzählige liebevolle und amüsante Briefstellen der beiden oft getrennten Partner belegen dies.

Keynes sandte ihr Zitate altbabylonischer Liebeslyrik und stellte ihr Rechenexempel, für die er sie auch dann lobte, wenn sie die Lösung verfehlte. (Skidelsky überlässt uns auf Seite 176 das kleine Vergnügen, die zwei linearen Gleichungen in zwei Unbekannten selbst zu lösen). Er bewunderte ihren höchst kreativen Umgang mit der englischen Sprache, den er „lydiaspeak" nannte, und fragte sich manchmal, wie seine zauberhafte Frau so „weise" sein könne. („Du musst viel Zeit damit verbracht haben, Äpfel zu essen und mit der Schlange zu plaudern" – Seite 189.)

Auch andere Zeitgenossen anerkannten die Faszination der Primaballerina, die bei Diaghilev tanzte, aber später auch in Sprechrollen erfolgreich war. Cyril Beaumont lobte etwa ihr silberhelles Lachen und die Art, wie sie tiefsinnigste Bemerkungen im leichten Plauderton anzubringen wusste. Für den Bloomsbury-Kreis war die Lopokotova allerdings eher ein Ärgernis. Die intellektuelle Virginia Woolf vermerkte bissig: „Niemand nimmt sie ernst. aber jeder Mann küsst sie" (Seite 145).

Keynes, der sein Leben lang den Freunden seiner Jugend die Treue hielt, sie auch oft in großzügigster Weise unterstützte, nahm das Bloomsbury-Getuschel offenbar gutmütig hin. Er war auch seit Anfang der zwanziger Jahre ungeachtet der von ihm selbst zuweilen kokett hervorgestrichenen Außenseiterfunktion ein Mann der „großen Welt", dem Bloomsbury wohl ein wenig eng erscheinen musste.

1922 stellte er etwa für den „Manchester Guardian" eine Serie von Beiträgen über den Wiederaufbau Europas nach dem Kriege zusammen, in der er Größen wie Benedetto Croce und Maxim Gorki zu Wort kommen ließ. Croce machte die prophetische Aussage, das 20. Jahrhundert würde von der Tendenz zum Konflikt, nicht von jener zum Gleichgewicht dominiert werden. Gorki schrieb über die Herrschaft des Bolschewismus mit selbst entlarvender Offenheit: „Ein paar hundert Männer haben die Macht ergriffen, um ein Reich der vollkommenen Gleichheit und sozialen Gerechtigkeit zu schaffen" (Seite 104).

Für die Konferenz von Genua konzipierte Keynes den ersten seiner vielen Pläne, die eine Kombination der Wechselkursstabilität des Goldstandards mit einer gewissen nationalen Kurssetzungsautonomie kombinieren sollten – und die alle, bis auf den letzten, das Bretton-Woods-Abkommen von 1944, am Unwillen der USA scheiterten, die ihnen darin zugedachte Rolle des „lenders of last resort", also des „Notfallsfinanciers" zu spielen.

Keynes verkehrte mit Winston Churchill „von gleich auf gleich", der als Schatzkanzler seine Deflationsängste teilte und sich dennoch 1925 zur Rückkehr des Pfundes auf eine überhöhte Vorkriegsparität „breitschlagen" ließ. Er stand eine Zeitlang dem von ihm wegen seiner „Lügenpolitik" zuvor erbittert abgelehnten Lloyd George nahe, weil er von ihm eine Renaissance der britischen Liberalen erhoffte, und er beriet auch Ramsay MacDonald, den ersten Labour-Premier, der bald Chef einer konservativ dominierten „nationalen" Koalition werden sollte. Immer wieder gab es auch Vertreter der Labour Party, die Keynes für sich gewinnen wollten.

Aber dieser zutiefst bürgerliche Geistesmensch sagte ja einmal in einem seiner berühmtesten Aussprüche, im Falle eines wirklichen Klassenkampfes werde man ihn „an der Seite der gebildeten Bourgeoisie" finden (Seite 233) – und im Übrigen bekannte er (in einem Brief an G. B.

Shaw), dass seine Gefühle betreffend „das Kapital" jenen in Bezug auf den Koran entsprachen: er wisse, das seien historisch wichtige Bücher und dass viele Leute – „und nicht alles Idioten" – sie als „eine Art Fels der Zeiten und als Quelle der Inspiration" betrachteten. Trotzdem sei ihm „unklar, wieso diese Bücher Feuer und Schwert in die Welt tragen konnten ..." (Seite 520).

Das witzige und ein wenig leichtgewichtige Ästhetentum des Bloomsbury-Kreises, in dem man sich zuweilen auf Briefkuverts gereimte Adressen schrieb und in dem das „Wer mit wem" wichtigster Gesprächsgegenstand war, musste gegenüber Keynes' Weltläufigkeit verblassen.

Trotzdem sind auch in der Gestalt von John Maynard Keynes, dem „Manager", der den kränkelnden Kapitalismus kurieren und der Enkelgeneration der dreißiger Jahre ein weitgehend arbeitsbefreites, kulturell anregendes Leben bieten wollte, die grundlegenden Werte des edwardianischen Cambridge und des Bloomsbury-Ästhetentums immanent. Wenn er im Februar 1933 vor der Handelskammer in Cambridge von dieser seiner Heimatstadt als einem Ort sprach, „an dem man einen Nachmittag im Herumschlendern und Plaudern mit lebenslangen Freunden verbringen" könne und wo man „noch in Geschäften einkaufen kann, die Geschäfte und nicht bloß Teil einer Multiplikationstabelle sind" (Seite 476), dann kommt diese Priorität für das „gute Leben" (im Sinne Moores) vor aller Ökonomie deutlich zum Ausdruck. Und Keynes' Ablehnung des Hortens (die auch freudianisch beeinflusst war und in der fatalen Rolle der Liquiditätspräferenz theoretisch zum Ausdruck kam), seine Freude am produktiven Werte-Schaffen, konnte auch in so konkret ausgemalten Utopien Ausdruck finden wie in seiner Arbeitsbeschaffungs-Radiorede vom 15. Jänner 1931. Keynes plädierte darin für den produktiven Arbeitsloseneinsatz in urbanistischen Fragen (Seite 383f), etwa für die Schaffung eines neuen Boulevards auf der Südseite

Londons, für den Abriss dessen, was heute als Teil der Docklands firmiert, und für die Schaffung Hunderter Acres von Plätzen und Straßen, Parkanlagen und öffentlicher Räume: „Etwas Großartiges fürs Auge, aber nützlich und bequem für die Menschen als Denkmal unserer Zeit."

John Maynard Keynes konnte zuvorkommend und unglaublich grob sein. Er war ehrgeizig, und in allen seinen Unternehmungen – so etwa auch als Spekulant – trotz mancher Rückschläge erfolgreich, zugleich aber in eigentümlicher Weise der Sache hingegeben. Ganz nebenbei gründete er für seine Frau eine Ballettkompanie und für Cambridge ein Theater, kaufte Meisterwerke der modernen Kunst, war Vorsitzender einer größeren Versicherungsgesellschaft, war in der Universitätsverwaltung höchst aktiv, etc.

David Marquand bemerkt mit Recht, dass John Mavnard Keynes so viele Leben gelebt hätte und dies so intensiv und in so fruchtbarer Art, dass es schwer sei, sie zu einem Ganzen zu fügen. Robert Skidelsky habe aber erkannt, dass die Wurzeln von Keynes' Kreativität gerade an der „Kreuzung jener zwei Welten von Wahrheit und Macht" gelegen seien und dass Managerdasein und Ästhetentum in ihm sich gegenseitig bedingten.

Im Zuge seiner Lebensarbeit ist Robert Skidelsky übrigens selbst ein wenig in die Schuhe seines Meisters geschlüpft. Heute lebt er mit seiner Familie in jenem Landsitz, den Keynes 1925 bis 1946 bewohnte – und er hat sich nach diesem den Adelsnamen Lord Tilton gewählt.

Sind die ökonomischen Lehren von John Maynard Keynes noch anwendbar? Die Zeit des „hydraulischen" Keynesianismus der frühen sechziger Jahre, in der man im Westen glaubte, die wirtschaftliche Entwicklung technokratisch „voll im Griff" zu haben, sind längst vergangen. Dass man damals ein wenig sorglos mit der Inflation umging – sehr im Gegensatz zu Keynes selbst, der immer für Währungsstabilität eintrat und 1919 sogar als ausgesprochener Antiinflationist hervortrat, hat dem Keynesianismus sicher geschadet. Die monetaristische Gegenrevolution Milton Friedmans hat aber längst auch ihre Scharten abbekommen – und das Argument, die Prosperität der Reagan-Ära sei in Wahrheit auf hemmungslosem (pseudokeynesianischem) Deficit Spending für Rüstungszwecke entstanden, hat viel für sich.

Wiewohl Keynes vor allem in seinen Überlegungen aus den zwanziger Jahren außenwirtschaftliche Gedanken oft berücksichtigte (vor allem im Hinblick auf Großbritanniens Investitionen im Ausland, die er lieber dem Inland hätte zuführen wollen): Die Grundvorstellungen seiner „allgemeinen Theorie" zielen doch auf eine große Binnenökonomie ab. Sie sind einer Welt extrem verflochtener Waren- und Kapitalmärkte nicht besonders adäquat. Darum richtet sich auch die Hoffnung mancher, die im Herzen Keynesianer geblieben sind, heute auf einen „Euro-Keynesianismus", der natürlich als gefährliches Äquivalent eine Abschließung mehrerer großer Wirtschaftsblöcke der Welt gegeneinander zur Folge haben könnte.

Eines der lebendigsten Anwendungsgebiete keynesianischen Gedankengutes erwähnte Lord Skidelsky in einem Interview mit Le Monde vom 23. Februar 1993: „Keynes war ein begeisterter Verfechter (realer) Investitionen. Es gibt einen großen Mangel an Produktivgütern im Osten und eine Überschusskapazität im Westen. Russland zu helfen bedeutet, zum Wirtschaftsaufschwung in Westeuropa beizutragen. Keynes hätte eine solche Kombination zwischen Altruismus und wohlverstandenem Eigeninteresse, wie sie im Ursprung des Marshallplanes vorlag, gefallen."

In diesem, aber nicht nur in diesem Sinne hat das Werk des großen britischen Ökonomen der Zwischenkriegszeit uns jedenfalls sicher noch vieles zu sagen.

(1994)

## KEYNES, John Maynard

## Auf Augenhöhe mit dem Genie

Robert Skidelsky: *John Maynard Keynes 1883 – 1946: Economist, Philosopher, Statesman*

London, PAN Books 2004

17 Jahre liegen zwischen der Publikation des ersten Bandes von Robert Skidelskys großer Keynes-Biographie im Jahre 1983 und dem krönenden dritten Band „Fighting for Britain", der im Jahr 2000 erschienen ist. Nun hat der Professor für politische Ökonomie an der Universität Warwick sein monumentales, von der Kritik in den höchsten Tönen gepriesenes Werk nochmals überarbeitet und eine einbändige „Kurzfassung" vorgelegt, die immerhin auch 1.021 Seiten zählt. Und wieder regnet es Lob. Mark Archer nennt das Buch beispielsweise die „beste Biographie des 20. Jahrhunderts" und William Keegan im „Observer" freut sich, dass auch die gekürzte Version so brillant wie die Langfassung sei. Vorweg gesagt: auch der hier tätige Rezensent schließt sich dem allgemeinen Jubel an. Zugleich reizt es aber herauszufinden, wo das Geheimnis dieses ungeheuren Erfolges bei der Kritik, aber auch beim Publikum liegt. Die plausibelste These lautet wohl: Das literarische Rendezvous von Keynes und Skidelsky ist ein Zusammentreffen zweier Menschen, die enorme Sachkenntnis mit außergewöhnlicher Sprachmacht verbinden. Bei beiden ist die Lust am glänzenden, ja provokanten Bonmot ebenso ausgeprägt wie die Überzeugung, dass Argumente hieb- und stichfest sein oder wenigstens scheinen müssen.

Der Keynes'sche Lebensweg nach Skidelsky wurde in „Wirtschaft und Gesellschaft" schon bis ins Jahr 1936 gewürdigt. Deshalb sei hier vorwiegend auf das abschließende Lebensjahrzehnt des großen Ökonomen Bezug genommen – ein Jahrzehnt enormer geistiger und administrativer Regsamkeit ungeachtet schwerer gesundheitlicher Gefährdungen, die letztlich auch zum Tode führten. Anfang 1936 befindet sich John Maynard Keynes auf einem Höhepunkt seines Lebens: Praktisch gleichzeitig erscheint seine Bahn brechende „General Theory", und das von ihm geförderte und propagierte Cambridge Arts Theatre wird eröffnet – mit Keynes' Gattin Lydia in einer der ersten Produktionen als gefeierte Nora in Ibsens „Puppenheim". Skidelsky vermerkt dazu mit Bewunderung, aber auch trockener Ironie: „Another of Keynes' dreams come true, another achievement to be ticked off". Wir erfahren freilich, dass Keynes es sich nicht leicht machte. Er kümmerte sich selbst um die Qualität des Essens im Theaterrestaurant. Auf der ersten Seite dieses Abschnittes (S. 555) begegnet uns jedenfalls wieder der ganze Keynes in allen seinen Facetten: Theoretiker und Kulturmensch, Spekulant und Bibliophiler. Eine Seite weiter erscheint er als boshafter Beobachter, auch eine seiner lebenslangen Rollen (und eine, die ihm nicht nur Freunde eingetragen hat). Keynes bemerkt am Dichter Wystan H. Auden seine höchst ungepflegten Fingernägel und meint, mit ihnen „etwas Ungenügendes" auch im Werk von Auden verbinden zu können („Those horrid fingers cannot lie").

1937, im Frühjahr, begannen die schweren Herzprobleme des Ökonomen. Dennoch rang sich der stets rastlos Tätige weiter ein ungeheures Arbeitspensum ab. Keynes betätigte sich höchst geschickt als „Impresario der Keynes'schen Revolution" (so eine spitzzüngige Kapitelüberschrift Skidelskys), indem er seine Theorie angesichts der absehbaren Rüstungskonjunktur von der anti-inflationären Seite her aufzäumte und Rezepte entwickelte, wie der kommende Krieg durch Zwangssparen bewältigt werden könnte. (So in einer Artikelserie der „Times" vom Jänner 1937 und später in seiner Schrift „How to pay for the War"). Keynes war übrigens kein Appeasement-Enthusiast, sondern eher ein Anhänger des „bewaffneten Pazifismus" mit der Hoffnung auf eine breite Allianz gegen die von ihm als „Räuberstaaten" gesehenen faschistischen Diktaturen. Der Unterschied zur Chamberlain'schen Position ist subtil aber wesentlich. Skidelsky fertigt hier Keynes etwas von oben herab ab, wenn er ihn als außenpolitischen Amateur darstellt, der beispielsweise das antibritische Ressentiment in den USA weit unterschätzt habe. Immerhin prophezeite Keynes bei einem Mittagessen mit dem sowjetischen Botschafter am 12. Juni 1940, dass Hitler sein Waterloo (mit Unterstützung Englands) „weit im Osten von Berlin" finden würde (Skidelsky: S. 590). Zu dieser Zeit war Keynes Privatmann und die Sowjetunion mit dem deutschen Reich verbündet – aber so richtig Privatmann war Keynes ja nie.

Zu Beginn und während des Krieges wuchs der Ökonom, anstrengungslos wie immer, in eine formell undefinierte, aber einflussreiche Position im Schatzamt hinein, er wurde zu einem „Mittelding zwischen einem hohen Beamten und einem Minister". 1942 wurde er außerdem zum Peer gemacht. Lord Keynes oblag ein beachtlicher Teil der wirtschaftlichen Kontakte und Verhandlungen mit den USA. Seine auch physisch majestätische Präsenz – der groß gewachsene Ökonom bewegte sich aufgrund seiner Herzkrankheit gezwungener Weise langsam und würdevoll – konnte freilich das reale ökonomische und militärische Abhängigkeitsverhältnis zwischen Großbritannien und den USA nicht kompensieren. Keynes Vorstellungen einer ökonomischen Nachkriegsordnung hatten daher keine Chance auf Realisierung (Keynes hatte sich eher ein System internationalen Zahlungsausgleichs ähnlich dem deutschen Funk-Plan aus 1940 vorgestellt – S. 672f). Immerhin: einen gewissen Einfluss auf das Bretton-Woods-Abkommen konnten Großbritannien und Lord Keynes nehmen – auch wenn die Hand des eigentlichen Siegers sichtbar federführend blieb.

John Maynard Keynes starb am Ostersonntag 1946, dem 21. April, an einem Herzanfall. Der Nachruf der „Times" verglich ihn mit Adam Smith. Der Wert seiner Verlassenschaft betrug etwa 480.000 Pfund, das

Äquivalent von heute 20 bis 30 Millionen Euro (S. 836). 400.000 Pfund davon waren in Wertpapieren angelegt. Trotz allem Auf und Ab war Keynes also auch praktisch ein enorm erfolgreicher Ökonom, sehr zum Unterschied etwa von einem Joseph Alois Schumpeter. Wie es um das endgültige Schicksal der keynesianischen Revolution bestellt sein wird, muss allerdings die Zukunft entscheiden. Skidelsky zeigt sich hier skeptisch, aber er meint, es gäbe heute zwar viele Anti-Keynesianer unter den Ökonomen, aber keine „Präkeynesianer" mehr (S. 851).

Skidelskys letzter Satz lautet schließlich: „Ideas do not disperse so quickly and Keynes's will live so long as the world has need of them" (S. 853). Mit diesen Worten entlässt uns ein großes Werk, das ein großes Werk reflektiert. Auch Robert Skidelsky ist durch Keynes zum Lord geworden und auch er wohnt in Tilton, Keynes' einstigem Landsitz. Robert Skidelsky hat es sich wohl verdient.

(2007)

## KEYNESIANISMUS

### Zurück zur Krise und zu Keynes

Gottfried Bombach, Karl-Bernhard Netzband, Hans-Jürgen Ramser, Manfred Timmermann (Hrsg.): *Der Keynesianismus, Band III – Die geld- und beschäftigungstheoretische Diskussion in Deutschland zur Zeit von Keynes*

Berlin – Heidelberg – New York, Springer Verlag 1981

Michael Held: *Sozialdemokratie und Keynesianismus – Von der Weltwirtschaftskrise bis zum Godesberger Programm*

Frankfurt – New York, Campus Verlag 1982

Vor etwa einem Jahr (1982) hatte der Rezensent ein Gespräch mit einem arrivierten österreichischen Ökonomen über den Wert oder Unwert eines Forschungsprojektes über die Arbeitsbeschaffungsmaßnahmen der dreißiger Jahre. Der Gesprächspartner zeigte darin eine recht seltsame Reaktion: die dreißiger Jahre, das sei doch für uns heute ferner liegend als die Probleme der Entwicklungsländer, das gehe uns doch nichts mehr an etc. Das alles aber in einem so beunruhigten Ton, als ginge es um eine Beschwörungsformel. Hier war offenbar ein Tabu getroffen, und alle weiteren guten Gründe, warum es sehr wohl gewisse beachtenswerte Parallelen zwischen der großen Weltwirtschaftskrise und unserer gegenwärtigen Stagnation gibt, fanden wenig Aufnahmebereitschaft.

Dabei sorgen die Diskussionen um die Deckung der explodierenden Abgänge der Arbeitslosenversicherung wieder (wie schon zu Ende der zwanziger Jahre, etwa in der Weimarer Republik) für politischen Zündstoff. Beitragserhöhungen und – wie das Beispiel Frankreichs zeigt – kräftige Leistungskürzungen sind die nicht eben originelle Antwort. Dass „so etwas" nicht wieder passieren könnte, weil heute die internationale Zusammenarbeit um vieles besser klappt, war schon zu Zeiten der

Hochkonjunktur angesichts des Gerangels in der EG eher Wunschdenken: heute gibt es bereits wieder kräftige Anzeichen für die Möglichkeit kompetitiver Abwertungen und von Importrestriktionen, wegen des GATT freilich eher in der verschleierten Form nicht tarifarischer Handelshemmnisse. Der große Handelskrieg ist bisher gottlob noch nicht ausgebrochen, aber er droht am Horizont.

Die derzeit sehr virulente Diskussion um die Arbeitszeitverkürzung ist eigentlich auch ein Echo der dreißiger Jahre (von der 35-Stunden-Woche sprach man schon zu Anfang von Roosevelts Präsidentschaft). Und schließlich fängt man angesichts der Millionen europäischer Arbeitsloser auch wieder von staatlicher Arbeitsbeschaffung zu reden an, was unweigerlich die Diskussion der Effizienz solcher Notstandsarbeiten und ihrer Konkurrenz zur „Normalwirtschaft" nach sich ziehen dürfte.

Wenn man aus der Geschichte nicht lernen will, heißt es, ist man gezwungen, sie zu wiederholen. Und ohne die Parallelen nun überzustrapazieren (vor allem wegen des heute gegenüber den dreißiger Jahren unvergleichbar höheren Wohlstandsniveaus, das die Gefahr echten Massenelends gering erscheinen lässt): der Fall Weltwirtschaftskrise gehört aus jenem vernachlässigten Winkel der Nichtbeachtung heraus, in den ihn die Neoliberalen und sogar die Keynesianer der „neoklassischen Synthese" gerne verschwinden haben lassen.

Einer solchen geistigen Auseinandersetzung mit der Vergangenheit dient der eben erschienene dritte Band der großen Dokumentation „Der Keynesianismus" in höchst produktiver Weise. Im Gegensatz zu seinem eigentlich irreführenden Titel befasst sich das Sammelwerk der Herausgeber Bombach, Netzband, Ramser und Timmermann vornehmlich mit dem kommentierten Wiederabdruck von Quellen der deutschen konjunkturpolitischen Diskussion aus der Zeit der Weltwirtschaftskrise. Diese nehmen zwar nicht selten Bezug auf J. M. Keynes als deutschfreundlichen und angesehenen Verfechter einer expansiven Wirtschaftspolitik, stehen aber doch in ihrem eigenen Kontext. Der zuletzt erschienene zweite Band war vornehmlich den nicht-akademischen Reformern und den politischen Plänen gewidmet (man findet darin etwa bedeutende Beiträge des fast vergessenen Robert Friedländer-Prechtl, das 1932 wohl wahlentscheidende Arbeitsbeschaffungsprogramm der NSDAP und andere wichtige historische Dokumente). Der dritte Band hat dagegen „akademischeren" Charakter. Zu Worte kommen hier Männer wie Erich Preiser, Carl Föhl, Wilhelm Lautenbach, Wilhelm Röpke und auch einige in Deutschland besonders beachtete Stellungnahmen von Keynes. Daneben finden sich aber beispielsweise auch die frühe Darstellung des Multiplikatorprinzips durch den Deutschamerikaner Nicholas A. Johannsen (aus 1913) und Dokumente aus dem Umfeld des gewerkschaftlichen Arbeitsbeschaffungsprogramms. Deprimierende Vergleiche zur heutigen Problematik eröffnet vor allem jener Teil, der der Opposition gegen die Deflationspolitik in der Krise gewidmet ist. In dem von Keynes inspirierten Minderheitsbericht der Macmillan-Kommission von Juni 1931 kann man beispielsweise lesen: „A considerable part of the larger towns and industrial centres of the country need rebuilding and replanning on a comprehensive scale ... It seems an insanity to keep a large proportion of the building trade out of employment when this is the case." (Bombach etc. S. 242.) Wem würde sich hier nicht etwa der Vergleich mit den schwerst abgewohnten, grünarmen Gründerzeitvierteln unserer Großstädte aufdrängen? Auch Keynes' bittere Vorhersagen über die leeren Deklarationen der Weltwirtschaftskonferenz von 1933 klingen nur allzu vertraut (vgl. S. 251). Und wo Wilhelm Lautenbach von „Inflationskomplex" und „Inflationshysterie" spricht und meint: „Auch sonst ganz besonnene und theoretisch gut geschulte Menschen geraten sofort, wenn von zusätzlichem Kredit gesprochen wird, in eine Art von Krampf", lassen sich Kontinuitäten feststellen. Diese liegen allerdings auch in bestimmten Personen begründet, wenn man an den berüchtigten Sparaufruf von Gregory, Hayek, Plant und Robbins aus dem Jahre 1932 denkt. Auch Wilhelm Röpke, ein „antizyklischer" Konjunkturtheoretiker, der sich im späteren Wiederaufbauboom eher keyneskritisch profilierte, verglich damals die Inflationsgeängstigten mit den „Leuten, die in einem Lustspiel immer an der falschen Stelle lachen" (S. 344). Natürlich lassen sich aus diesen Dokumenten der dreißiger Jahre mit ihrem schweren nominellen Preis- und Einkommensverfall keine unmittelbaren Schlüsse etwa auf die Probleme der Stagflation ziehen. Aber Röpkes damalige Kritik am „konjunkturpolitischen Nihilismus", am masochistischen Mythos der „Reinigungsfanatiker", an den Anfeindungen aus Bankierskreisen gegen die „neue Pumpwirtschaft" und gegen die prozyklische Anhebung der Beitragssätze der Arbeitslosenversicherung in der Krise trifft Phänomene, die sich auch heute wieder beobachten lassen. Als herausgeberisches Werk ist „Der Keynesianismus" zwar weiterhin so uneinheitlich geraten, wie es die foto-mechanisch reproduzierten verschiedenen Schrifttypen seiner Dokumente schon optisch suggerieren. Einen ununterscheidbaren „Verschnitt" zweier Aufsätze von Wilhelm Lautenbach zu präsentieren, wie das etwa auf S. 290 ff. und S. 299 ff. geschieht, ist beispielsweise gewiss eine arge editorische Sünde. Dennoch ist die Konfrontation mit den wirtschaftspolitischen Diskussionen der dreißiger Jahre durch die Quellenabdrucke dieses Sammelwerkes für Studierende und wirtschaftspolitisch Interessierte entscheidend erleichtert.

Nicht in ihrer „unausgegorenen" Form der frühen dreißiger Jahre, sondern als gekelterten Wein in Form der „General Theory", als ein auf die systematische Höhe der alten liberalen Orthodoxie gebrachtes neues wirtschaftswissenschaftliches und -politisches Paradigma hat die Sozialdemokratie die vollbeschäftigungsorientierte Kreislauftheorie rezipiert. Michael Helds Werk über „Sozialdemokratie und Keynesianismus" beschreibt diesen Rezeptionsprozess in einem interessanten, aber qualitativ sehr stark variierenden Buch, das in gewissem Sinn symptomatisch für einen Teil der gegenwärtigen deutschen Universitätskultur sein dürfte.

In seiner brillanten Einleitung verweist der Autor (mit impliziter Kritik am langjährigen SPD-Regierungskurs) darauf, dass trotz steigender Arbeitslosigkeit eine keynesianische Vollbeschäftigungspolitik derzeit nicht im Brennpunkt der Diskussion stehe, aber prognostiziert: „Eine politische Kraft, die das Problem der Massenarbeitslosigkeit nicht angeht, ist unter parlamentarisch-demokratischen Bedingungen ... auf die Dauer nicht mehrheitsfähig" (S. 8). Dass die „konservative Utopie" der selbst regulierenden Marktwirtschaft, wie sie etwa von Friedman und Hayek vertreten wird, dabei ist, in ihren praktischen Ausprägungen allerorts katastrophalen Schiffbruch zu erleiden, bestärkt diese Voraussage, auch wenn expansionistische Alleingänge wie der Frankreichs bislang ebenfalls scheiterten.

Der erste Hauptteil von Helds Buch widmet sich einer Darstellung und Kritik der „keynesianischen Revolution". Auf generell recht hohem intellektuellem Niveau diskutiert der Autor die Vorzüge und Schwächen von Keynes „allgemeiner Theorie der Beschäftigung, des Zinses und des Geldes". Keynes' enge Bindung an die klassischen Ökonomen (etwa seine Akzeptierung der Grenzproduktivitätstheorie als Verteilungstheorie), sein etwas verwaschener Psychologismus, manche seiner Widersprüche werden von Held unter reicher Verwendung von Originalstellen sorgfältig herausgearbeitet. Freilich sind auch etliche der hier zitierten Autoren eher im Sinne des name-dropping verarbeitet, apodiktisch aber falsch spricht Held vom „nicht haltbaren Gesetz der sinkenden Grenzerträge", und der eher obskure Ostökonom J. G. Bljumin wird mit einer ellenlangen öden Sentenz über das Börsengeschäft zitiert, die in der Feststellung gipfelt, „dass Schwankungen der Börsenkurse von objektiven Ursachen bestimmt werden" (S. 45-46). Held, auf solche Weisheiten gestützt, behauptet: „Die falsche Übertragung und Überbewertung der Welt der Börse scheint bei Keynes die Quelle der Verselbständigung der Erwartungen von den realen Verwertungsbedingungen für Investitionen zu sein." Hier muss man den Börsenkenner Keynes, der ja die Erfahrungen des realitätsenthobenen Wallstreetbooms vor 1929 in den Knochen hatte, gegen seinen Kritiker in Schutz nehmen, der seine Börsenerfahrung vornehmlich aus DDR-Publikationen zu beziehen scheint.

Wo Held in der „Krönung" seiner Keynes-Kritik auf die Überlegenheit der marxistischen Krisentheorie verweist (S. 80f) und eine „reibungslose erweiterte Reproduktion, also ein krisenfreies Wachstum der Wirtschaft gleichsetzt" mit der „Sprengung der Kapitalverwertung, der Wertproduktion" (S. 82), erreicht er übrigens einen seiner gottlob eher seltenen Tiefpunkte steriler und unmotivierter Marxscholastik.

Der zweite Hauptteil des Buches ist den keynesianischen Elementen in den wirtschaftspolitischen Vorstellungen der Sozialdemokratie in den zwanziger und dreißiger Jahren gewidmet. Auch dieser Abschnitt leidet wie das ganze Buch darunter, dass die wirtschaftliche Realität durch allzu viele Filter von Literatur und Programmpapieren gesehen wird. Immerhin ist es aber verdienstvoll, dass Held auf Keynes' wirtschaftspolitische Autorität im Deutschland der großen Krise verweist, die dieser schon als prominenter Reparationsgegner erringen konnte. Keynes sprach 1931 auf Einladung der Studiengesellschaft für Geld- und Kreditwirtschaft des Lübecker Industriellen Heinrich Dräger[43] über die Abkehr vom Goldstandard und schrieb wenig später über die Wirtschaftspolitik der Labour Party einen Artikel im theoretischen Organ des ADGB. Keynes' Einfluss als „eines als international anerkannte Autorität genützten Zeugen gegen die fast geschlossene Ablehnung einer expansiven staatlichen Nachfrage durch die herrschende Nationalökonomie in Deutschland" (Held S. 97) reichte also von der bald mit der NSDAP kooperierenden expansionistischen Wirtschaftslobby bis zu den sozialdemokratischen Gewerkschaften. Als führenden SPD-Theoretiker der Arbeitsbeschaffung würdigt Held Wladimir Woytinsky, den Hauptautor des WTB-(Woytinsky-Tarnow-Baade-)Krisenplanes und wichtigen Gegner der konservativen wirtschaftspolitischen Linie Hilferdings und Naphtalis innerhalb der SPD. Woytinsky sah 1931 im „Streben nach der konjunkturlosen Wirtschaft" einen „Einklang zwischen den Gedanken eines Keynes, der dem Liberalismus neues Leben einflößen will, und den Ideen der modernen Arbeiterbewegung, die durch die Verwirklichung der Wirtschaftsdemokratie die Planlosigkeit des kapitalistischen Systems zu überwinden anstrebt"[44]. Die von Woytinsky, Tarnow und Baade am 23. Dezember 1931 vorgelegten „Thesen zum Kampf gegen die Wirtschaftskrise" forderten auch bereits staatliche Arbeitsbeschaffung auf der Grundlage nationaler Kredit- und Geldschöpfung, nämlich ein Beschäftigungsprogramm für eine Million Arbeiter auf der Basis rediskontfähiger Wechsel. Der am 26. Jänner 1932 vorgelegte, darauf basierende WTB-Plan steckte hier allerdings bereits zurück. Hilferdings und Naphtalis Haltung erwies sich als verhängnisvoller Bremsklotz. Namentlich Naphthali hatte schon 1930 nachdrücklich vor der „Neigung, einfältigsten Heilslehren und phantastischen Projekten zugänglich zu werden" gewarnt und gemeint, bei einer Finanzierung der „abwegigen Vorschläge" Woytinskys lande man bei „Gottfried Feder, den Freigeldleuten oder irgendeinem anderen der zahlreichen inflationistischen Apostel die im Lande umherziehen" (zitiert bei Held, S. 129f). Über die quellenmäßig umstrittene große Konfrontation zwischen Woytinsky und Hilferding im Rahmen einer paritätischen Konferenz zwischen ADGB und SPD im Sommer 1932, hat Held übrigens außer apodiktisch geäußerten Zweifeln

---

[43] Heinrich Dräger bzw. die seinen Namen tragende Stiftung sind übrigens auch die (finanziell) treibende Kraft hinter der Herausgabe des Sammelwerkes: Der Keynesianismus.

[44] Wladimir Woytinsky: Internationale Hebung der Preise als Ausweg aus der Krise, Leipzig 1931, S. 1.

am Wert von Woytinskys Autobiographie wenig zu sagen. Das wirtschaftspolitische Umfeld, etwa die internationale Bindung der Reichsmark und der daraus resultierende Deflationsdruck angesichts der kräftig abwertenden Hauptkonkurrenten fehlen fast völlig. Dass für die SPD und ihr Konjunkturprogramm die „Aufgabe einer sozialistischen Perspektive" für die Massenwirksamkeit nicht ... von Vorteil, sondern ein Nachteil angesichts einer durch die Weltwirtschaftskrise ausgelösten Massenstimmung nach einer grundlegenden Wende vom Kapitalismus zum Sozialismus gewesen sei" (S. 145), gehört zu jenen Held'schen Sätzen, die Kopfschütteln wecken. Die Rhetorik „Gemeinnutz vor Eigennutz" der Nationalsozialisten war ja nur deshalb so wirksam, weil sie sich zugleich massiv antilinks gebärdete und so den radikalen Neubeginn zugleich als Systemstabilisierung verkaufte. Aber nach solchen Ausrutschern hat Held wieder vielerlei Interessantes, z. B. über die auch bei Emil Lederer vorfindbare These vom Widersinn des Sparens und seine schon 1925 vertretene Wertschätzung öffentlicher Arbeiten als Akt subsidiärer Konsumförderung in der Krise, vorzubringen. (Wie sehr der Gedanke öffentlicher Arbeitsbeschaffung originär sozialdemokratischen Charakter hat, belegt im übrigen u. a. Otto Steiger: der in dieser Hinsicht Bahn brechende Minderheitsbericht der britischen „Poor Law Commission" aus 1909 – im wesentlichen ein Werk der Fabierin Beatrice Webb – und die durch ihn stimulierte Debatte dürften sogar maßgeblichen Einfluss auf Keynes selbst und die Arbeitsbeschaffungsvorstellungen der liberalen Partei in den zwanziger Jahren gehabt haben.)[45]

Die SPD im Exil reagierte auf die Katastrophe von 1933 zunächst mit einem verbalen Ruck nach links und mit den revolutionären Planwirtschaftsvorstellungen des von Hilferding verfassten „Prager Manifests". Entscheidende Schritte in die keynesianische Richtung waren dann die

---

[45] Vgl.: O. Steiger, Studien zur Entstehung der Neuen Wirtschaftslehre in

wirtschaftspolitischen Vorschläge Gerhard Kreyssigs vom Mai 1943 und Richard Löwenthals („Serings") einflussreiches Buch „Jenseits des Kapitalismus" aus 1947. Held zeigt hier große Sympathie für Löwenthals marxistisch-keynesianisches Amalgam einer antimonopolistischen Globalsteuerung der Wirtschaft auf grundsätzlich marktwirtschaftlicher Grundlage. Den Durchbruch des Keynesianismus in der SPD verfolgt Held dann über Rudolf Zorns Hauptreferat auf dem Düsseldorfer Parteitag 1948 und das Arbeitsbeschaffungsprogramm von 1950 („Von der Massenarbeitslosigkeit zur Vollbeschäftigung") bis zum Godesberger Programm, wobei er der Schrittmacherfunktion Karl Schillers besonderes Augenmerk schenkt.

Mit der Abkehr von der in der unmittelbaren Nachkriegszeit noch recht virulenten Sozialisierungsprogrammatik – nicht zuletzt aus dem Wunsch nach Regierungsfähigkeit – vollzog die SPD damals einen letzten und vielleicht zu weit gehenden Schritt in die Richtung reiner Globalsteuerung. Die Tabuisierung jeglicher Ausweitung öffentlicher Eigentumsrechte auch zu Zwecken der Umstrukturierung führt ja letztlich dazu, dass der Staat, wie im Falle AEG, Verluste mit trägt, dafür aber keine Rechte in Anspruch nimmt. Aber die Geschichte des Rückfalls der Wirtschaftspolitik der SPD hinter die vielfach um einiges aktivistischeren Positionen von Keynes wird von Held nicht mehr behandelt.

(1983)

---

Schweden, Berlin 1971, S. 87ff.

**KLEMPERER, Victor**

**Die Klischees der Nachgeborenen – über Victor Klemperers „Tagebücher" 1933-1945**

*Ich will Zeugnis ablegen bis zum letzten – Tagebücher 1933 bis 1941 und 1942 bis 1945*

Berlin, Aufbau Verlag 1995

Hat es überhaupt Sinn, in einer kleinen Zeitschrift ein Werk zu rühmen, das bereits in den großen Feuilletons hymnische Besprechungen erhalten hat – und das im derzeit machtvollsten hochkulturellen Verkaufsvehikel des deutschen Sprachraums, dem „Literarischen Quartett", so etwas wie „standing ovations" erzielen konnte?

Die Auflage ist ja dabei, die Hunderttausender-Marke zu überschreiten – bei einem so sperrigen Zweibänder mit 1.700 Seiten eine nahezu unglaubliche Sache. Es gibt aber doch einen Grund, Victor Klemperers Tagebücher aus dem Dritten Reich ungeniert weiterzuloben, auch wenn einem hier bereits einiges „vorgeäfft" wurde. Relativ wenig wurde nämlich in all dem Medienrummel deutlich, dass dieses Dokument eines unbestechlichen Zeitzeugen der braunen Barbarei, wenn man es recht zu lesen versteht, den kasperltheaterhaft simplifizierten Klischees, wie sie in den letzten Jahrzehnten über die NS-Epoche verbreitet wurden, auf radikale Weise den Boden entzieht.

Josef Haslinger, ein typischer Autor jener von persönlichen Erfahrungen unbelasteten Nachkriegsgeneration, die in besonderem Ausmaß an dieser dämonisierenden Klischeebildung und „Entwirklichung" beteiligt waren, hat es vor laufender Kamera in beinahe entwaffnender Naivität zugegeben: Er gewinne da ein ganz neues Bild über die Zeit, bekannte er ein – und es wurde deutlich, dass er sich vor allem viel mehr an gleichsam zähnefletschendem Antisemitismus als unumgängliche Begleiterscheinung des NS-Terrors vorgestellt hatte.

Dabei ist es gerade das Erschütternde, ja Alarmierende von Klemperers Tagebuchwerk, wie wenig ein „hoch zivilisierter" Staat und seine Bewohner aus dem Gleis zu geraten brauchen, um in unaussprechlichem Horror zu versinken. Die große Mehrzahl der Menschen können bleiben, wie sie sind: halbwegs freundlich, aber ein bisschen unsicher, feige und neidisch. Etwas eitel, dazu verständlicherweise am eigenen Vorteil oder wenigstens Überleben orientiert und einigermaßen beeinflussbar durch den Zeitgeist – also weder Helden noch Schurken. Eine entschlossene, fanatisierte Minderheit, die in Krisenzeiten an die Schalthebel der Macht gelangt und einem Wahnsystem der „nationalen Errettung" anhängt, kann alles ins Unheil führen, denn im Ernstfall ducken sich fast alle vor der nackten Gewalt.

Die Fakten sind mittlerweile bekannt: Der 1881 geborene Romanist und Professor an der TU Dresden Victor Klemperer, seit früher Jugend eifriger Tagebuchschreiber, hat trotz extremster Gefährdung nicht nur der eigenen Person, sondern auch zahlreicher von ihm namentlich genannter Menschen, die gesamte Zeit des NS-Regimes hindurch seine Chronik weitergeführt. Klemperer war Sohn eines Rabbiners, selbst aber protestantisch getauft und Kriegsfreiwilliger im Ersten Weltkrieg. Er war daher vom Zionismus als „konkurrierendem Rassismus", der ebenfalls an die „Stimme des Blutes" appellierte, beinahe ebenso abgestoßen wie vom NS-Rassismus und sympathisierte sogar mit den Arabern, denen man damals in Palästina das Land „abkaufte". Klemperer war mit einer Nichtjüdin verheiratet und erlebte das Dritte Reich aus der Position eines – relativ privilegierten – Opfers. Er musste zwar miterleben, wie in den späteren Kriegsjahren fast alle seine Wohnungsnachbarn in einem der Dresdner „Judenhäuser" in Gestapohaft oder im KZ umkamen, der Gang in eines der Todeslager blieb ihm selbst aber erspart.

1945 entschloss sich der eigentlich bürgerlich-liberal denkende Mann (seine „Helden" waren die französischen Aufklärer des 18. Jahrhunderts) aus eher pragmatischen Gründen, der KPD beizutreten – 1947 erschien die berühmte Analyse der „Sprache des dritten Reiches" (Lingua tertii imperii, gegenwärtig bei Reclam Leipzig günstig verfügbar). Später erreichte Klemperer Funktionen in der Akademie der Wissenschaften der DDR und wurde als Vertreter des „Kulturbundes" Volkskammermitglied. Dass der 1960 verstorbene Gelehrte allerdings auch gegenüber den neuen Machthabern im Osten Deutschlands innerlich kritisch gesinnt war, vermerkt das Nachwort: Schon am 20.11.1945, also zeitgleich mit dem Parteibeitritt, sprechen die Tagebücher von der „Lingua quarti imperii", und Klemperer zeigt sich im klaren darüber, dass hier „neue Unfreiheit an die Stelle der alten gesetzt" würde ...

Dieser scharfsichtige, auch durch seinen Außenseiterstatus an jeglichem freudigen Konformismus gehinderte Beobachter hält von Anfang an das Wahnwitzige und immanent Verbrecherische des NS-Regimes in präzisen Beobachtungen aus seiner unmittelbaren Umgebung fest. Gleich zu Beginn ist etwa davon die Rede, dass Kommunisten zu Tode geprügelt werden. Der unmittelbar einsetzende Staatsterror und die allgemeine Einschüchterung werden detailgenau beschrieben. Mit feinem Sprachsinn vermerkt Klemperer sofort „das Drohen, das Triumphieren und das leere Versprechen der Redner des Regimes". Über Jahre hinweg entwirft er dann als luzider Hasser eine außerordentlich stimmige Psychopathologie des NS-Systems, dessen sektenhafter, quasireligiöser Charakter ihm nicht entgeht. Klemperer hält die anfängliche fanatisierte Begeisterung vieler frustrierter Kleinbürger fest (typisch etwa jene der Schwestern und Wärter des Krankenhauses, an dem die Ärztin Dr. Köhler arbeitet, die später Klemperers Tagebuchhefte verstecken wird). Er protokolliert im Verlauf von zwölf Jahren unzählige Gespräche mit Anhängern ebenso wie Enttäuschten und Opfern des Regimes – wobei die unglaubliche Offenheit vieler Äußerungen angesichts der drakonischen Strafen wohl nur dadurch erklärbar ist, dass die Gesprächspartner einigermaßen sicher sein konnten, von diesem Verfolgten nicht denunziert zu werden. Alle Stationen des sich verschärfenden Schreckensregimes werden präzise und detailreich geschildert; sogar den Untergang Dresdens im Feuersturm des Februar 1945 hat dieser neuzeitliche Hiob durchlebt. Erschütternd dazu Klemperers Schwanken zwischen Hoffnung und Verzweiflung und beeindruckend, wie der Gelehrte und seine Frau, anfangs von zahllosen, zum Teil neurasthenisch anmutenden Beschwerden geplagt, mit fortschreitendem Unheil immer kraftvoller und fester werden. Aber dieser genaue Beobachter hält nicht nur den sich verschärfenden Terror der Gestapo fest, die brutalen Hausdurchsuchungen und die vor allem ab Kriegsbeginn immer bösartigeren Alltagsschikanen gegen die Juden. (So muss Klemperer selbst eine Woche Einzelhaft wegen eines Verstoßes gegen die Verdunkelungsvorschriften absitzen – ein Vergehen, das sonst mit milden Geldstrafen geahndet wurde.) Dieses außergewöhnliche Tagebuch zeigt auch auf, wie „normal" und geradezu anständig die Mehrzahl der Menschen bleiben, die dem Dritten Reich unterworfen sind oder ihm sogar überzeugt dienen. Solange Klemperer noch unterrichten darf, ist etwa seine „beste Schülerin" und ihm besonders anhänglich eine Eva Theißig, „immer mit dem Hakenkreuz als Schlipsnadel oder auf der Brust". Klemperer notiert zwar auch jede persönlich erfahrene antisemitische Schmähung – oft von verhetzten Jugendlichen. Aber selbst Anhänger oder sogar Amtsträger des Regimes (Polizeibeamte, öffentliche Verwalter des Klempererschen Eigenheimes) zeigen sich immer wieder menschlich und geradezu mitfühlend, was natürlich an der Grundsituation der Verfolgten nichts ändert. Selbst mitten im Krieg, als der verstaatlichte Terror gegen die Juden längst voll eingesetzt hat, vermerkt Klemperer immer noch zahlreiche kleine persönliche Gesten der Sympathie, und als er im März 1942 zu Straßenarbeiten herangezogen wird, schätzt er „das Verhältnis derer, die uns mit Vergnügen arbeiten sehen oder beschimpfen, zu den Sympathiekundgebern" sogar mit 1 : 50.[46] Selbst wenn man unterstellt, dass Klemperer hier eine Spur zu rosig geschätzt hat: Es passt zu bestimmten, weniger bekannten Ergebnissen der Geschichtsforschung und anderen Erlebnisberichten von Opfern. So berichtet Peter Wyden[47] von zahlreichen Solidarisierungen nicht-jüdischer Straßenbahn- und U-Bahn-Fahrgäste in Berlin nach der Einführung des gelben Judensterns am 19. September 1941. Auch George Kennan, damals am amerikanischen Konsulat in Berlin, schrieb über den Judenstern: „Soweit ich sehen konnte, waren die anderen Leute empört und betroffen über diese Maßnahme."

Derlei widerspricht allerdings allen moralisierenden Kollektivschuldthesen, wie sie vor allem in den letzten Jahren die öffentliche Diskussion beherrscht haben. Darum wohl und wegen des öfters wiederkehrenden Vergleiches zwischen NS-System und Bolschewismus durften Victor Klemperers Tagebüchern während der DDR-Zeit auch nicht erscheinen.

Hier mag es übrigens am Platz sein, ein persönliches Wort einzufügen. Meine Mutter hat, wie Victor Klemperer, als „rassisch Verfolgte" den Krieg nur überlebt, weil sie einen „arischen" Ehegefährten hatte, der bereit war, auch in schwierigen Zeiten zu ihr zu stehen. Und ihre Erzählungen, jene einer einfachen Frau, die im Krieg zur Arbeit in der Wiener Großwäscherei „Habsburg" zwangsdienstverpflichtet war, decken sich in erstaunlichem Maße mit Klemperers Erfahrungen (wiewohl es manchmal heißt, in Österreich sei alles „viel schlimmer" gewesen). Ob sie von jenen vier SA-Leuten berichtete, die ihr zu Kriegsbeginn „gehsteigsperrend" mit der Spendenbüchse fürs Winterhilfswerk entgegentraten und auf den verlegenen Hinweis, sie sei Jüdin, beiseite traten; ob sie von der Marika-Rökk-Filmpremiere im Wiener Tabor-Kino erzählte,

---

[46] Victor Klemperer Band 2, S. 39.
[47] Peter Wyden in: „Stella", Steidl, Göttingen 1993. S. 101.

zu der sie eigentlich nicht Zutritt hätte haben dürfen, und bei der sie ihre Wäschereileiterin, eine „fanatische Nazi", gesehen habe. („Um Gottes Willen – jetzt bin ich im KZ, habe ich gedacht! – aber sie hat mich am nächsten Tag nur gefragt, ob mir der Film gefallen hätte.") Ob es um Otto Ender, den sehr „regimetreuen" Arbeitgeber meines Vaters, einen „Parteigenossen" ging, der während dessen Militärdienst in Frankreich (bis zur Entlassung wegen „Wehrunwürdigkeit" 1941, also zu einem Zeitpunkt, als die Nazis noch siegten), meiner Mutter den halben Lohn weiterzahlte; oder ob meine Mutter die Atmosphäre jenes kleinbürgerlichen Mietshauses am Lerchenfelder Gürtel beschrieb, wo sich die Frau eines SA-Mannes ihrer besonders annahm und wo auch die Eltern des späteren Ministers Ofner wohnten („begeisterte Nazi, aber hochanständige Leute"): Immer wurde deutlich, welches Minimum an Alltagsbrutalität ein Regime in Wahrheit nötig hatte, das andererseits, hocheffizient, aber räumlich und als „Tabuzone" separiert, millionenfachen Massenmord praktizierte (dem auch die Eltern meiner Mutter zum Opfer fielen).

Selbst die Wiener Pöbelexzesse des März 1938 und jene der – staatlich gelenkten – „Reichskristallnacht" sind hier kein wirkliches Gegenargument. Bis an die Pforten jener Universen der Unmenschlichkeit, der Gestapo-Büros, der KZs und später der Schlachthäuser im Osten, bedurfte das NS-Regime offenkundig keines moralischen oder zivilisatorischen Zusammenbruchs massenhafter Art, wie er etwa von den „Berufshysterikern" der heimischen Literaturszene immer wieder unterstellt wurde. Hier sind das Zeugnis des Universitätsgelehrten Victor Klemperer und jenes der Hauptschulabsolventin Rosa Schediwy, geborene Grünbaum aus dem ungarischen Kuhdorf Berzencze völlig ident.

Dies ist keine verharmlosende Sicht, im Gegenteil: Denn aus der Zeitzeugenperspektive Victor Klemperers, aber etwa auch aus Walter Kempowskis „Echolot" und aus den berühmten Spitzelberichten „Nachrichten aus dem Reich" wird einfach klar, dass die NS-Zeit oder ähnliche historische Katastrophenperioden uns näher stehen, als uns recht sein kann. Dass der unsinnige Versuch, die NS-Zeit als das „ganz Andere" und „vollkommen Böse" zu dämonisieren und damit wegzuschieben, überhaupt unternommen wurde, war offenbar eine Art versuchter „Abwehrzauber" jener, die sich im Generationenkonflikt als Kinder der Täter wie der Opfer vom objektiv Ungeheuerlichen dieser Zeit und der als beschämend empfundenen Rolle ihrer Eltern absetzen wollten. Nur aus diesem Versuch eines solchen Exorzismus ist etwa der maßlose und ungerechte Vorwurf an die vollkommen wehrlose Opfergeneration totalitären Terrors zu verstehen, „wie die Lämmer zur Schlachtbank" gegangen zu sein. Nur als verzweifelter Abgrenzungsversuch ist daher auch der seinerzeitige Vorwurf der heute vierzig- bis fünfzigjährigen 68er-Generation an die eigenen Eltern zu begreifen: „Wie konntet ihr nur mitmachen?" (Interessanterweise ist dabei dieser Vorwurf oft besonders scharf von Leuten erhoben worden, die selbst nicht gerade souveräne kritische Klarsicht gegenüber den jeweils herrschenden Zeitgeistverwirrungen bewiesen, sondern bei aberwitzigen Moden wie dem Maoismus oder anderen Sektiereien als durchaus konformistische „Mitmacher" auftraten, das aber heute zum Teil ebenso „verdrängen" wie ihre Eltern-Generation ihr Mitläufertum während der NS-Vergangenheit.)

Präzise Darstellungen wie jene Victor Klemperers machen uns jedenfalls klar, wie gering die Differenz im moralischen Gesamtzustand einer Gesellschaft zwischen einem Terrorregime und einer liberalen Demokratie in Wahrheit ist und wie viel mehr es auf die Tragkraft der Institutionen ankommt als auf die – relativ konstante – Qualität der Menschen. Eine fanatisierte Garnitur von entschlossenen Putschisten im Dienste einer totalitären Ideologie (Bolschewismus, Nationalismus oder religiöser Fundamentalismus) kann eben heute ebenso wie im 14. Jahrhundert das fragile Gefährt der Zivilisation entgleisen lassen. Das hat Victor

Klemperer ab 1931 immer wieder in ungläubigem Staunen notiert – aber es ist eben so, wie er es beobachtete. Für die eigentlichen Schlächteraufgaben braucht man dabei nur jene jeweils etwa fünf Prozent der Bevölkerung zu mobilisieren, die diesen seelisch gewachsen sind: Das Regime der Roten Khmer hat gezeigt, dass sie sogar in einer technologisch wenig effizienten Gesellschaft millionenfach einsetzbar sind. Die Mehrzahl derer, die vom Ungeist einer Zeit erfasst werden, bleibt dabei persönlich durchaus harmlos, ob sie nun „Sieg heil!" schreien oder „Ho-Ho-Ho Chi Minh! " Die Masse der Menschen aber hofft im Ernstfall einfach, das Trommeln an der Tür um vier Uhr früh werde den Nachbarn und nicht einem selbst gelten.

Nach dem begeisterten Echo auf Victor Klemperers große Tagebuchauswahl darf man sich heute schon auf die für Herbst 1996 vorgesehene Schließung der Lücke zwischen dem „Curriculum"-Buch über seine Jugend bis 1918 und der Machtergreifung der Nazis freuen. Schwieriger als mit dieser Tagebuchperspektive auf die Weimarer Republik wird es wohl mit der Fortsetzung bis in die späten fünfziger Jahre – hier kommen noch viele Lebende vor. Irgendwann aber sollte die komplette Ausgabe aller erhaltenen Tagebücher ungekürzt auf CD-Rom kommen. Die großen Tagebuch-Autoren (wie etwa auch der Herzog von Saint-Simon) transzendieren ja immer schon, rein vom Volumen her, das Medium des Buches, die neuen Speichermöglichkeiten würden hier erstmals einen Ausweg schaffen.

Derlei Lebenszeugnisse sind jedenfalls ein wichtiges Gegenmittel gegen das Gift der klischeehaften Verzerrung und selbstgerecht moralisierenden Beurteilung der Epochen, wie es weniger die Zeitgenossen als deren Folgegeneration übermitteln. Das hysterische Geschwätz, die Hälfte der Österreicher seien potentielle Mörder, ist ja nicht nur insoweit kontraproduktiv, als es in seiner Übertreibung zu einer nachfolgenden „Welle der Verharmlosung" einlädt (die ja bereits voll eingesetzt hat). Es übersieht vor allem die beunruhigende Tatsache, wie weniger wirklicher Unmenschen es bedarf, um eine stabile Morddiktatur aufzuziehen. In diesem Sinne ist Victor Klemperers Buch eine heilsame Erinnerung daran, dass auch wir in die Fallen hätten tappen können, in die unsere Väter- und Großvätergeneration getappt ist.

(1996)

## KLEMPERER, Victor

## Ein kühler Spieler – Victor Klemperers Tagebücher 1918-1932

*Leben sammeln, nicht fragen wozu und warum. Tagebücher 1918 – 1924 und 1925 – 1932*

Berlin, Aufbau Verlag 1996

Der unerwartete Verkaufserfolg von Victor Klemperers Tagebüchern aus den Jahren 1933-1945 hat es möglich gemacht, auch seine Journale aus der Zeit der Weimarer Republik der Öffentlichkeit zu präsentieren. Natürlich ist der Hintergrund erlebter Zeitgeschichte hier nicht so spektakulär wie bei jenen Tagebüchern, die die Periode wachsenden NS-Terrors schildern, und die sich zuletzt zum Danteschen Inferno der Flucht vor den Nazimördern durchs brennende Dresden steigern. 1918 bis 1932 begegnen wir Victor Klemperer als ehrgeizigem Romanisten, der im relativ jugendlichen Alter von 39 Jahren zum Ordentlichen Professor an der Technischen Hochschule Dresden ernannt wird. Klemperer ist zunächst Privatdozent in München, wo er die Wirrungen der Räterepublik sehr bewusst miterlebt, er gehört dann in Dresden relativ bald zum „Establishment" seiner Hochschule, allerdings im kulturwissenschaftlichen Randbereich einer Technikerschmiede. In der Konsolidierungsperiode der Weimarer Republik nach dem Ende der Hyperinflation und der französischen Rheinlandbesetzung gelingt auch Victor Klemperer so etwas wie eine kurze Rückkehr zur stets nostalgisch erinnerten Vorkriegsnormalität: Er unternimmt mit seiner geliebten Frau Eva große Reisen, etwa nach Spanien oder nach Südamerika, die sich auch im Tagebuch sehr ausführlich spiegeln. Zuletzt steigen aber die Schatten des braunen Terrors auf, und der konvertierte Rabbinersohn, der seine Herkunft gerne damit umschrieb, sein Vater sei „Philologe" gewesen, wurde wieder häufiger daran gemahnt, dass er, so sehr er das wollte, nie so recht als „echter Deutscher" anerkannt werden würde.

Was ist es, das auch diese zwei Tagebuchbände aus der Zeit der Wiemarer Republik zu einem außergewöhnlichen und faszinierenden Leseerlebnis macht?

Wir können es in Anlehnung an eine Buchbesprechung von Christoph Bartmann in der „Presse" vom 26.4.1997 definieren, die den erst noch zu stiftenden Preis für die dümmste Rezension des Jahres verdient. Bartmann meint nämlich, dieses Buch „lade dazu ein, den Autor vom gerade erst errichteten Sockel herunterzustoßen" und es falle schwer, „nicht von ihm enttäuscht zu werden". Inhaltlich sei es „über weite Strecken unergiebig", seine literarischen Qualitäten hielten sich „in Grenzen", und noch dazu entwerfe es ein „wenig vorteilhaftes Bild seines Autors". „Haben wir Victor Klemperer in seinen innersten Verstimmungen überhaupt so gut kennen lernen wollen (und dürfen)?", fragt ein vom Querlesen offenbar ziemlich mitgenommener Bartmann – und schließt mit dem Satz, der Verlag habe Klemperers Andenken mit der Publikation dieser Tagebücher womöglich keinen Gefallen getan.

Nun, alles das, was der unglückliche Rezensent hier verurteilt, sind in Wahrheit die Stärken und das Faszinosum dieses Werkes. Wir tauchen ein in ein Alltagsleben, und dieses ist natürlich, selbst bei einem so neugierigen, kommunikativen und interessierten Menschen wie Klemperer ziemlich unsensationell und „unergiebig". Es handelt sich zudem um ein Tagebuch, das sichtlich nicht im Hinblick auf künftige Publikation geschrieben ist, sondern den gigantischen Versuch des Festhaltens einer privaten Lebenswelt darstellt.

Dieses ungeheure Materiallager der Erinnerung ist zwar in ordentlichem und sehr präzisem Deutsch abgefasst – aber gottlob nicht „literarisiert". Wir begegnen daher auch einem Autor, der aus dem spontanen Augenblicksempfinden heraus schreibt (und sich auch nicht scheut, eigene Urteile später zu korrigieren).

Es ist zudem ein Autor, der sich und uns nichts vormacht, und der von den unerträglichen Posen und der gezierten Schön- und Bedeutungsschreiberei mancher zur Veröffentlichung bestimmter Tagebücher meilenweit entfernt ist. Dass uns der Autor kein „vorteilhaftes Bild" von sich zu geben versucht, sondern sich in rücksichtsloser Ehrlichkeit (aber auch ohne hysterische Selbstbezichtigungen) preisgibt, dass er uns dagegen mit tiefsinnigen Betrachtungen am Meeresstrand oder auf Bergeshöhen weitestgehend verschont, ist in Wahrheit das höchste Lob, das man einem solchen Tagebuch spenden kann. Natürlich ist nicht alles aus heutiger Perspektive gleich interessant. Klemperers ausführliche Berichte über die gesehenen Filme – es waren häufig mehrere pro Woche – sind vom Verlag bereits eingekürzt, für den Stummfilm-Interessierten aber natürlich ein wahres „Fressen". An so genannten Berühmtheiten bieten die Tagebücher unter anderem sehr scharfsichtige Porträts des Sozialistenführers Kurt Eisner und des Münchner Kardinals Faulhaber, die Klemperer in Versammlungen erlebt hat. Charlotte Bühler wird in ziemlich bissiger Weise aus dem näheren Umgang im universitären Dresdner Bekanntenkreis porträtiert, der schwer angefeindete Reichspräsident Ebert erhält ein scharf gezeichnetes, aber sympathisierendes Porträt als „guter Hausvater" anläßlich eines Empfanges im Reichspräsidentenpalais.

Unzählige Hochschulbekannte Klemperers werden in höchst scharfzüngiger Weise abgefertigt – so der bekannte deutsche Jugendstilarchitekt Dülfer, über den Klemperer anlässlich einer Reichsgründungsfeier im Jänner 1921 meint:

„Der starräugige Süffel kann nicht reden, nicht einmal vorlesen. Aber er hört sich gern. Und gestern machte er in übler Begeisterung. Das Reich ist in Trümmern, schuld die Frevler an Bismarck, Regierende wie den Frevel duldendes Volk – ‚Kraft' muss wiederkommen etc. Teils Phrase, teils Reaction."

Bei derselben Feier notiert Klemperer übrigens die „erschreckende Rohheit der Gesichter" bei den Chargierten der studentischen Korporationen. Schlimmeres könne kein Franzose in Boche-Karikaturen zustandebringen, als was sich hier als echtes Deutschtum repräsentativ und widerlich aufreizend zur Schau stelle. (Bei anderer Gelegenheit nennt er die Chargierten sogar: „entsetzlich geistverlassene Arschgesichter" ...) Die Darstellung von „Berühmtheiten" oder historisch einigermaßen bedeutsamen Situationen ist es aber gar nicht, die einen immer tiefer in dieses ungeheuer umfangreiche und zugegebenermaßen nicht an allen Stellen „hochbedeutsame" Werk eintauchen lässt.

Ein tragisches Schicksal wie das der tuberkulosekrank dahinsterbenden Dissertantin Daisy Klein, vor deren Anhimmelung Klemperer in immer feigerer und lächerlicher Art Reißaus nimmt, beschäftigt einen mindestens ebenso stark wie „Welthistorisches" – und man wünscht sich in diesem Fall eine CD-ROM, auf der man einzelne Biographien über die Zeitachse hin verfolgen könnte.

Da gibt es etwa den erregbaren Bruder Berthold, vor dem Klemperer seine geliebte Frau Eva nicht zu erwähnen wagt, oder den Neffen Walter Jelski, der Schauspieler wird und in höchst exaltierter Weise der eigenen Familie ihre Wohlhabenheit vorwirft (er würde allfällige Einbrecher selbst hereinbitten etc.).

Da gibt es zwei höchst seltsame Todesfälle auf der Schiffsfahrt nach Südamerika, auf der, ganz nebenbei, der Tagebuchschreiber vermerkt, Maurice Chevalier in einem Theater von Buenos Aires gesehen zu haben.

Und dann wieder verbindet sich das Private mit dem Welthistorischen – etwa bei Klemperers Bruder Bruder Georg, der erzählt, wie er 1922 als Arzt in die Sowjetunion gerufen wird, um die revolutionäre Prominenz zu untersuchen: Lenin habe sich als Todeskandidat geglaubt, aber Georg habe es ihm ausgeredet und ihn auf ein paar Wochen auf die Krim geschickt, notiert Bruder Victor da getreulich. Wir wissen heute, dass Lenin recht und sein Arzt unrecht hatte.

Und wenn Klemperer aus einer Versammlung des „politischen Rats geistiger Arbeiter" im Dezember 1918 berichtet, eine „sau-dumme Blondine" habe in gretchenhafter Naivität furchtbare Leierverse zum besten gegeben, die nach Lachen, „Redefreiheit!", „Aber keine Dichtfreiheit!" und „Schluss!"-Rufen schließlich durch dröhnendes Applausgeklatsche beendet wurden – dann ist das zwar nicht „politically correct", aber es gibt ein lebendiges Bild von der Geschichte, wie sie auch ist: banal, alltäglich und ein bisschen lächerlich – selbst in sogenannten bewegten Zeiten.

In ganz eigenartiger Weise setzen die Klemperer-Tagebücher aus der Weimarer Republik auch einen wichtigen Kontrapunkt zum Thema Antisemitismus, das die Tagebücher der NS-Zeit in bezug auf die Volksstimmung durchaus entdämonisieren.

Wird von Klemperer die Lage im Deutschland des „Dritten Reichs" eher so beschrieben, dass die Mehrzahl der Menschen der offiziell betriebenen Politik des Judenhasses und der Judenvernichtung distanziert und betreten gegenüberstehen (dabei allerdings über kleine, menschliche Gesten hinaus nichts tun können und wollen), so ist das Tagebuch 1918 bis 1932 voll von Notizen über schmerzhafte Anpöbelungen und antisemitische Gemeinheiten, gegen die sich Klemperer oft gar nicht offen zur Wehr setzen kann, weil er ja seine jüdische Herkunft mehr oder weniger verleugnet. Dabei sind diejenigen, die so sprechen, dem Anschein nach öfters gar keine Unmenschen. Als Beispiel eine Szene, die auch Klemperers Begabung zeigt, komplexe Beziehungen in knappster Andeutung bildhaft zu machen.

Eine pommersche Gutsbesitzerin mit stattlicher Tochter („deutsch-völkisch durch und durch, dabei durchaus passable Leute") erzählt hier vom Ostseebad Binz. Dort sei „schreckliches Publikum". Welches?, fragen Klemperer und seine Frau. „Berlin W", sagt die Mutter.

„Wir waren die einzigen ...", platzt das Mädel heraus, stockt vorsichtig und setzt hinzu: „Na, ich will ja nicht sagen, die einzigen Deutschen, aber ..." Klemperers Kommentar dazu: „Wir lächelten selbviert, verständnissinnig, ein Hakenkreuzengel zog durchs Zimmer und ich erzählte, dass Eva Organistin sei."

Bei Klemperer, der den Rassenwahn so hasste wie irgendetwas, kann man im Journal dieser Jahre durchaus Bemerkungen lesen wie: „Hitlerianerin, aber sehr nett" – und auch das ist ein Teil der komplexen Wahrheit: dass es nämlich auch „sehr nette" Leute gab, die den ärgsten politischen Psychopathen dieses Jahrhunderts wählten und zumindest teilweise seinen Wahn teilten.

Wenn einmal später, von unbeteiligten Nachfahren, die tragische Geschichte unserer Epoche geschrieben werden wird, dann wird zu ihren Erkenntnissen wohl diese gehören:

Das Gift des deutschen Antisemitismus, das in einer historischen Katastrophensituation eine Mörderbande an die Macht brachte, saß zwar nicht so tief, als dass es das ganze Volk erfasst hätte. Aber die Vorbedingungen für den Massenmord und den fatalen Revanchekrieg – beides von der Mehrheit sicher nicht gewollt! – wurden in jener Zeit gelegt, in der ein Deutschland, das sich seine Niederlage von 1918 nicht eingestehen wollte, nach „Schuldigen" und „Verrätern" suchte. Und da war dieses Gift doch sehr weit, allzu weit, verbreitet.

Das kluge Nachwort des zweiten Bandes verweist hier mit Recht auf die zentrale Rolle General Ludendorffs, der einerseits, wissend um den drohenden Zusammenbruch des deutschen Heers, 1918 kategorisch Waffenstillstand forderte, der aber gleichzeitig mittels „Dolchstoßlegende" die Schuld an der verdrängten Niederlage den zivilen Politikern und speziell den Juden zuschob.

Dieser von der Rechten bewusst geschürten kollektiven Verdrängungsneurose ist Klemperer wahrlich oft genug begegnet.

„Das Entsetzlichste an den deutschen Zuständen", schreibt er im September 1919, „ist mir jetzt, dass ich nirgends die Partei finde, die mich ansprechen könnte. Die Nationalen betreiben den Antisemitismus immer widerlicher und abstoßender. Es ist ein furchtbares Unglück und zugleich geradezu komisch mit den Juden, die an allem Schuld haben: am Krieg und an der Revolution. Den Nationalen die Landesverräter und Bolschewisten, den Revolutionären die Kapitalisten und Kriegmacher. Niemand sympathisiert mit ihnen, niemand nimmt sie als Deutsche hin."

Sich selbst charakterisiert Klemperer ganz sachlich, hart, als „Streber", als „mit dem Herzen unbeteiligter Spieler, die Kleinlichkeit der andern übersehend, belächelnd, auch wohl beneidend, heuchlerisch lavierend". Dazu gehört schon auch, dass er als Romanist, der aber (noch) nicht Spanisch kann, eine Spanisch-Vorlesung anbieten muss, sich aber nicht traut, eine Berlitz-School zu besuchen.

Klemperer beschreibt auch mit unendlichem Widerwillen jene Art von Universitätsintrigen, an denen er dann selbst kräftig teilnimmt. Er schaut sich aber dabei stets ein wenig über die Schulter, belächelt die eigene Lust an der Dekansmacht, die er nicht gerne aufgeben will, schreibt zynisch über die Berufungslisten, bei denen nie die fachliche Qualifikation, sondern „nur das Persönliche" entscheide, und über die Ehrendoktorate und Ehrensenatorwürden, die nur dazu dienten, reiche Spender „einzuseifen".

Klemperer macht bei all dem mit. Aber er hat recht, wenn er schreibt: „Ich habe ein innerliches Forum, vor dem alle Subjectivitäten, auch meine eigenen, klar liegen, und so glaube ich, objectiver zu sein, als alle

Menschen meiner Umgebung." Und ein mit den Jahren fortschreitender Lebensüberdruss, eine früh auftretende Midlife-Crisis, helfe ihm, Abstand zu den Dingen zu halten.

Persönlich und politisch fühlt sich Klemperer immer heimatloser: Im Mai 1932 schreibt er etwa über die politischen Perspektiven, er sei „trostlos nach beiden Seiten. Es ist zwischen Hakenkreuz und Sowjetstern kein Unterschied des Niveaus. Geistige Freiheit, bloßer geistiger Anstand fehlen".

Klemperer beginnt auch am Sinn seines Tagebuchs zu zweifeln, macht nur noch selten Notizen. Aus dieser Lebenskrise werden das kinderlose, depressiv gestimmte Ehepaar und Victor Klemperers Tagebuch paradoxerweise erst durch die Herausforderungen des Überlebens und Dokumentierens im wachsenden NS-Terror gerissen werden.

Victor Klemperer erweist sich so, trotz seiner Fehler, als unbestechlicher Zeuge seiner Zeit. Und seine Tagebücher sind ein einzigartiges Dokument. Ihre Herausgabe und Glossierung muss, schon allein wegen der Zahl der vorkommenden Namen, für den Aufbau-Verlag eine kolossale Aufgabe gewesen sein – eine Aufgabe, die auch noch in die Zukunft weiterzuführen ist, denn Klemperer hat ja auch die DDR-Realität noch erlebt (und sicherlich höchst beißend kommentiert).

Gelegentlich fällt einem allerdings auf, dass selbst die Aufbau-Kommentatoren vor unlösbaren Rätseln stehen: So vermerkt Klemperer als neugieriger Teilnehmer einer Sektenversammlung in der dänischen Sommerfrische ein Wort, das ihn sehr beunruhigt. „Tak o Lo – was kann es nur heißen?" steht da – und der Leser findet auch im Glossar keine Erklärung. Man hätte nur einen Skandinavisten oder Dänischstudenten im ersten Semester zu fragen brauchen. Eigentlich hätte Klemperer als Sprachwissenschafter selbst die Lösung finden müssen, denn die Wortstämme sind ja dem Deutschen mehr als ähnlich. „Tak og lov", „Dank und Lob" wird hier gesagt – und auch wir können Lob und Dank für dieses großartige Editionswerk sagen.

(1997)

**KLEMPERER, Victor**

**Zwischen allen Stühlen**

*So sitze ich denn zwischen allen Stühlen. Tagebücher 1945-1959*

Berlin, Aufbau-Verlag 1999

Die Tagebuchnotizen des Romanisten Victor Klemperer aus 1933-45 sind vor einigen Jahren zum unerwarteten Sensationserfolg geworden; ihre ganz eigenständige Sicht eines unbestechlichen Chronisten dürfte wohl auch wegen der Relativierung klischeehaft gewordener Be- und Verurteilungen große Verbreitung gefunden haben.

In der Folge dieses Bestsellers konnten auch Klemperers Tagebücher aus 1918-1932 herausgegeben werden, die weniger Furore machten, aber einen faszinierenden Blick auf den Alltag eines ehrgeizigen (und ziemlich frustrierten) Hochschullehrers der Weimarer Republik eröffnen. Der vorliegende gewichtige Zweibänder schließt nun die Tagebuchedition ab.

Sein Titel könnte eigentlich als Motto über das gesamte Leben des Victor Klemperer gestellt werden: Er war halb Journalist und Volksredner, halb Wissenschafter; jüdischer Herkunft, aber konvertiert, mit zwei Nichtjüdinnen verheiratet und in Wahrheit glaubenslos; ehrgeizig und geltungsbewusst, zugleich aber stets der „Vanitas", der Nichtigkeit aller irdischen Eitelkeit eingedenk.

Er ist in fast jeder Beziehung „zwischen den Stühlen" gesessen. Victor Klemperer war also kein Mann der einfachen, ungebrochenen Standpunkte. Diese Buntheit widergespiegelten Lebens (von der Zufallsbegegnung im Zug bis zur Reaktion auf ein Radioprogramm) und die unbedingte Ehrlichkeit auch in der Ausstellung der eigenen Schwächen macht aber die Faszination von Klemperers Tagebuchwerk aus. Mit 17 hat er es begonnen, bis an sein Lebensende hat er es fortgeführt. In den vorliegenden beiden Bänden erleben wir einen pensionsreifen Victor

Klemperer im steilen sozialen Aufstieg – aber nicht ohne Gewissensbisse. Im November 1945 tritt Klemperer der KPD bei. Für ihn ist diese politische Kraft vor allem Garant gegen die Wiederkehr des Faschismus. Die äußeren Folgen sind für ihn erfreulich – nach einer Anfangsphase der Unsicherheit macht der schon recht betagte Gelehrte (er ist Jahrgang 1881) als Vertrauensmann des Besatzungsregimes steile Karriere: Ordinarius in Greifswald, dann in Halle und in Berlin an der Humboldt-Universität, Mitglied der Akademie (1953), Mitglied der Volkskammer (für den Kulturbund) seit 1950.

Aber Victor Klemperer, der „späte Karrierist", ist sich stets im Klaren, dass dieses neue Regime, dem er so viel verdankt, dem NS-Staat in mancher Hinsicht fatal ähnlich ist: Das beginnt beim riesigen Stalin-Porträt am Dresdner Albertplatz, das Klemperer schon 1945 an Hermann Göring erinnert, und geht bis in den Sprachgebrauch und -missbrauch. Klemperer beginnt sofort nach Kriegsende Notate zur „Lingua Quarti Imperii" (LQI kürzt er das ab, analog seinem Kürzel LTI zur „Sprache des dritten Reiches"). Offiziell freilich hält er dem diktatorischen Ostregime bis zuletzt die Stange, auch wenn er sich über dessen fundamentale Unpopularität nie im Zweifel ist. Die Ärztin Annemarie Köhler, Bewahrerin seiner Tagebücher der NS-Zeit, wirft ihm 1946 erbittert und nicht zu Unrecht sein Mitläufertum vor: „Jetzt bist *Du* PG". Klemperer notiert es, sieht sich politisch bei Köhler „unter Feinden", bleibt aber bis zuletzt, auch aus sehr opportunistischen Erwägungen, beim 1948 notierten Entschluss: „Ich halte fest zum Marxismus und Russland, als wenn ich an sie glaubte."

Er will nicht das Pferd wechseln, sieht das Sowjetzonen- und DDR-Regime lange Zeit als „kleineres Übel", versucht auch bei Westbesuchen, die „süße Lüge" der höheren Konsum-Standards auszublenden. Hier ist – bei aller sonstiger Klarsicht – doch ein gewisses Prinzip des „Kopf-in-den-Sand-Steckens" zu vermerken.

Aber vielleicht wollte Klemperer in Wahrheit bloß nicht weg aus dem Haus in Dresden. Sein selbstgefährdender Trotz, mit dem er nach 1933 die lebensrettende Emigration verweigert hat, dürfte ja ähnliche Gründe gehabt haben.

Die vorliegenden beiden Bände enthalten wieder viel zeitgeschichtlich Bedeutsames (typisch etwa die Art, wie sich nach 1945 die „politisch Belasteten" beim verfolgten Juden Klemperer um Leumundszeugnisse anstellen). Daneben viele Universitätsinterna und -intrigen von eher geringerem Interesse: Klemperer scheint ja seine Erfüllung vor allem als Vortragender und Redner gefunden zu haben, weniger in der Forschung. Politisch nimmt das Tagebuch die Berliner Blockade kaum wahr, der stalinistische „Antizionismus" und die Verknöcherung des DDR-Regimes nach 1953 und speziell 1956 machen Klemperers Desillusionierung aber perfekt. Privat findet er nach dem Tod seiner Gefährtin Eva zwar noch ein spätes Glück mit seiner jungen Frau Hadwig. Aber das Ende ist bitter. Zuletzt, im Oktober 1959, schon im Spital, stimmt Klemperers Tagebuch sogar in fast masochistischer Art einem Kritiker zu, der seinerzeit die im Osten verbleibenden älteren Professoren der Humboldt-Universität für „Trottel oder gekauft" hielt. Auf Klemperer „treffe beides zu", soll da gestanden sein, und der Tagebuchschreiber sieht das am 25. Oktober 1959 in einem seiner letzten Notate als „gerechtfertigt" an (er habe ja etwa in der Volkskammer selbst die Todesstrafe für schwerste politische Verbrechen gefordert). Gerade in dieser Radikalität der Selbstkritik liegt aber der Heroismus und die außerordentliche Qualität dieses Tagebuchwerkes.

(1999)

**KREISKY, Bruno**

**Zwischen Bosheit und Weisheit – Bruno Kreiskys Memoiren. Zweiter Band**

*„Im Strom der Politik"* – *Erfahrungen eines Europäers*

Berlin, Siedler-Verlag 1988

Er hat Willi Brandt ein Gipfelgespräch mit Chruschtschow vermittelt und ist heute noch ein wenig verdrossen, dass der damalige Bürgermeister diese Chance nicht wahrgenommen hat. Er nennt Österreich ganz selbstverständlich einen Teil der „deutschen Sprach- und Kulturgemeinschaft", verweist aber darauf, dass gerade das vielen Österreichern so nahe stehende Bayern die Heimat und Brutstätte des Nationalsozialismus war und nicht etwa der „preußische" Norden. Er zeigt Verständnis für prunkvolles protokollarisches Zeremoniell und erzählt bissige Anekdötchen wie jenes, dass Adenauer und de Gaulle so manches kurze Vieraugengespräch ohne Dolmetscher geführt hätten, wobei jeder so getan habe, als sei er der Sprache des anderen mächtig.

Er vermerkt auch, dass Adenauer in kleinerem Kreis die Österreicher als „unmögliche Leute" bezeichnet habe, weil er die Haltung der Regierung Raab in der Wiedergutmachungsfrage als indiskutabel ansah. „Schließlich seien die Österreicher am Nationalsozialismus nicht weniger schuld als die Deutschen und hätten 1938 mit mehr Begeisterung mitgemacht, als dies damals in Deutschland noch üblich war". Das könnten die Highlights eines ganzen Buches sein – aber sie füllen weniger als das erste Zehntel eines Werkes, das mehr als 400 Seiten solcher brillanter Bosheiten, treffender Einsichten und selbstbewusster Reflexionen aneinanderreiht. „Im Strom der Politik" ist also eine wirklich gelungene Fortsetzung von Bruno Kreiskys erstem Erinnerungsband – und man kann aus quasi kulinarischer Sicht nur hoffen, dass es Kreisky vergönnt sein wird, auch noch die österreichische Innenpolitik vom Staatsvertrag bis zum Ende der Ära Kreisky zum Gegenstand weiterer Folgebände zu machen. Zu Themen wie Affäre Olah, zum Schicksal General Lütgendorfs oder zum AKH wäre auch wohl noch einiges anzumerken ...

Ausnahmepolitiker von der Art Bruno Kreiskys werden am Höhepunkt ihrer Macht förmlich angebetet (man denke an den oft ärgerlich unironischen Gebrauch des Ausdrucks „Sonnenkönig") und verfallen dann dem Fegefeuer einer berechtigten, aber überzogenen Hervorhebung ihrer Schattenseiten. Das kann kurzfristig viel Bitterkeit und öffentliche Unstimmigkeiten bewirken – aber es gibt andererseits ein Motiv für interessante Memoiren.

Bruno Kreiskys Reflexionen über Truman und Kennedy, Chruschtschow, Breschnew und de Gaulle, über Südtirol und die EWG, über Balkan und dritte Welt, über Judentum und Nahostpolitik haben die Fülle und Struktur seiner faszinierenden Monologe – sie scheinen sich oft im Anekdotischen zu verlieren und bleiben doch beim Thema, sie vermitteln trotz mancher Oberflächlichkeit oder bewussten Verunklarung im Detail doch grundlegende Einsichten.

Eines wird man freilich in Bruno Kreiskys Memoiren nicht finden: auch nur einen Hauch von Selbstkritik. Vielleicht ist das zu viel verlangt von einem Mann, der in seinem Leben so oft recht behalten hat. Dort, wo er zweifellos Fehler beging, wie in seiner Nachgiebigkeit gegenüber den Betriebsrätelobbies und in der Überfrachtung des öffentlichen Wirtschaftssektors mit einer strukturkonservierenden Beschäftigungspolitik, bekommt er das heute ja auch hart genug zu hören. Trotzdem liegt hier ein gravierender Mangel. Dem Ideal der ausgewogenen Altersweisheit wird der stets um Selbstrechtfertigung bemühte Altkanzler in dieser Hinsicht wohl nie entsprechen.

Die faszinierendsten Memoiren sind freilich jene, die *zwischen* Bosheit und Weisheit angesiedelt sind – und so gering auch sonst die Verdienste Dr. Puschs um die österreichische Politik sein mögen: dadurch, dass er

Bruno Kreiskys Rolle als deren Spiritus rector ihrem faktischen Ende zuführte, hat er wohl dazu beigetragen, dass ein wirklich lesenswertes Memoirenwerk entstehen konnte ...

(1989)

## KUH, Anton

**Spötter, Warner und Entlarver**

*„Luftlinien."* Feuilletons, Essays und Publizistik

Hrsg. Ruth Greunder

Wien, Löcker-Verlag 1981

Etwa gleichzeitig mit einer weiteren Werbekampagne für den „Fackel"-Reprint ist ein Sammelband mit Arbeiten Anton Kuhs erschienen. Man kann nur hoffen, dass wenigstens ein Bruchteil derer, die mit dem vielbändigen Zeitdokument preisgünstig ihre Bibliothek zieren, auch den Auswahlband des großen Karl Kraus-Gegners ersteht. Sieht man von der genialen Ausnahmeleistung der im Reprint enthaltenen „Letzten Tage der Menschheit" ab, halten übrigens die 497 Seiten Kuh den vielen Tausenden Seiten Kraus leicht die Waage.

Anton Kuh (1890-1941) begann als Nachwuchsliterat im Abendglanz der Donaumonarchie, der er, wie mancher andere, später ein wenig nachtrauerte (einige Essays der vorliegenden Auswahl huldigen, freilich gebrochen durch Kritik, durchaus dem, was Claudio Magris als Habsburgermythos in der österreichischen Literatur diagnostizierte). Bohemien aus bürgerlich-jüdischem Milieu, Altenberg-Verehrer und –Anekdotensammler, Freund des Psychoanalytikers Otto Groß, dessen Vision einer gewalt- und neurosenfreien Geschlechterbeziehung ihn tief prägte, entfaltete Kuh seine hauptsächliche Wirksamkeit in der Zwischenkriegszeit. Nach vielfältigen, unabgeschlossenen Studien betätigte er sich als Feuilletonist und schrieb vornehmlich für die – eher übel beleumundete – „Stunde", später aber auch für „Weltbühne", „Neue Weltbühne" und einige linksliberale Emigrationszeitschriften. 1938 flüchtete Kuh vor Hitler nach New York, wo er 1941 an einem Herzinfarkt starb. Sein Nachlass ging verloren. Der zu Lebzeiten wegen seiner Stegreifreden Berühmte verfiel in der Folge beinahe der literarischen Vergessenheit.

Die vorliegende Auswahl ist paradoxerweise in der DDR erstpubliziert worden, wo man jüngst auch eine Altenberg-Anthologie herausgebracht hat und offenbar mit Wiener Kaffeehausliteratur den grauen „sozialistischen" Alltag aufhellt. Das kluge Nachwort würdigt jedenfalls mit Sympathie diesen bürgerlichen Individualisten, liberalen Demokraten, Kleinbürgerverächter, Spötter und Idealisten. Kuhs meisterliche Sprachbeherrschung steht der Polgars nahe. Selbst kleine Skizzen sind von ausgefeilter, pointierter Klarheit – gleich weit entfernt von der Lässigkeit des Tagesjournalismus wie von den überkünstelten Wortkaskaden eines Karl Kraus. Kuhs Argumente verknüpfen immer das Allgemeine mit dem Persönlichen – aber nicht nur aus Bosheit, sondern aus Prinzip: aus der Überzeugung, dass der gesunde Gedanke nur aus der gesunden Persönlichkeit kommen kann. Kuh formuliert dies in einem überspitzten Aphorismus: Es gibt ein einziges *argumentum ad rem* – das *argumentum ad hominem* (S. 296). Und er stellt seine berühmte Stegreifrede gegen Karl Kraus, dieses lange verschollene Meisterstück polemischer Rhetorik, ebenfalls ganz auf den Zusammenhang von Person und Gedanke ab: „Ein innerlich Großer, Ganzer und Fester braucht bloß furchtlos seine Sache hinzustellen, ihm kann nichts passieren, wenn man sie ihm umwirft ... ein Scheingroßer, hinter dessen Flammenwort ein kleines Brillengesicht sich duckt ... der wird beim kleinsten Riss nervös... Wort muss her, die Lücke zu stopfen" (S. 187). Dieses kompromisslose Einbeziehen des Persönlichen ins Argument gibt Kuhs Polemik ätzende Schärfe, lässt aber auch Positives mit besonderer Wärme der Zustimmung hervortreten. Glanzstücke der vorliegenden Auswahl sind etwa seine liebevollkritischen Schauspielerporträts Hans Mosers, Girardis, Pallenbergs, Eisenbachs, der Werbezirk. Kuh scheut sich nicht, Demosthenes, Caesar und Viktor Adler als leise, bedeutende und gedankenvolle Redner in einem Atemzug zu nennen und sie dem gepressten Geifern Hitlers gegenüberzustellen. Aber er scheut sich ebenso wenig, über Seipel zu schreiben: „Gesicht und Haltung sind die eines Freiplatzzöglings, der in guten Häusern Unterricht erteilt und voll geducktem Ehrgeiz in deren Winkel schaut" (S. 142). Kuhs Aphorismen gegen Kraus gehen gelegentlich „unter die Gürtellinie". Etwa, wo er notiert: „In jedem Buckligen steckt ein Uhrmacher. Er zerlegt die Stunden, die die anderen leben." Oder: „Er hackt mit Ingrimm die gebratene Gans, als ob er sie lieber geschändet hätte als gegessen." (S. 303). Hier mag ein wenig grausames Dandytum des von der Natur Bevorzugten mitspielen (Kuh wurde als „römischer Jüngling in vorgerücktem Alter" beschrieben und war eleganter Monokelträger). Aber Kuh wendet sich vor allem gegen geistige Verkrüppelung und spätpubertäre Neurotisierung. Mit seinen persönlichen Angriffen gegen Karl Kraus trifft er sehr genau die Deformationen des permanent Empörten, der nur im Wahnsinn des Weltkrieges den seiner Empörung gerecht werdenden Gegenstand fand. Kuhs große Stegreifrede gegen Kraus vom 25. Oktober 1925 entlarvt mitleidlos die Schauspielereitelkeit und Publikumsverachtung des großen Rezitators, das neurotische Charisma des Helden jener Gesellschaftsschicht, die er am wütendsten bekämpfte, die auf Nebensächlichkeiten verschwendete Sprachvirtuosität, die Druckfehler- und Berichtigungsmanie des Herausgebers der „Fackel". Aber er tut es nicht, um Kraus selbst zu treffen, sondern um seine Funktion als „Gott steriler und hysterischer Menschen" (S. 190) zu entlarven, um gegen den Kraus-Kult seiner Anhänger anzukämpfen, denn: „Sie spazieren im Labyrinth seiner dunkel gewundenen Drehs gleich Alumnen unter Klosterkreuzgängen. Wie kühl es da ist, wie weit weg von Moskau wie von Berlin" (S. 487). Hier denunziert Kuh das fundamental Unpolitische; den weltflüchtigen Mittelstandsästhetizismus und Bildungsdünkel, der das Kennzeichen so vieler Kraus-Verehrer war und ist. Kuh war nämlich, im Gegensatz zu Kraus, ein eminent politischer Denker, der zuweilen bestechende soziale Hypothesen entwarf. So definierte er anhand des kosmopolitischem Charakters von Wien und Berlin den Faschismus als „Sieg der Provinz über die Weltstädte" (S. 376) und meinte, das „deutsche Wien" sei „eine Grazer Erfindung".

Anton Kuhs Bedeutung geht jedenfalls über die eines mutigen (und von seinem Antipoden namentlich totgeschwiegenen) Kraus-Kritikers weit hinaus. Wo er am „Fackel"-Stil die „Verbindung von Information und Entwertung" angreift (S. 193), trifft er etwa auch prophetisch ein Charakteristikum des „Spiegel"-Stils – wie die „Fackel" eine Renommierzeitschrift der Mittelstandsintelligenz, die „man" zeitweilig abzeichenartig aus der Manteltasche lugen ließ, auch wenn damit nicht der „rote Fleck" des Umschlags als „der gelbe" signalisiert wurde (wie dies Kuh in Anspielung auf die vornehmlich jüdische Leserschaft der „Fackel" formulierte). Kuh würdigte früh die überragende Bedeutung von Franz Kafka, er empfand prophetischen Horror vor der abgründigen Kleinbürgerlichkeit und mörderischen Bürokratenrhetorik Hitlers. Seine liebevollen Skizzen mit Reden von Betrunkenen (Parallelen zur berühmten „Rede auf der Parkbank" seines Gegenspielers) sind Kabinettstückchen ironischen, tragisch umwitterten Humors und Zeugnisse von Kuhs Respekt vor der verworrenen Weisheit des „kleinen Mannes". Die sentimentale Lügenwelt Hollywoods analysierte Kuh schon an einem der ersten Tonfilme. Zuletzt hat Kuh sogar eine edle Statistenrolle in der österreichischen Politik gespielt: Am Vorabend des Anschlusses beschwor er in einer Audienz den Minister Pernter, einen Vertrauten Schuschniggs, Karl Seitz über den Rundfunk frei sprechen zu lassen, um die österreichische Arbeiterschaft gegen Hitler zu mobilisieren. Und zwei Wochen vor dem Einmarsch fragte Kuh in seiner letzten Wiener Stegreifrede: „Sind die Juden intelligent?", um zu antworten: „Wenn ja, rettet euch! Es ist höchste Zeit!". Aber dieser unerhört klarsichtige Mann stand auf verlorenem Posten – wie sein großer Geistesverwandter Kurt Tucholsky.

Kuh war nie Sozialdemokrat, aber er bewunderte Viktor Adler, Seitz, Schuhmeier. Seine Altösterreich-Nostalgie verknüpft sich mit dieser Geisteshaltung in dem berührenden Bericht, wie Adler nach einer Verhandlung mit Kaiser Karl seinen aus Stein entlassenen Sohn Friedrich –

den Stürgkh-Attentäter – mit dem kaiserlichen Hofautomobil vom Bahnhof abholen durfte. Kuh war, wie auch sein längerer Aufsatz „Börne als Zeitgenosse" bezeugt, liberaler Demokrat und, trotz seiner Mitarbeit beim Erpresserjournalisten Bekessy, unbestechlicher Humanist. Mit seinem großen Gegner Kraus teilte er die Liebe und Kennerschaft der Sprache und ihrer Nuancen, aber auch einen gewissen Selbsthass der sozialen Herkunft, der gerade in der Anti-Kraus-Rede heute schwer erträgliche Ausprägungen findet. Kuh war aber, zum Unterschied von Kraus, nicht nur Empörter und Entlarver, Satiriker und Warner, sondern entfaltete eine viel breitere Palette des Gefühls und Ausdrucks, eine viel unversehrtere Menschlichkeit.

Über die Gegnerschaft der beiden teilweise nicht unähnlichen Antipoden wäre heute hinwegzugehen, hätte sie nicht gewisse symptomatische Bedeutung für die Gegenwart. Man mache sich die Mühe und durchblättere einige Jahrgänge der „Fackel" aus den zwanziger und dreißiger Jahren und daneben die entsprechenden Jahrgänge der „Weltbühne". In beiden manifestierte sich ohnmächtiger Widerstand gegen den wachsenden Ungeist der Zeit. Aber wie verschroben, versponnen und perspektivlos wirkt das Monumentalwerk des Einzelschreibers gegen den Widerstand jener Gruppe von linksliberalen Journalisten und Literaten, die man mit viel größerer Berechtigung als moralisches Gewissen einer Nation ansehen konnte! Der „Fackel"-Reprint erzielt heute Massenauflagen, Kraus wird zum Klassiker stilisiert. Aber Anton Kuh, Kurt Tucholsky und die Jahrgänge der „Weltbühne" hätten uns mehr zu sagen, übermitteln uns ein gesünderes Bild des Widerstandes gegen das Verhängnis, wenn es darauf ankommt, aus der Geschichte zu lernen.

(1982)

## MANN, Golo

### Nachdenken über Deutschland

*Golo Mann: Erinnerungen und Gedanken – Eine Jugend in Deutschland*

Frankfurt/Main, S. Fischer Verlag 1986

Am 12. 1. 1933 schrieb Golo Mann in sein Tagebuch über Bismarcks „Gedanken und Erinnerungen": „Es sind sehr viel Klatsch, starke Bosheiten und Heuchelei (auch blauäugige) darin, aber auch vorzügliche und vorzüglich ausgedrückte Gedanken". Ähnliches ließe sich von Golo Manns „Erinnerungen und Gedanken" sagen.

Es ist in vieler Hinsicht ein überaus bedeutendes und lesenswertes Buch. Beginnend mit den köstlichen Aufzeichnungen Katia Manns über den kleinen Golo und sein „sonderbar gravitätisches Wesen", über die Kinderzeit im Ersten Weltkrieg, dann die Jahre in Kurt Hahns Landschulheim Salem, die Studentenzeit in Heidelberg bei Karl Jaspers bis zur Katastrophe der Weimarer Republik spannt sich ein weites persönliches und zeitgeschichtliches Panorama, in dem Mann stets die individuelle Lebenswirklichkeit mit dem gesamtgesellschaftlichen Geschehen verknüpft. Schon die Aufzeichnung der Mutter über die stark erhöhte Zahl der Militärkonzerte im Bad Tölz des Sommers 1913 verbindet er so mit dem Hinweis, es habe damals ein Rundschreiben des bayrischen Kriegsministeriums gegeben, angesichts der bedrohlichen Weltlage den vaterländischen Geist auch durch verstärkte musikalische Darbietungen zu stärken ...

Solches Nach-Denken, die Betrachtung der Lebens- und Leseerfahrung aus der Sicht des reifen Alters beschert diesem Buch viele seiner stärksten Passagen. Nicht zuletzt sind es ausführliche Originalzitate, in denen Mann die „Warnungen weiser Einzelner" vor den „großen dummen Katastrophen der europäischen Geschichte" liebevoll und resigniert zu ihrem Recht kommen lässt. Da sind etwa die beschwörenden Worte aus dem Telegramm des Fürsten Lichnowsky, deutscher Botschafter in London, vom 26. 7. 1914: „Ich möchte dringend davor warnen, an die Möglichkeit der Lokalisierung auch fernerhin zu glauben und die gehorsamste Bitte aussprechen, unsere Haltung einzig und allein von der Notwendigkeit leiten zu lassen, dem deutschen Volk einen Kampf zu ersparen, bei dem es nichts zu gewinnen und alles zu verlieren hat" (Mann S. 177f). Oder Ricarda Huchs mutiges Austrittsschreiben an die preußische Dichterakademie im März 1933, als sie eine von dieser geforderte Ergebenheitsadresse an den neuen Staat ablehnte: „Was die jetzige Regierung als nationale Gesinnung vorschreibt, ist nicht mein Deutschtum. Die Zentralisierung, den Zwang, die brutalen Methoden, die Diffamierung Andersdenkender, das prahlerische Selbstlob halte ich für undeutsch und unheilvoll" (Mann S. 254). Schließlich Karl Jaspers' freimütiges und redliches Einbekenntnis aus dem Jahre 1945: „Tausende haben in Deutschland im Widerstand gegen das Regime den Tod gesucht oder doch gefunden, die meisten anonym. Wir Überlebende haben nicht den Tod gesucht. Wir sind nicht, als unsere jüdischen Freunde abgeführt wurden, auf die Straße gegangen, haben nicht geschrieen, bis man auch uns vernichtete. Wir haben es vorgezogen, am Leben zu bleiben, mit dem schwachen, wenn auch richtigen Grund, unser Tod hätte doch nichts helfen können. Daß wir leben, ist unsere Schuld. Wir wissen vor Gott, was uns demütigt" (Mann S. 312f). Allein solche Worte weitergegeben zu haben, rechtfertigt ein Buch. Und dazu die weitschauende historische Perspektive, sie mit den Worten des Tacitus über die Terrorherrschaft Domitians verknüpft zu haben, der über die „Knechtschaft, deren geheime Späher uns die Möglichkeit selbst der privatesten Gespräche nahmen" schrieb: „Noch das Gedächtnis hätten wir verloren, wäre es in unserer Macht gelegen, zu vergessen, ebenso wie wir schweigen" (Mann S. 153). Golo Mann hat den Fürsten Lichnowsky, er hat Ricarda Huch und Karl Jaspers persönlich gekannt, und er übermittelt in seinem Buch auch manches, das sie ein wenig entzaubert: die steife

Förmlichkeit des Fürsten, den spöttischen Stolz der Huch, Karl Jaspers' manchmal etwas engherzigen Sinn fürs Ökonomische. Diese Aspekte gehören zum Anekdotischen des Erinnerungswerkes, zur Schlüssellochperspektive, die einen Teil seiner Hunderttausenderauflage mit bedingen dürfte. Tatsache ist, dass Golo Manns kritische, oft geradezu rezensentenhaft (ab)urteilende Betrachtung auch bedeutender Persönlichkeiten und Bücher seinen Erinnerungen große Plastizität gibt.

Da ist, in einer Fülle von persönlichen Erfahrungen (etwa aus einem Arbeitsaufenthalt in einem Bergwerk), der ganze harmlose Biedersinn der SPD und ihrer Wählerschaft beleuchtet, die dem dämonischen Ansturm des Nationalsozialismus so wenig entgegenzustellen hatten. Da werden die prophetischen Forderungen Leopold Schwarzschilds im „Tagebuch" an Reichskanzler Brüning, statt Deflationspolitik keynesianische Ankurbelung zu betreiben, in ihrem Überschlag vom konstruktiven Programm zur schrillen Verzweiflung gekennzeichnet. Unter allen diesen Aspekten ist Golo Manns Erinnerungsbuch ein bedeutender, ein überaus positiver Beitrag zum Verständnis der ersten Hälfte unseres Jahrhunderts. Erhellend sind auch die Passagen, die ein geistiges Klima bezeugen, das liberale, pazifistische oder gar sozialistische Außenseiter schon um einiges vor der Machtergreifung des Nationalsozialismus geradezu verfemte, wie etwa den mutigen Statistiker Emil Julius Gumbel von der Heidelberger Universität. Was die eigentlich persönliche Sphäre Golo Manns anbelangt, zeigen sich seine Erinnerungen von einer zwischen Offenheit und puritanischer Schamhaftigkeit pendelnden Unausgewogenheit. Dass er im Tagebuch eines Freundes las und darin sich selbst „mit erstaunlicher Beobachtungsgabe oder Menschenkenntnis" beschrieben fand, bekennt er ungeniert ein, wie auch die „jugendliche Ruchlosigkeit", einen ihm zugetanen Mitschüler um einiges Taschengeld an nutzlosen Geschenken erleichtert zu haben. Die Charakterbeschreibung selbst oder wirklich ernsthafte Darstellungen des Verhältnisses zu seinem verehrten älteren Bruder Klaus bleiben aber ausgespart. Auch Thomas Mann, (bei Sohn Golo stets TM) zeigt sich eigentlich nur als riesenhafter Schatten, der über der hochbegabten Geschwisterschar bis ins Erwachsenenalter hinein stand. Es wäre nun vielleicht zu viel, von Golo Mann Bekenntnisse zu „heiklen" Themen wie der Genese und Bewältigung der im Mann-Clan verbreiteten homosexuellen Neigung zu verlangen. Damit aber sind im persönlichen Bereich ganze Themenkomplexe hochgradig tabuisiert, die man vielleicht heute schon mutig und bedachtsam angehen hätte können, die aber auch der alt gewordene Golo Mann mit „sonderbar gravitätischem Wesen" umschifft, So hält sein Buch vor der intimeren Schwelle einer Autobiographie an und bleibt im Kern Nach-Denken über Deutschland.

Dass Golo Mann sich – trotz eines sozialistischen Engagements als Student – fundamental als „Konservativen" versteht, sollte keinen „fortschrittlichen" Leser hindern, sich mit diesem großartig geschriebenen Buch auseinanderzusetzen.

(1987)

## MÄRZ, Eduard

### Ein Ökonom als Kulturmensch

*1) Tod eines Condottiere oder Skandal in Neu-Kakanien*
*2) Karl Ludwig Freiherr von Bruck oder das Spiel von der Hybris der politischen Macht*

(unveröffentlichte Lesedramen)[48]

In den vielen und schönen Nachrufen für den Ökonomen, Historiker und Wirtschaftspolitiker Eduard März habe ich eines sträflich vermisst: die Tatsache, dass „Edi" in seinem ganzen Leben in besonderem Maße Kulturmensch war und bis ins fortgeschrittene Alter gelegentlich Ausflüge ins Literarische unternommen hat. Vor allem wären seine beiden „Lehrstücke" über den „Freiherrn von Bruck" und den „Skandal in Neukakanien" zu nennen, die ihm sehr wichtig waren, die aber in seiner Werk-Bibliographie[49] nicht angeführt sind.

Es ist kein Zufall, dass Eduard März in seiner posthum erschienen kleinen Autobiographie für den Band „Vertriebene Vernunft" Wert darauf gelegt hat, ein *Gedicht* über den Prozess von Scottsboro, das er vermutlich Anfang der dreißiger Jahre geschrieben hat, nochmals zu veröffentlichen.[50]

Heute leben wir in einer Zeit, in der – wenigstens hierzulande – Literatur und Politik, ganz zu schweigen von der Ökonomie, sehr voneinander abgerückt sind. Das war aber nicht immer so. Man kann sogar behaupten, dass ein gewisser literarisch gefärbter Diealismus sehr kenn-

---

[48] Überarbeitete Fassung eines Vortrages beim Symposium „Hommage an Eduard März" (1908 – 1987), 3.Februar 1989, Universität Salzburg, Institut für Geschichte.
[49] In: „Materialien zu Wirtschaft und Gesellschaft" Nr.48, März 1992.
[50] Band I, Wien 1987, S 499ff.

zeichnend für die Sozialdemokratie der Monarchie und der Zwischenkriegszeit gewesen ist. Der bürgerliche Diealismus eines Friedrich Schiller, die strenge Pflichtenlehre Kants, aber auch die Poesie und Polemik Heinrich Heines haben damals nicht nur eine Elite des Bürgertums motiviert.

Man könnte sogar postulieren, dass das geistige Klima der sozialistischen Bewegungen Europas im ersten Drittel unseres Jahrhunderts nicht ohne die literarisch-ethische Motivation denkbar war. Der Vater meines Freundes Günther Chaloupek, Lehrer und später Nationalrat der SPÖ, hat etwa in seinen Jugendtagen ein unveröffentlichtes Versdrama „Die Knechte" über einen Landarbeiterstreik auf den Gütern Georg von Schönerers geschrieben.[51]

Ein lebenslang von Eduard März besonders geschätzter Zeitgenosse war trotz aller politischen Differenzen der Literat und Politiker Ernst Fischer, der ja auch Theaterstücke geschrieben hat. (März hat übrigens immer gemeint, Fischer hätte ganz bei der Literatur bleiben sollen.) Schließlich sei auch nicht vergessen, dass Karl Renner, ein Vertreter der Generation davor, in der Untätigkeit seiner Gloggnitzer Kriegsjahre ein an Lukrez orientiertes großes Lehrgedicht verfasst hat: das „Weltbild der Moderne".

Es haben also nicht nur die „Linken" gedichtet, sondern auch die „Rechten" in der Arbeiterbewegung. Und gemeinsam war ihnen ein durchaus klassisch orientiertes Formverständnis, aber zugleich eine tiefe humanistische Perspektive, die uns heute bei manchen allzu realpolitisch agierenden Zynikern der Folgegeneration schmerzlich abgeht.

---

[51] Handschriftlicher Nachlass Ferdinand Chaloupeks – im Besitz Günther Chaloupek

Damit wären wir schon wieder bei Eduard März. Wenn es irgend etwas gegeben hat, was er nicht war, dann war das „zynisch". Und dies mag etwas mit dieser literarisch-ethischen Grundprägung zu tun haben.

In der schon erwähnten kurzen Autobiographie schreibt März, wie er zunächst der Erzählkunst von Schnitzler und Werfel nacheifern wollte – und wie ihn dann das Schockerlebnis des 15. Juli 1927 sozusagen aus moralischer Empörung heraus politisiert hat. Moralische Maßstäbe hat aber Eduard März immer auch an die Literatur angelegt. Ich erinnere mich noch wie heute, wie er mir im Jahr 1985 vor dem Wiener Burgkino entgegengekommen ist – er war so freundlich, mich zu dem Film „A Passage to India" einzuladen. Schon in der Ferne hat er empört den dritten Band der Canetti-Memoiren geschwenkt. Die Art, wie Elias Canetti darin seinen ehemals besten Freund Ernst Fischer verleugnet hat, den er ja immerhin im Februar 1934 versteckt hat, ja wie er den ganzen Kreis sehr linker Intellektueller, in dem er sich damals hauptsächlich bewegt hat, totgeschwiegen hat, das hat Edi zutiefst entrüstet.

Ähnlich scharf kritisiert hat er die Art, wie Canetti andererseits Menschen, die seine Eitelkeit gekränkt hatten, wie z.B. den liebenswerten Verleger und Förderer Hermann Brochs, Brody, bösartig heruntermacht. Entrüstung, das ist freilich auch eine etwas altmodische Sache. Aber diese literarische Gemeinheit, das Verdrängen und Verleugnen der eigenen Vergangenheit einerseits und andererseits die schäbige Gehässigkeit beim Begleichen alter Rechnungen – das war etwas, was Edi wirklich moralisch empört hat. Viel später habe ich zwar erfahren, dass die „Hypersensibilität" von Eduard März auf Canetti auch auf eine „vernichtende" Äußerung des letzteren über Edis eigene poetische Versuche der dreißiger Jahre zurückgehen dürfte – aber das ändert nur wenig.

Literatur als „Art pour l'Art", das wäre für Eduard März undenkbar gewesen. Literatur stand für ihn – wie eigentlich das gesamte menschliche Handeln – immer unter einem inhaltlichen Humanitätsideal und einem formalen Ideal des „klassischen Maßes", und beide hat er in Canettis Entgleisungen verletzt gesehen.

Nach vielem Drängen meinerseits hat März aufgrund eines von mir erstellten Tonbandprotokolls vom 9. November 1986 seine persönlichen Erinnerungen an Canetti unter dem Titel „Vergessene Freunde, verletzende Bloßstellungen" veröffentlicht[52]. Es ist meines Erachtens ein wirklich wertvolles Dokument eines Zeitzeugen – und wichtiger vielleicht, als mancher Artikel, den Edi zuletzt zum Thema verstaatlichte Industrie geschrieben hat. Und Eduard März hat darin deutlich gemacht, dass er sich seiner Zugehörigkeit zur kommunistischen Bewegung, über deren Dauer er lange einen gewissen Schleier gelegt hat, jedenfalls für seine Jugendzeit in keiner Weise schämte.

Ein quasi klassisches Ideal von Inhalt und Form – danach hat sich Eduard März wohl in seiner Jugend bewusst ausgerichtet. Was wir sind, sind wir ja auch durch Selbststilisierung. Der Großbürgersohn Bruno Kreisky hat bewusst den Weg zur Arbeiterjugend gesucht, hat auch seine Sprache sozusagen ins Volkstümliche moduliert, manches Mal bis ins Derbe. Eduard März, der Sohn des kleinen Uhrmachers aus Galizien, hat irgendwann, wahrscheinlich schon im Gymnasium in der Sperlgasse, ein Verhaltensideal aus der klassischen deutschen Literatur als das seine erwählt – und er hat im Gegensatz dazu Bruno Kreiskys manchmal hemmungslose Art, über Leute zu schimpfen, als eine der tiefsten Wurzeln seines lebenslang gespannten Verhältnisses zu Kreisky empfunden. Eduard März hat sich zu dem stilisiert, was er wurde – er hat seine Biographie „gemacht", mit Willen und Bewusstsein. Dazu ließe sich auch spontan der Titel der berühmten Schillerschen Abhandlung über „Anmut und Würde" und das Ideal der „schönen Seele" assoziieren. Diese

---

[52] Vgl. Wiener Zeitung Extra 23. Januar 1987, (neuerlich publiziert in GEGENWART Nr. 23/Innsbruck 1994, auch im WEB abrufbar)

schöne Seele war Eduard März zu eigen – und die Anmut seiner Sprache, selbst in wirtschaftshistorischen Abhandlungen, die unprätentiöse Würde seines Auftretens, waren Teil des Ergebnisses seiner Selbstfindung und „Selbsterfindung". Eine gewisse Beeinflussbarkeit durch andere mag hier durchaus im Spiel gewesen sein. So hat mir der ehemalige Energie-Sektionschef Frank, der März seit 1933 kannte, einmal erzählt, Edi habe vor 1938 unter dem Einfluss seines Freundes Walter Hollitscher, der ein Lieblingsschüler des Philosophen Moritz Schlick war, gerne eine „antimetaphysisch" knappe Sprache geführt und seine Zuwendung zu einem nahezu „kakanischen" Idiom sei wahrscheinlich erst dem direkten Einfluss Joseph Schumpeters zuzuschreiben. Man mag hierin einen Aspekt jener bewussten Rückkehr zum Österreichertum, zu einer schmerzhaften Wiedergewinnung von Heimat in der Fremde sehen, wie sie für so viele Exilierte kennzeichnend war. Jedenfalls ist Eduard März ohne Verleugnung seiner Ursprünge geworden, was er sich vorgenommen hat: so etwas wie eine Gestalt von Hofmannsthal ...

Eduard März hat, wie mir sein Jugendfreund, der Biophysiker Karl Trincher erzählt hat, in seiner Jugend auch sehr schön Violine gespielt, Hausmusik gemacht, er hat lebenslang Mahler und Bruckner sehr geschätzt, er ist aber auch als junger „Linker" mit einer kleinen Gruppe von Freunden unter dem Titel „Stoßbrigade" agitatorisch aufgetreten, hat damals die Wiener Sozialdemokraten in einem satirischen Gedicht hart attackiert. Trincher hat es mir aus dem Gedächtnis rezitiert; ja geradezu vorgesungen:

Der Weg geht schnurgerade

zum Sozialismus hin,

mit jedem Tag wird röter

das purpurrote Wien.

Die Tiger und die Esel,

die Esel sind auch rot.

Die roten Tiger fressen

die Esel samt dem Brot.

In seinen letzten Jahrzehnten hat Eduard März, wie gesagt, zwei Lesedramen oder Lehrstücke mit wirtschaftshistorischem Hintergrund verfasst. Unmittelbarer Anlass ihrer Abfassung waren zwei Augenoperationen, nach denen März strengste körperliche Ruhe wahren musste, während sein stets wacher Geist weiter Beschäftigung suchte. Das eine Stück hat den Selbstmord des österreichischen Finanzministers Freiherr von Bruck im Jahre 1860 zum Thema, das andere, etwas kolportagehafte, verknüpfte den legendenumwobenen Tod des ehemaligen CA-Direktors Joham mit Elementen der Ära Androsch und dem Konflikt um die Steyr-Waffenproduktion. Beide Stücke sind meines Erachtens dramaturgisch gut gebaut (natürlich in einem klassischen Sinn), vom Thema her interessant. Sie wirken aber auf liebenswerte Weise altmodisch – was ja übrigens heute für die Werke des österreichischen Paradedramatikers Fritz Hochwälder, der ebenfalls aus dem Milieu der Arbeiterbewegung kam und mit meinem Vater in der „Sozialistischen Arbeiterjugend" (SAJ) Freundschaft schloss, auch gilt.

Vielleicht doch einige kurze Worte über den Inhalt der März'schen Lesedramen. Das eine Stück ist, wie gesagt, der Affäre um den österreichischen Finanzminister Freiherr von Bruck gewidmet, dem man vorgeworfen hatte, er habe die Creditanstalt an den Getreidelieferungen für den Krieg in der Lombardei (1859) verdienen lassen. Es dürfte aber eine Intrige der Bruck feindlich gesinnten Adels- und Militärkamarilla gewesen sein, denn Bruck wollte die Militärausgaben beschränken und eine friedliche Beilegung der Rivalität mit Preußen einleiten. Bruck ist jedenfalls kurze Zeit nach seinem Tod voll rehabilitiert worden.

Vielleicht ist es typisch für Eduard März, dass er aus so einer Affäre kein aufdeckendes Korruptionsstück gemacht hat, sondern ein pädagogisches „Lehrstück", bei dem eigentlich am Ende alle „gut dastehen". Es gibt in dem Stück keine Schurken, keine wirklichen Gauner, es ist fast ein Idyll, bei dem eben ein paar fatale Missverständnisse passieren. Das ist natürlich vom Standpunkt der dramatischen Wirksamkeit ein gewisser Nachteil – es fehlt die schöne Schurkenrolle, der „Franz Moor" ...

Andererseits ist das ein Beleg für die so sympathische idealistische Weltsicht von Eduard März, dem es offenbar ästhetisch widerstrebte, wirklich schlechte Menschen auf die Bühne zu bringen.

Die Nebenhandlung, ein Ehekonflikt im Hause Wertheimstein, geht auch in beinahe idyllischer Weise aus: Auch hier wird nicht etwa Schmutzwäsche gewaschen, sondern edle Menschen geraten in Widersprüche, die sie in nobler Weise klären.

Eduard Märzens zweites Stück: „Tod eines Condottiere" oder „Skandal in Neukakanien" hat, wie erwähnt, etwas satirischere und kolportagehafte Züge: Hier geht es um die Danubia-Motorenwerke, ein Tochterunternehmen der Commerz- und Industriebank von Neukakanien, die 100 Panzer an eine orientalische Militärmacht verkaufen möchte. Natürlich ist der Betriebsrat unter dem Druck der Belegschaft dafür, der große Bankboss will sich auch mit ganzer Autorität dafür einsetzen. Ein prinzipientreuer Finanzminister, der „Sepp" genannt wird, versucht sich dem mit aller Kraft entgegenzustellen.

Leider hat der 70jährige Generaldirektor auf einer geheimen Liebesreise einen Herzinfarkt erlitten. Die Problematik der Waffenproduktion und die häuslichen Konflikte um die Eskapade des Generaldirektors stehen im Zentrum der Handlung. Auch der Verdacht von Korruption und Parteienfinanzierung über Briefkastenfirmen wird in den Raum gestellt. Eine Boulevardzeitung mit dem Titel „Die Pistole" bekommt Insidertips und mischt kräftig mit, lässt sich aber durch das Versprechen einer großen Inseratenkampagne davon abhalten, ihre pikanten Enthüllungen zu publizieren. Zum Schluss stirbt der Generaldirektor, und der prinzipientreue Finanzminister tritt zurück. In diesem zweiten Lehrstück ist die Korruption so verbreitet, wie sie im ersten Stück eigentlich nur schattenhaft vorkommt. So wird auch der berühmte Ausspruch verwendet: „Bei uns nehmen die Journalisten so wenig, dass es schon fast an Unbestechlichkeit grenzt".

Ausgenommen sind nur die Frauen – auch die Geliebte des Generaldirektors – und der redliche Finanzminister Sepp Wirt. Vielleicht kommt hier eine gewisse Desillusionierung von Eduard März zum Ausdruck. Obwohl immer noch manches zu „gepflegt" formuliert wird, ist das ein Stück mit mehr „Biss" und stärker differenzierten Charakteren. Übrigens erhält selbst der widerwärtigste Charakter im Stück, der nichtstuerische Schwiegersohn des mächtigen Generaldirektors, Gelegenheit, sein Verhalten, wenn schon nicht zu rechtfertigen, so doch zu erklären.

Ich habe Eduard März damals, als er mir sein Bruck-Drama gezeigt hat, gesagt: „Ich finde es sehr schön, aber weißt Du – alle Personen dieses Stückes reden so nobel wie Du – und das bringt es mit sich, dass alles zu sehr auf einen Ton gestimmt erscheint." März konnte ja sehr verletzlich sein, eine unbedachte Bemerkung in einer Rezension konnte ihn sehr treffen – aber er hat mir diese Kritik gottlob nicht übel genommen.

Ich glaube übrigens auch heute noch, dass Edis Stücke durchaus bemerkenswert sind und z.B. im Fernsehen produziert werden könnten, wenn man sie sprachlich etwas redigiert und verlebendigt. Eine halbszenische Aufführung des „Condottiere" durch das Jura Soyfer-Theater, verstärkt durch Edis alte Freundin Hilde Wagener, hat ja vor etlichen Jahren die Mitglieder des Kautsky-Kreises sehr beeindruckt. Edis Ideal der gehobenen Sprache, das er selbst in so eindrucksvoller Weise verkörpert hat, steht allerdings in der Tat in gewissem Widerspruch zur dramatischen Vielfalt des Ausdrucks. In diesem Sinn war sein Selbstbildungsprozess vielleicht auch ein Selbstbindungsprozess, eine Einengung. A propos Hilde Wagener: die große alte Dame von „Künstler helfen Künstlern" hat mir über Eduard März als Kulturmensch unter anderem gesagt, wie sehr er sie damit beeindruckt habe, lange Shakespearemonologe in seinem schönen Englisch aus dem Stegreif zitieren zu können ...

Wenn ich in diesen wenigen Worten an „Eduard März als Kulturmenschen" erinnern wollte, dann deshalb, weil der kulturelle Aspekt für ihn wie für viele „Linke" seiner Generation ein Kernbestandteil seiner Persönlichkeit war – und weil er hier einer der letzten Repräsentanten jener Arbeiterbewegung war, die ihre moralische Kraft aus einem ethisch fundierten klassischen Kulturverständnis bezogen hat, viel mehr übrigens als von Marx, der ja ein recht beachtlicher Zyniker war (auch wenn er selbst, so wie der junge Engels, zunächst gedichtet hat)[53]. Kultur, das war eben auch die heute so selten gewordene Sprache unseres Eduard März: Und so wird in mir mit einem kleinen Lächeln und sehr viel Nostalgie auch für immer die Erinnerung lebendig bleiben, wie schön er das Wort „Schumpeter" aussprechen hat können ...

(1991-95)

---

[53] Von F. Engels gibt a ja sogar eine interessante Dramenskizze über Cola di Rienzi – vgl. F. Engels: Cola di Rienzi – ein unbekannter dramatischer Entwurf (bearbeitet und eingeleitet von Michael Knieriem), Wuppertal 1974. Vgl. auch Vera Machackova: Der junge Engels und die Literatur 1838-44, Berlin (Ost) 1961

# MATEJKA, Viktor

**Erinnerungen mit Widerhaken**

*Anregung ist alles. Das Buch Nr. 2*

Wien, Löcker Verlag 1991

Wer in alten Zeitungsbänden – vornehmlich in dem zu Ende der 1960er Jahre viel betrauerten „Neuen Österreich" – stöbert, wird immer wieder Viktor Matejka begegnen – und zwar als Meister eines hierzulande eher unterschätzten und von Chefredakteuren mit Zensorgelüsten gerne malträtierten literarischen Form: jener des Leserbriefes. „Leserbriefhaft", das heißt kurz, pointiert, sentenzenartig zusammenfassend und von bewundernswerter Klarheit des Ausdrucks sind auch Viktor Matejkas zwei spät veröffentlichte Bücher: „Widerstand ist alles" (1984) und nun „Anregung ist alles". Der zweite Streich des mittlerweile fast neunzigjährigen Nonkonformisten beweist, dass Matejka trotz langjähriger „Verkrankung" gottlob seine lausbubenhafte Ungeniertheit nicht verloren hat.

Die allgemeinen Lebensdaten des Autors dürften einigermaßen bekannt sein: Linkskatholik, Anschlussgegner schon in den zwanziger Jahren, nach 1931 als Bildungsreferent der Arbeiterkammer Wien um eine Verständigung mit der gedemütigten Sozialdemokratie bemüht, KZ-Häftling in Dachau, 1945 bis 1949 als ebenso unorthodoxer wie initiativer Wiener Kulturstadtrat der KPÖ tätig. Bis 1957 Mitglied ihres Zentralkomitees, ist er seither vogelfreier, geschätzter (und gefürchteter) Publizist mit wohldokumentiertem Archiv und Elefantengedächtnis. Als er einmal dem Bundeskanzler Josef Klaus in einer Diskussion vorwarf, illegaler SA-Mann gewesen zu sein und sehr wenig für seinen Chef Johann Staud, den im KZ ermordeten christlichen Gewerkschaftsführer getan zu haben, und Klaus so unklug war, zu klagen, führte das etwa zu einem für den Kanzler überaus peinlichen Prozess.

Auch in „Widerstand ist alles" stocherte Matejka lustvoll in Vergangenheiten herum, die viele gerne ruhen ließen – etwa in Kurt Schuhmachers sehr „nationaler" Sicht, die er selbst im KZ noch weiter pflegte. Das „Buch Nr. 2" wärmt nun weitere „alte Geschichten" auf, zum Beispiel jene des vermögenden Rechtsanwaltes Franz Grüner, der sich als sozialdemokratischer Landeshauptmann-Stellvertreter in Tirol Schloss Itter kaufte und sich später mit den Nazis ganz gut arrangierte; oder die von Ernst Fischers peinlichem Anti-Tito-Stück und seiner bombastischen Stalin-Gedenkrede. Auch Josef Dobretsbergers „offene Hand" gegenüber Phönix-Versicherungschef Berliner und später gegenüber Moskau kommt zur Sprache. Dass die Leitung der KPÖ Dobretsberger „im Falle eines Überrumpelungssieges" beim Oktoberstreik 1950 als Bundeskanzler in Aussicht genommen hatte (S. 156), könnte übrigens als Zeugnis aus berufenem Mund jene Zeitgeschichtler interessieren, die so intensiv die Putschthese ablehnen. Die eher klägliche Arisierung des Ateliers der Malerin Trude Waehner, in die die Herren Doderer und Gütersloh verwickelt waren, und ein paar Schmankerl über die Professoren Spann und Nadler wären auch zu nennen. Daneben gibt es liebenswürdige Jugenderinnerungen, auch sie unsentimental und mit gelegentlichen „Widerhaken".

Viktor Matejka ist aber keineswegs nur ein gedächtnisstarker Hasser, er ist auch einer, der lieben und bewundern kann. Diese Liebe und Bewunderung widmet er zum Beispiel Oskar Kokoschka oder dem Tiroler Künstler Alfons Walde, einem in seiner knorrigen Originalität verwandten Menschentyp. Gewiss: Selbstkritik ist Matejkas Stärke nicht, und dass er, der gegen Karl Renner und Kardinal Innitzer so unverhohlen loslegt, sich lange Jahre auf einem ebenso falschen Dampfer, dem des Stalinismus, aufgehalten hat, werden ihm viele ältere Sozialdemokraten kaum je verzeihen. Trotzdem: Ein Mann, für den der „Kommunistenfresser" Hans Weigel 1949 Unterschriften gesammelt hat, um ihn als

Kulturstadtrat Wiens zu erhalten, ist doch ein besonderes Kaliber. Freuen wir uns auf Matejkas „Buch Nr. 3"!

(1991)

## MATZNER, Egon

### Ein vorbildhafter Intellektueller

*Der Wohlfahrtsstaat von Morgen*

Wien, Bundesverlag 1982

*Monopolare Weltordnung – zur Sozioökonomie der US-Dominanz*

Marburg, Metropolis Verlag 2000

Meine erste persönliche Begegnung mit Egon Matzner oder jedenfalls die erste, die mir in Erinnerung geblieben ist, hat sich im Rahmen einer Diskussionsveranstaltung am Institut für Politikwissenschaft der Universität Wien abgespielt. Das muss wohl zwischen 1978 und 1980 gewesen sein, jedenfalls noch im engeren zeitlichen Umfeld der Programmdiskussionen bei der SPÖ, aber etwa auch bei der Wirtschaftskammerorganisation. Ich fürchte, ich habe damals Meinungen vertreten, die dem idealistisch gesinnten Koordinator des neuen SPÖ-Parteiprogramms nicht wirklich „geschmeckt" haben, nämlich etwa so: Solche Programmdiskussionen seien im Wesentlichen PR-Veranstaltungen und „Spielwiesen für Intellektuelle", denen durch die Mitwirkung an der Erstellung – oft genug mehrdeutiger – Grundsatzaussagen die Illusion gegeben werde, Politik zu gestalten, indes doch die wahre Macht anderswo daheim sei. Zudem seien Veränderungen solcher Programme in der Regel nicht zukunftsorientiert, sondern zögen meist bloß überfällige Konsequenzen aus einer längst geänderten historischen Praxis, die die früheren, lange unbeachtet gebliebenen Programmaussagen in peinlicher Weise desavouiert habe.

Solche Aussagen, ohne Häme aber doch mit einem gewissen Gusto am Tabubruch vorgebracht, hätten von Egon Matzner als unfreundlicher Akt und bewusste Herausforderung gedeutet werden können, hätte er aus bloßer Identifikation mit seiner institutionellen Rolle als Programmkoordinator her geantwortet. Das war aber keineswegs der Fall. Egon, vielleicht auch schon ein wenig in seinen Hoffnungen auf die dynamisierende Wirkung des neuen Parteiprogramms ernüchtert, konzedierte, dass man die Sache tatsächlich auch so sehen könnte, insistierte aber unter anderem auf der ihm wichtigen programmatischen Neuerung im SPÖ-Programm, der Betonung des Faktors Entscheidungsverhältnisse, die in der Tat von der alten, starren Bedeutung des Verstaatlichungsdogmas wegführte. Aus einer Konfrontation, die unangenehm hätte werden können, wurde so der Beginn einer Freundschaft. Egons Offenheit und Toleranz hatte geradezu bezaubernde Wirkung auf mich. Seine Fähigkeit, ohne jede Verleugnung seiner Persönlichkeit mit so unterschiedlichen Menschen wie aufgeschlossenen Vertretern „realsozialistischer" Bürokratien einerseits und aus der Sozialdemokratie kommenden Großunternehmern andererseits freundschaftlichen und produktiven Umgang zu pflegen, habe ich in der Folge stets bewundert. Es gibt Leute – auch im Wissenschaftsbetrieb – die allerorts ihr ideologisches Hütlein aufsetzen, ihre Parteifahne schwingen müssen. Egon zählte nie dazu.

*Neugier auf Neues, Mut sich mit unkonventionellen Sichtweisen zu konfrontieren*

Thomas Kuhn hat in seiner berühmten wissenschaftstheoretischen Schrift über wissenschaftliche Revolutionen zwischen „normaler Wissenschaft" und umstürzenden Paradigmenwechseln unterschieden. Nun, Paradigmenwechsel nach Art der kopernikanischen Wende von der geozentrischen zur heliozentrischen Sicht sind selten. Aber auch im Rahmen des normalen Wissenschaftsbetriebes gibt es, namentlich in den Sozialwissenschaften, konventionellere und gewagtere Fragestellungen. Sich mit Problemen großer und mächtiger Institutionen auseinanderzusetzen ist in der Regel wenig ratsam, speziell wenn diese Institutionen der eigenen „Gesinnungsgemeinschaft" nahe stehen. Egon Matzner hat sich in seiner intellektuellen Neugier freilich nie Grenzen gesetzt, und er scheute nie davor zurück, sich auch „heißen" Themen zu widmen – etwa den Aufstiegsmustern angepasster Sekretäre in Parteiapparaten oder den ökonomischen Problemen „gemeinwirtschaftlicher" Unternehmen. Als einer, der in den 1980er Jahren eigentlich unfreiwilligerweise beruflich mit den Wirtschaftsproblemen der österreichischen Konsumgenossenschaftsbewegung konfrontiert war, musste ich feststellen, in dieser Sache oft einer Mauer betretenen Schweigens oder abwiegelnder nervöser Betulichkeit gegenüberzustehen. Viele, auch Sozialwissenschafter vom engeren Fachbereich, wollten damals mit diesem „heiklen" Thema nicht zu tun haben. Egon Matzner gehörte zu den wenigen, die sich ihm mit Neugier und Offenheit widmeten und es an seinem Institut an der TU zu diskutieren bereit waren.

*Der Sozialwissenschafter als Seismograph*

Ein besonderes Indiz für die Qualität sozialwissenschaftlicher Denker ist der Zeitpunkt, mit dem er oder sie sich mit zukunfts-relevanten Themen auseinandersetzen. Hier geht es nicht um „Trendsettertum", also um die Führungsrolle bei der Durchsetzung wissenschaftsinterner Moden, die dann nach einiger Zeit ziemlich „alt aussehen" können, sondern um das frühe Aufzeigen relevanter Realphänomene, also etwa der Hinweis auf drohende ökonomische oder politische Katastrophen, die dann tatsächlich eintreten: Die – sicherlich gut gemeinten – kurzfristigen ökologischen Horrorszenarien der 1970er und frühen 1980er Jahre des letzten Jahrhunderts (man denke an die medial zeitweilig enorm hochgepushte Waldsterbenshysterie) zählen beispielsweise nicht zu diesem Bereich. Egon Matzners frühe und konstruktive Beschäftigung mit den Problemen des Wohlfahrtsstaates, aber auch der „monopolaren Weltordnung" (nach dem Untergang des um die Sowjetunion gruppierten Machtblocks) erweist sich hier dagegen als exemplarisch für sozialwissenschaftliches Vordenkertum, das eben nicht in den allgemeinen Chor des Zeitüblichen einstimmt und damit nicht selten Befremden, ja Distanzierung auslöst.

*Umfassende sozio-ökonomische Perspektive*

Was Egon Matzner auszeichnete und worin er uns Vorbild sein sollte, ist auch seine Bereitschaft, gängige Trends gleichsam von der Metaebene her zu betrachten. Dies hat er im besonderen Maße anlässlich der Gedenk- und Bedenkhysterie bewiesen, die ab 1986 – 1988 im Zusammenhang mit der Bundespräsidentendebatte um Kurt Waldheim weite Kreise des intellektuellen Österreich ergriffen hat. Egon Matzner gehörte mit seiner Frau Gabriele Matzner-Holzer zu den wenigen, die in der aufgeheizten Atmosphäre kühlen Kopf und Augenmaß bewiesen haben. Egon hat auch mehrmals darauf hingewiesen, dass exzessive Österreichbeschimpfungen gar nicht selten von Personen ausgingen, die damit die „rechte" Prägung ihres Elternhauses quasi zu exorzieren versucht haben. Solche Argumentationslinien sind schwer ad personam zu führen, wenn man nicht Menschen unnötig verletzen möchte; die rationale wissenschaftliche Bewältigung und Analyse tragischer und schuldhafter historischer Situationen ist aber in der Tat bei den Kindern unmittelbar Betroffener selten in den besten Händen.

*Vertreter einer aussterbenden Spezies?*

Egon Matzner war in vieler Hinsicht bereit, sich mit unbequemen Stellungnahmen „in die Nesseln zu setzen" – so hat er beispielsweise auf dem Höhepunkt der Anti-Temelin- und Bohunicekampagne (der eigentümlicherweise keine vergleichbare Aktivitäten gegenüber ungarischen oder Schweizer Atomkraftwerken entsprachen), in einem Gastkommentar in der „Presse" (vom 22.3.2002) offen ausgesprochen, dass hier wohl die Ängste der Menschen vor den Risken der Atomkraft dazu missbraucht würden, antislawische Ressentiments zu schüren. Egon Matzner repräsentierte mit dieser Bereitschaft sich zu exponieren, und „quer zu denken" einen Menschentyp, der seit dem 18. Jahrhundert, jenem der

Aufklärung, historisch prominent auftritt, aber vor allem im tragisch zerrissenen 20. Jahrhundert große Bedeutung hatte: dem des unabhängigen, vor allem seinem Gewissen verantwortlichen kritischen Intellektuellen; des Selbstdenkers, der zeitweilig engere Gruppenbindungen eingehen mochte, in Wahrheit aber stets Offenheit dafür zeigt, Mythen und Konventionen auf den Grund zu gehen und damit nicht bereit ist, als „Chorsänger des Zeitgeistes" aufzutreten. Gerade dann, wenn der wirtschaftliche und politische Druck zur Konformität besonders hoch ist – wie dies etwa in den Totalitarismen des vergangenen Jahrhunderts der Fall war – bedarf es solcher Individuen in besonderem Maße.

Um aber nun, im Geiste Egons, zum Vordenkaspekt überzugehen, lässt sich fragen: War er nicht vielleicht Vertreter einer aussterbenden Species?

Seit etwa einem Vierteljahrhundert machen sich drohende Anzeichen eines gesellschaftlichen Verlustes an rationalem Diskurs bemerkbar. Als bezeichnend kann die Einstellung des jahrelang sehr erfolgreichen „Club 2" im österreichischen Fernsehen gelten, der zuweilen Vertretern relativ ohnmächtiger Bevölkerungsgruppen gute Gelegenheit gab, ihre Sache überzeugend zu vertreten. Ein anderer Aspekt im engsten heimischen Umfeld ist der traurige Weg der „Zukunft" vom Diskussionsorgan der österreichischen Sozialdemokratie zum bunten Allerweltsblatt – Egon und ich haben ihn gemeinsam bedauert und es als sehr signifikant empfunden, dass hier kritische Lesermeinungen offenbar seit einiger Zeit durch hübsche Bebilderung ersetzt werden.

„Unbequeme" Stellungnahmen in der Öffentlichkeit wurden in den letzten Jahrzehnten überhaupt langsam rarer, zeitweilig allerdings mit Ausnahme der erwähnten, schwer hysterisierten Österreichbeschimpfungen eines Teils der „Kulturszene". Diese grotesk übertriebenen Statements dürften allerdings medial mehr als „Sager" und provokatorische

"Aufreger" im Sinne der Benetton-Werbung gewertet worden sein denn als ernsthafte und ernstzunehmende Kritik.

Die anfängliche mediale Begeisterung über Bürgerinitiativen und vergleichbare basisdemokratische Institutionen ist seit dem Beginn der 1980er Jahre völlig verschwunden – die heute gängige Rede über Zivilgesellschaft und Bürgerengagement verschweigt dagegen tunlichst den potenziell widerständigen Aspekt bürgerlicher Mobilisierung und konzentriert sich auf Freiwillige Feuerwehr und Caritas. Dafür verbreiteten sich interessengeleitete Berichte in den Medien – auch außerhalb der dafür gekennzeichneten Inseratenseiten. Man kann das am Beispiel von urbanistischen Themata wie der Hochhaus- Denkmalschutz- und Grünfrage nachweisen, wo zuweilen um die Jahrtausendwende der Eindruck erweckt wurde, die Bevölkerung giere geradezu nach modernen, metropolengerechten Bauformen, indessen die Umfragen weiterhin eine Mehrheitspräferenz für eine „gemütliche" Stadt nahe legten.

Allgemein zeigt sich heute eine Tendenz zur Reduktion rationaler Diskussion, der seinerzeitigen Domäne des kritischen Intellektuellen. Soweit sie noch aktiv waren oder sind, haben sich allerdings zuletzt leider auch Intellektuelle immer wieder bereit gefunden, unbequeme Standpunkte mit der „moralischen Keule" abzuwerten, oder mit dem negativ besetzten Begriff des Populismus belegen.

Generell feststellbar und typisch für das Klima des öffentlichen Diskurses nicht nur in Österreich erscheint derzeit die zunehmende Abkehr von der Publikumsdiskussion, selbst in Fällen hoch qualifizierter und unmittelbar interessierter Auditorien: Die Abhandlung gerade besonders kontroverser Themen in reinen Podiumsgesprächen mit sorgfältig vorselektiertem Teilnehmerkreis (und der typischen Reduzierung „heikler" aber populärer Standpunkte auf Alibivertreter) scheint offenkundig größere Steuerbarkeit des Gesprächsverlaufes zu garantieren: man kann das an urbanistischen Themen nachweisen (typisch etwa eine Diskussion im

Architekturzentrum Wien zum Thema Welterbe am 23.9.2003), aber auch an Themen wie Zuwanderung oder Beitritt der Türkei zur EU. Die mächtigsten institutionellen Interessenten – sie sind in beachtlichem Maße bei den Lobbys der Großunternehmen zu verorten – glauben offenbar, mittels solchem „gelenktem Diskurs" besser Einfluss ausüben zu können – ob hier freilich in Wahrheit nicht bloß Unbehagen zurück gestaut wird, und sich breiter Unmut über solche Manipulationstechniken späterhin explosiv – und irrational überschießend – entladen könnte, das ist die Frage.

Tabuisierung und moralisierende Abwertung bis hin zur absurden Versuch der Amalgamierung rationalen demokratischen Engagements mit rechtsradikalem Gedankengut macht sich bemerkbar. Egon und Gabriele Matzner haben, gemeinsam mit dem Verfasser, früh ein skurriles Beispiel dieser Art Vorgangsweise erlebt. In den „Salzburger Nachrichten" vom 26.5.1995 kann man nachlesen, wie Sigrid Löffler, die einst mächtige Kulturjournalistin, versuchte, allzu „austriakischen" Äußerungen der Genannten mit den terroristischen Bekennerschreiben der „bajuwarischen Befreiungsarmee" in Verbindung zu setzen und dadurch zu denunzieren (zur Reaktion der Betroffenen vgl. SN 10.7.1995).

Ganz allgemein wäre heute immer häufiger – etwa bezüglich der Weiterentwicklung und Erweiterung der Europäischen Union – auf das weise Wort des Schweizer Konservativen Philipp Anton von Segesser in seiner Rede vor dem schweizerischen Nationalrat vom 27. Januar 1872 zu verweisen: „Ein Fortschritt, den das Volk verwirft, ist kein Fortschritt in einem freien Lande". Die instrumentale Rolle der Intellektuellen, als redliche Mittler zwischen sozialem Fortschritt und beharrenden Ängsten aufzutreten, erscheint allerdings immer weniger spürbar. Eine deutliche Scheu vor rational fundierter Kritik ist auch im einst als „progressiv" gewerteten Bereich manifest.

Manche sprechen heute bereits von einer „Abdankung des Intellektuellen", der seine historische Rolle ausgespielt habe – Das einflussreiche Buch Michel Winocks über das „Jahrhundert der Intellektuellen" (Le Siècle des Intellectuels, Paris 1997) zitiert etwa in seinem Epilog Philippe Nora, der schon 1980 festgestellt hat: „Der Intellektuelle als Orakel hat seine Rolle beendet ... Wie groß auch immer sein Prestige sei, er übt keine priesterliche Funktion mehr aus. Der Intellektuelle ist deutlich laisiert, seine Prophetie hat ihren Stil gewandelt." (nach Le Débat, Nr 1 Mai 1980). Das mag für einen bestimmten Typus französischer Großintellektueller von Zola bis Sartre zutreffen. Auch Pierre Bourdieu hat (in einem Beitrag in Liber/Actes de la recherche en sciences sociales, Dezember 1995) festgestellt, dass der Verfall der Autonomien in der vernetzten Welt eine „Krise der Kunst und des Intellektuellen" ausgelöst habe. „World fiction", für den Weltmarkt produzierte Literatur, und Gestalten der Medienszene, die plötzlich als schrille Imitation von Intellektuellen und Philosophen auftreten, sind für Bourdieu Herausforderungen – aber der gerne von rechts ausgesprochenen These vom Ende der Intellektuellen will er sich dennoch nicht anschließen. Ein neues, rationales Bild vom Intellektuellen könnte, so meint er, Grundlage eines neuen rationalen Utopismus mit „kämpferischem Minimalprogramm" werden.

Einem Internet-Diskussionsforum der Universität München „Zur Geschichte und Kritik der Intellektuellen" entnehme ich verschiedene Definitionen des etwas schwammigen Begriffs: Intellektuelle werden da als „Spezialisten für das Wort" gefasst, als „Sprecher universeller Werte", als „Moralisten". Egon Matzner ist zweifellos nach allen diesen Kriterien als Intellektueller im besten Sinn anzusprechen – und nicht zuletzt in der Breite seiner Kenntnisse und Interessen, die sich weit über so genanntes Expertentum von den Staatsfinanzen bis zur Organisationssoziologie und zur Kultur erstreckt haben. Die Frage ist freilich: wie viele seines Schlags wird es in Zukunft geben?

Rationale und freimütige Erörterung vieler Themen wird heute tendenziell, wie erwähnt, aus vielen Gründen eher vermieden. Die Interessen großer transnationaler Unternehmen sehen sich nicht unbedingt in demokratischer und offener Diskussion am besten vertreten – und die massiv schmäler werdende Repräsentativität des Funktionärsstammes ehemals linker Parteien (Stichwort, „Von der Partei zur Partie", viel sagender Titel eines Beitrags im Sammelband zum hundertjährigen Gründungsjubiläum der österreichischen Sozialdemokratie) regt auch eher zur Diskussionsvermeidung an. Wo heute die „Erfordernisse der Wirtschaft" dominieren, und publizistische Sprachrohre des Zeitgeistes – weit über die etwa durch die Erhöhung der Lebenserwartung notwendigen Anpassungen der Pensionssysteme hinaus – für einen sozialen Rollback Stimmung machen (Abbau des Sozialstaates, der Sonntagsruhe und der kirchlichen Feiertage etc.); wo sich heute auch an den Universitäten durch die wachsende Rolle der Drittmittel und die Forderung nach Professorenbestellung auf Zeit Existenzangst und „wirtschaftsnahe" Standpunkte ausbreiten, da sollten vielfach die Alarmsignale erklingen. Egon Matzner war noch einer, der von einem festen Posten (und daher auch gefestigten Standpunkt) aus Kritik an Sekretären und anderen Abhängigen üben konnte. Solche Bestellungen soll es künftig, wenn es nach dem Willen unserer „Reformer" geht, allenthalben immer weniger geben. Wer um den nächsten Fünfjahresvertrag bangt, zeigt in der Regel wenig Mannesmut vor Königsthronen...

Nochmals gefragt:

War Egon Matzner Vertreter einer aussterbenden Spezies, und werden sich seine Art geistiger Unabhängigkeit später nur mehr wohlhabende Privatiers leisten können?

Jede Zeittendenz trägt die Neigung in sich, sich durch Übertreibung selbst zu diskreditieren, und das wird wohl auch für die aktuelle Tendenz zur Abwertung des rationalen Diskurses und zur antidemokratischen Diskussionsverweigerung gelten.

In einer Umbruchssituation gewinnt aber dann wieder der Verweis auf das Beispiel unabhängiger kritischer Mahner wie Egon Matzner an Bedeutung. Gedenken wir also seiner als eines Vorläufers jener Renaissance kritischen und unabhängigen Denkens, die nach einem Umschwung des Zeitgeistes – hoffentlich! – wieder Platz greifen muss.

(2003)

## MÜHL, Otto

### Ein ehemaliger Kommunarde zieht Bilanz

Andreas Schlothauer: *Die Diktatur der freien Sexualität AAO, Mühl-Kommune, Friedrichshof*

Österreichische Texte zur Gesellschaftskritik, Band 55, Verlag für Gesellschaftskritik 1992

Der Versuch, soziale Utopien im Druckkochtopf abgeschlossener kleiner Gemeinschaften zu verwirklichen, entfaltet meist totalitäre Herrschaft gleichsam im Laborexperiment. Die perfekte soziale Kontrolle, die in der Anonymität der Großstädte trotz Blockwartesystem und Stasibespitzelung nie voll erreichbar ist, lässt sich in abgeschiedenen Wohnformen durchaus praktizieren. Die Tendenz charismatischer Führer zum Größenwahn und Realitätsverlust findet hier kaum Widerstand. Die Durchbrechung aller institutionellen und Traditionsschranken, die dem Individuum Halt geben durch das Bewusstsein, etwas „ganz Neues" schaffen zu wollen, lässt oft genug den edelsten Idealismus im schlimmsten Psychoterror enden.

Étienne Cabet (1758-1857), Verfasser des sozialistischen Zukunftsromanes „Reise nach Icaria", verwirklichte etwa in den 1850er Jahren in Illinois mit einigen hundert Getreuen eine Art Mini-Stalinismus. Schon Cabets Buch ist mit seiner Utopie der totalen Verstaatlichung, Militarisierung und wissenschaftlichen Planung von Produktion und Bedarfsdeckung, mit seiner Bücher- und Pressezensur und dem Personenkult um den verstorbenen Führer Icarus eine gespenstische Prophetie des „Realsozialismus" (vor dessen Ausmalung sich Marx ja bekanntlich hütete). Cabets Versuch der praktischen Durchsetzung im amerikanischen Westen wurde dann zu einem jahrelangen realen Alptraum.

Als Präsident seiner maximal etwa 500 Personen zählenden Gemeinde verbot er etwa Kosmetika, Schmuck, bunte Kleider, mischte sich mit seinen engsten Getreuen in das Privatleben seiner Kommunenmitglieder ein und setzte eine strenge klösterliche Disziplin durch, die jede Lebensfreude und persönliche Initiative unterdrückte. Das Projekt, das zeitweilig – nicht zuletzt durch Spenden von Anhängern – wirtschaftlich prosperieren konnte, zerfiel schließlich, als Cabets Herrschaft gestürzt wurde und er plötzlich starb. Die qualifiziertesten seiner Anhänger, die zunächst eine Fortsetzung des Gemeinschaftslebens unter Demokratisierung der autoritären Strukturen vorgeschlagen hatten, blieben in der Minderheit und sprangen ab; jene, die nach dem Ableben des alten einen neuen „Führer" suchten, scheiterten bald im Bankrott.

Diese Geschichte Icarias, die etwa in Shalom Wurms faszinierendem Buch über das Leben in den historischen Kommunen (Köln 1977) nachzulesen ist, weist nicht nur viele Parallelen zur Geschichte des Realsozialismus auf, sondern auch zu jener der Mühl-Kommune, wie sie Andreas Schlothauer in der „Diktatur der freien Sexualität" nachzeichnet. Der Franzose war zwar ein „Hüter der Keuschheit" und strengen Moral, Otto Mühl dagegen ein Libertinist (aber immerhin Gegner der „Kleinfamilienerotik"). Der Aspekt des „Kinderschänders" Mühl, der die Diskussion in der österreichischen Presse dominierte, ist freilich in gewissem Sinn sekundär gegenüber der Totalität des Dramas um Utopie und Macht, das Schlothauer – 1976 bis 1985 Kommunenmitglied – aus eigenem leidvollen Erleben aufarbeitet.

Der Wiener Aktionist Otto Mühl, damals 45 Jahre alt, stürzte 1970 in eine schwere Krise, als seine Frau Friedel ihn mit dem gemeinsamen Sohn David verließ. Um etwas „gegen seine Depressionen und sein Alleinsein zu unternehmen" (so Mühl selbst), lud er Freunde ein, eine Wohngemeinschaft zu gründen. „Aber alle meine Freunde lehnten ab, sie hatten Angst vor einem solchen Unternehmen und noch mehr vor mir"[54]. Diese Angst war, wie Mühl selbst zugab, „nicht unbegründet".

Aus einer Art Hippiewohngemeinschaft wurde 1972 bis 1973 langsam eine Kommune. Der Kauf des abgeschiedenen Friedrichshofes im Burgenland (1972) hatte hier sicher bedeutenden Anteil an der Ausbildung einer spezifischen Gruppenkultur – ebenso wie der Übergang vom chaotischen Partnerwechsel zur freien Sexualität (1973) und zum Gemeinschaftseigentum.

Die Machtstrukturen der Gruppe wurden dadurch entscheidend geprägt, dass es Mühl gelang, mit einer an Wilhelm Reich angelehnten „Behandlungsform", die er später „Aktionsanalyse" nannte, „therapeutische Dominanz" zu erzielen. Kennzeichen dieser Therapieform war das Wiedererleben und Ausleben frühkindlicher Zustände, zunächst privatem, dann auch vor versammelter Gruppe, eine Art lustvolles Infantilisierungsritual, dem sich Mühl als Guru freilich nie *selbst* aussetzte – vermutlich, weil er mit seinem feinen Machtinstinkt auch dessen Aspekt der Demütigung und des persönlichen Würdeverlusts durchschaute.

In der Folge wurde Mühl zum „Therapiekönig", der Kritik an den eigenen Herrschaftsformen als psychopathisch und „behandlungsbedürftig" deklarieren konnte und sich dem „Schrei- und Kotzkrampf" des nachgespielten Geburtserlebnisses in der Gruppenmitte nicht auszusetzen brauchte. Bei der Brechung der „Körperpanzerung" im Sinne Reichs ging es dabei übrigens von Anfang an sehr handfest zu. In der sogenannten „Watschenanalyse" musste sich der Analysand auf die eigenen Hände setzen, damit Mühl und seine Therapeutenschüler/innen ihn durch heftige Schläge ins Gesicht in die Kindheit treiben konnten. Zurückschlagen war natürlich verboten – und angesichts der Übermacht auch chancenlos ...

---

54   Otto Mühl: Weg aus dem Sumpf, 1977

Im August 1973 wurden die langen Haare und der Bartwuchs als „Charakterpanzer" entlarvt, die Haare wurden geschoren, die AA-Glatze war kreiert.

Ein „Kommunemanifest" proklamierte den Welterrettungsanspruch der Kommunenideologie gegenüber jener des „besitzfixierten Kleinfamilienmenschen". Mit dem Beginn des Ausbaues des Friedrichshofes hatte die Gruppe ein Projekt, das ihre Arbeitskraft mobilisierte, freilich auch große finanzielle Erfordernisse stellte – und ein abgeschiedenes Milieu schuf, das der Ausbildung von Mühls totalitärer Herrschaft förderlich war.

Andreas Schlothauers minutiös dokumentiertes Buch – es ist die publizierte Fassung seiner Dissertation – schildert die Entwicklung der Mühl-Gruppe von diesem charismatischen, zugleich aber auch gewalttätigen und chaotischen Anfang bis zur Zerfallsperiode 1988 bis 1991, die im Gerichtsurteil gegen Mühl gipfelte. Schon die missionarische Anfangsphase bis 1978 mit ihren Lehrgängen und Anschlüssen von Stadtkommunen zeigte die Probleme der Mühl-Kommune auf: die Potenzprobleme angesichts einer „befreiten", aber unzärtlichen, unkultivierten und unfrohen Sexualität und die Umdeutung aller realen Gruppenprobleme in individuelle Kindheitsschädigungen. Schon Walter Pisseckers TV-Sendung „Panorama" vom 13. November 1975 zeigte, dass die Kommunarden „das Lachen verlernt" hatten (ein Aspekt, der übrigens auch von Cabets Icaria berichtet wurde).

Trotzdem wandten sich in dieser Phase noch etliche verunsicherte und idealistische Mittelschichtjugendliche dem „Versprechen" der Mühl-Kommune zu. (Dass sie dabei oft, wie die Tochter eines konservativen österreichischen Journalisten, von einer patriarchalisch-autoritär geführten Kleinfamilie in eine ebenso patriarchalisch-autoritär geführte Großfamilie gerieten, mag jenem Muster von Rebellion und Wiederholung entsprechen, das ja auch bevorzugt Kinder stark religiös geprägter Haushalte in die Sektenreligiosität treibt.) Schlothauer beschreibt in einer ebenso berührenden wie bewundernswerten Mischung von Objektivität und Distanzierung seinen eigenen Weg in die Mühl-Gruppe. Und er konstatiert mit Worten, die auch jene eines alten enttäuschten Kommunisten oder Sozialisten sein könnten: „Wir wollten die Wegbereiter einer neuen Gesellschaft sein, unseren zukünftigen eigenen Kindern ein besseres, schöneres Leben verschaffen."

Die Realität sah freilich anders aus. „Die Kommune, die Gemeinschaft, die Gruppe hatte immer recht, und das alleinige Sprachrohr dieser Einrichtung war Otto Mühl." Wer zweifelte, wurde zwar zum Auszug ermuntert, aber dann galt: „Er hatte es nicht geschafft" – darum versuchten viele, „ausdauernde Matrosen" zu sein und weiterhin zur „Elite des Fortschritts" zu gehören.

Diese Elite kannte freilich nicht nur eine interne Elite um Otto Mühl, sondern sogar eine totale Durchnummerierung der Kommunarden nach hierarchischen Gesichtspunkten: „Auf den Letzten durfte jeder herumtrampeln." Gliederungskriterium dieser „Struktur" waren die „Bewusstseinsklassen" – man ist versucht, an die „Clear"-Abstufungen der Scientologen zu denken –, sogar Abzeichen und Uniformierungen wurden diskutiert.

Mühl selbst proklamierte, dass die „unterste Bewusstseinsklasse die materielle Arbeit verrichte, die nächsthöhere diese organisiere, die ihr übergeordnete die Bewusstseinsarbeit organisiere, und die höchste Klasse seien die internationalen Organisatoren der AA-Lebenspraxis".

1976 bis 1977 brach jedenfalls Mühls diktatorialer Anspruch voll durch – und in den AA-Nachrichten „übertrafen sich vor allem Kommunardinnen in Lobpreisungen ihres verehrten Führers". Hier spielt offenbar ein interessanteres Phänomen eine Rolle: In der freudlosen Organisation der freien Sexualität (mittels „Fickliste") behielt sich allein Guru Mühl die freie Sexualwahl vor. Da er keinen konkurrierenden Mann dulden konnte und wollte, wurden allmählich die obersten Ränge der Hierarchie von (heftig rivalisierenden) Frauen besetzt. Vor allem in der Altersphase Mühls führte das zu einem matriarchalischem Herrschaftselement in der Ebene unter dem Oberpascha. In der Zerfallszeit der Kommune kam es dann auch zu überproportionalen Auszugsquoten der Männer ...

Für 1978 bis 1981 ortet Schlothauer einen gewissen Liberalisierungsprozess. Der „Unterhosen- und Socken-Sozialismus" wurde aufgegeben, gegenüber der Öffentlichkeit begann eine Politik der Anpassung und Verheimlichung. Die Haare wurden länger, die Einheitskleidung fiel, Musikhören, Zeitungslesen wurden erlaubt, die abendlichen Selbstdarstellungen wurden tänzerischer und weicher, ab 1979 nicht mehr therapeutisch. Mühl selbst malte viel. Nach dem „einzigen und zugleich letzten Versuch" an der Jahreswende 1981/82, die Kommune zu demokratisieren, setzte aber wieder eine Zentralisierungstendenz ein, die privaten Konsummöglichkeiten wurden eingeengt, in den Stadtgruppen Kommissare (ausschließlich Frauen) eingesetzt. Schlothauers eigener Ausstieg, aber auch der etlicher anderer Kommunenmitglieder, war über die Wiederentdeckung der Zweierbeziehung vermittelt. Der subversive Charakter einer individuellen, persönlichen Liebesbeziehung im totalitären System, wie ihn George Orwell in „1984" so eindrucksvoll darstellte, erwies sich auch gegenüber der „Diktatur der freien Sexualität" und ihrer „Fickliste". Mühl, so meint Schlothauer, lehnte die Zweierbeziehung vor allem deswegen ab, weil jede Beziehung – und gerade diese tiefe Bindung zweier Menschen – die Betroffenen aus seinem Machtbereich hinaussaugte.

Selbst die Zweierbeziehungen zwischen Müttern und Kindern bekämpfte Mühl in der ihm eigenen zynischen Therapeutenhaltung und wies Kinder „Ersatzmüttern" zu. Sein Ziel war offenbar höchste Autorität, Vater aller Kinder zu sein. Dabei „erzog" er die Kinder – abgesehen von jenen sexuellen Missbräuchen, für die er zurecht bestraft wurde –

auch mit Prügeln, setzte sich mit unberechenbarer cholerischer Gewalttätigkeit auch gegen opponierende Kommunemitglieder durch.

Während sich am Friedrichshof intern eine immer erschreckendere Tyrannis ausbreitete, blieb das Bild nach außen zunächst weitgehend ungetrübt. Beziehungen zu Künstlern wie Beuys, zu hohen und höchsten Politikern wurden gepflegt, zahlreiche burgenländische Beamte erhielten „Geburtstagsgeschenke". Die Finanzbasis wurde dadurch gestärkt, dass sich viele Stadtkommunen-Gruppenmitglieder dem erfolgsträchtigen Tätigkeitszweig des Warentermingeschäfts widmen mussten, was auch den Aufbau der Kommunenfiliale in Gomera ermöglichte.

Eine Entwicklung ähnlich der im nordkoreanischen Feudal-Stalinismus deutete sich noch an, als Anfang 1988 Otto Mühl die langjährige „erste Frau" und Mutter seines 1985 geborenen Sohnes Attila (!) heiratete und diesen als Nachfolger bestimmte – an den Wänden der Kommunehäuser hingen seither Fotos der „Herrscherfamilie". Attila wurde übrigens konsequent zum „Boss" erzogen. Anderen Kindern wurde es verboten, sich zu wehren, wenn er sie schlug. Diese Entwicklung ist wahrscheinlich durch den Mühl-Prozess abgeschnitten, ein Zerfall der Restgruppe, die sich ohnedies meist in Zweierbeziehungen neu orientiert hat, vorhersehbar.

Wie aber wird es um den Nachhall des Mühlschen Experiments stehen? Otto Mühl ist zweifellos eine faszinierende Persönlichkeit mit besten Kontakten zur Kulturszene. Dass u.a. Christian Ludwig Attersee, „documenta"-Macher Jan Hoet, Oswald Oberhuber und der Ausstellungsmacher Harald Szeemann vor dem Mühl-Prozess mit einer gemeinsam unterschriebenen Erklärung an die „mediale Fairness" der Presse appellierten und Hermann Nitsch (in „Basta" 9/91) vor einer „sich verselbständigenden Justiz" warnte, die sich in die erotischen Spiele am Friedrichshof nicht einmischen hätte sollen, lässt Otto Mühls megalomane Prophezeiungen nicht ganz unwahrscheinlich erscheinen:

„Die Schmierpresse soll in meinen Bildern die Gelegenheit sehen, ihre Schweine ausfahren zu lassen, sie sollen sich im perversen Sumpf meiner Bilder als Säue suhlen zwecks Auflagensteigerung des Schmutzblattes. Psychoanalytiker sollen meinen Geisteszustand aus meinen Bildern herausfiltern und werden zu erstaunlichen Erkenntnissen kommen. Kunstkritiker werden begeistert sein, Sammler und Museumsdirektoren werden sich um meine Bilder balgen." (Tagebuch Otto Mühl, 18. Jänner 1984, zitiert bei Schlothauer.)

Otto Mühl ist ohne Zweifel ein begabter Maler. Und die Folie seines bedenkenlos auf Kosten seiner Mitmenschen ausgelebten Narzissmus, die Sensationsstory einer „Kommune", geben ihm als Künstler „Aura", machen ihn nach den Kriterien des Kunstmarktes „interessant". Extremes, Abseitiges verkauft sich ja gut, und der nach eigener Aussage „eitelste Mensch unter Gottes Himmel" wollte ja vor allein eines: „Ich will mich gut verkaufen, das ist alles." Die Verurteilung wegen Sexualdelikten an Unmündigen macht es zwar im Moment etwas peinlich, sich in der Kunstszene allzu offen zu Mühl zu bekennen. Aber da wird es schon Gelegenheit zu „Neubewertungen" geben, die „manches zurechtrücken". Vielleicht darf dann sogar ein 80jähriger Otto Mühl von „unserem großen sozialen Experiment" schwärmen, das durch Intrigen und Unverstand borniertter Philister zerschlagen worden sei.

Angesichts dieser Perspektive ist es gut, dass das gigantische Friedrichshof-Archiv existiert, in dem alles, auch das Schauerlichste dieses Experiments festgehalten wurde. Und es ist gut, dass das Buch Schlothauers geschrieben wurde, dem man weite Verbreitung wünschen möchte. Es zeichnet die Geschichte Otto Mühls nicht als die eines „Genies", sondern als die seiner Opfer, junger Menschen, deren Sehnsucht nach einer besseren Welt von einem zynischen Manipulator missbraucht wurde.

(1992)

**PERRAULT, Gilles**

**Auf den Spuren der roten Kapelle**

*Das Netzwerk des Leopold Trepper*

Europaverlag Wien-München 1994

1967 ist Gilles Perraults Buch über das verzweigte sowjetische Spionagenetz im NS-beherrschten Europa und seinen „Grand Chef" Leopold Trepper erstmals erschienen. Die jüngste Sonderausgabe des Europaverlages erlaubt es jenen, die diesen „Klassiker" der Geheimdienstdokumentationen noch nicht kennen, sich in wohlfeiler Weise mit ihm vertraut zu machen.

Die 1989 zuletzt ergänzte Neuausgabe erlaubt es nicht nur, Perraults großartige Recherchetätigkeit zu bewundern. (Er spürte unter anderem Leopold Trepper in Polen auf, wo dieser nach 10 Jahren Ljubljanka-Haft seinen Lebensabend verbrachte, und wusch ihn vom Verdacht rein, Mitarbeiter seines Netzes an die Deutschen verraten zu haben.)

Das Buch ist heute auch als Dokumentation jener einmaligen Konstellation des idealistischen antifachistischen Kampfes zu sehen, der die – in der Mehrzahl jüdischen – Mitarbeiter des Spionagenetzes damals beflügelte. Nie wieder sollte die Sowjetunion über so hoch motivierte Helfer in Westeuropa verfügen – hier wurde eine menschliche Elite gläubiger Kämpfer eingesetzt und vielfach hingeopfert, deren ideologisches Engagement zur Basis ihrer hohen Professionalität wurde.

Leopold Trepper selbst ist als kryptokommunistischer Führer der Haschomer Hazair in Polen und als KP-Funktionär in Palästina und Frankreich offenbar früher ins Geheimdienstfach hineingewachsen, als er selbst gerne zugeben wollte. Der „Grand Chef", der nach der Unterwanderung seines Netzes durch die deutsche Abwehr während seiner zeitweiligen (Nobel-)Haft ein souveränes Doppelspiel trieb, transzendiert auch das simple Profil des überzeugten „Berufsrevolutionärs":

Trepper war offenbar eine charismatische Führungspersönlichkeit, etwa vom Range Willi Münzenbergs – und er mußte wohl auch dafür bezahlen, dass er es 1945 wagte, die Frage zu stellen, warum die von seiner Gruppe deutlich übermittelten Warnungen vor dem deutschen Überfall auf die Sowjetunion so missachtet worden waren.

Insgesamt ist dieses Buch ein Dokument einer tragischen „Heldenzeit". Eine deutsche Mitarbeiterin des Netzes wie Käthe Voelkner, die mit dem stolzen Bekenntnis zum Kommunismus auf den Lippen hingerichtet wurde, ein Mann wie der Werkzeugmacher Walter Husemann, der seinen letzten Brief an den Vater mit den Worten begann: „Sei stark! Ich sterbe, als was ich gelebt habe, als Klassenkämpfer!": Solche Menschen repräsentieren ein Kapital an Idealismus und Glauben, dessen bedenkenlose Aufzehrung durch den großen Strategen in Moskau noch heute schaudern macht. Es waren wirklich die Edelsten und Gläubigsten, die hier, wie auch sonst, die schrecklichsten Schicksale erleiden mussten – und die Art, wie sich der stalinistische Apparat bedenkenlos an ihrem Idealismus „bediente", wird schon in Treppers Lehrlingszeit in Frankreich sichtbar, wo das Lenin'sche System der Arbeiterkorrespondenten („Rabkors") 1929-1932 in ein gut funktionierendes System der sowjetischen Industriespionage ausgebaut worden war.

Auch deutsche Informanten, die keine Parteikommunisten waren, aber aus idealistischen Motiven handelten, wie der Offizier Ludwig Kainz aus der Organisation Todt, der Wirtschaftsfachmann Arvid Harnack oder der Berliner High Society-Star Harro Schulze-Boysen und seine Frau repräsentieren eine bis heute nicht ausreichend anerkannte Elite individueller Verantwortungsethik.

Umso schlimmer daran zu denken, wie wenig man den Überlebenden dankte und wieviel besser ihre Jäger und Schlächter auf der NS-Seite die Nachkriegszeit überstanden.

„Le Grand Chef" Trepper, der nach seiner Haftentlassung zurückgezogen in Polen lebte, musste noch die antisemitische Vertreibungsaktion Innenminister Moczars erleben. Er durfte aber selbst – aus Rücksichtnahme auf die Sowjetunion – lange nicht ausreisen: Erst die Drohung mit dem Hungerstreik und Perraults internationale Medienkampagne ermöglichten dem Meisterspion einen Lebensabend in Israel.

Perraults Buch wird sicher einmal durch neu aufgearbeitetes Material aus Moskauer Archiven historisch „überholt" werden. Als Pionierleistung eines begeisterten „Amateurs" aber wird es vermutlich seinen Rang behalten – auch in bezug auf gewisse Aspekte der politischen Analyse. Perrault erlaubt sich ja unter anderem – höchst „unkonventionelle" – Hinweise auf die alliierte Begeisterung während der „drôle de guerre" für das von Stalin angegriffene Finnland und auf die „Priorität des Kampfes gegen die Sowjetunion", die etwa auch Ministerpräsident Paul Reynaud 1940 vor seinem Kriegskabinett proklamierte – man überlegte damals unter anderem eine von Syrien ausgehende Militäraktion gegen die sowjetische (und deutsche) Ölversorgung aus Baku. Perrault belegt hier, dass Stalins (wohl aus der pro-„weißen" Intervention Großbritanniens im Bürgerkrieg datierende) England-Phobie damals nicht ganz unbegründet war: Letztlich lässt sich ja die gesamte westliche Strategie der „Bauernopfer", der Tschechoslowakei und auch Polens (trotz formeller Kriegserklärung) auch als Versuch deuten, Hitler auf seinen „Hauptfeind", die Sowjetunion hinzulenken, um in ähnlicher Weise vom erschöpfenden Ringen der totalitären Mächte zu profitieren, wie Stalin vom (vorläufigen) Beiseitestehen im „imperialistischen Krieg" zu gewinnen hoffte. Längerfristig haben sich die großen kapitalistischen Demokratien, als deren führender antikommunistischer Repräsentant in Europa damals Winston Churchill agierte, ja auch als überlegenere Gegner erwiesen als jenes verwandte System, dessen Niederwerfung 1945 dem stalinistischen Totalitarismus die Stunde seines größten Triumphes bescherte.

(1995)

## POLANYI, Karl

## Karl Polanyis „Great Transformation" – der Versuch einer postmarxistischen Synthese

*The Great Transformation*

Wien, Europa Verlag 1977

Die Anzahl brillanter Köpfe, die angesichts der verführerischen Universalität des Marxschen Gedankengebäudes zu bloßen Interpreten und Kündern der Orthodoxie abdankten, ist Legion, die dabei vorgefallene Verschwendung geistiger Ressourcen wohl nur mit dem Resultat der Verlockungen vergleichbar, die jahrtausendelang die Theologie übte. Paradoxerweise sind darum die Werke „bürgerlicher" Denker, in denen Marx nur untergründig wirkte, im Ergebnis oft anregender als jene seiner Getreuen. Max Webers „Wirtschaft und Gesellschaft", Schumpeters „Kapitalismus, Sozialismus und Demokratie" oder Bertrand Russells „Geschichte der abendländischen Philosophie" verleugnen etwa durchaus nicht den fruchtbaren Kontakt mit der Marxschen Interessenanalyse und Ideologiekritik. Sie bewahren aber mit Recht kritische Distanz gegenüber dem dualistischen Schema, das letztlich die Marxsche Geschichtsvision einengt und in ein eschatologisches Heilsversprechen münden lässt.

Ein Werk ähnlicher geistiger Abkunft, wenn auch nicht unbedingt gleichen Kalibers wie die genannten, gilt es nun für den deutschsprachigen Leserkreis zu entdecken: Karl Polanyis wichtiges Buch „The Great Transformation", das der Europaverlag 33 Jahre nach der englischen Erstausgabe in deutscher Übersetzung vorlegt. Der Autor, 1886-1964, Bruder des Physikers und Philosophen Michael Polanyi, entstammte dem jüdischen Bildungsbürgertum der Donaumonarchie, war Jurist in Budapest und nach dem Ersten Weltkrieg Auslandsredakteur des „Österreichischen Volkswirt" in Wien. Er übersiedelte als Sozialdemokrat und überzeugter Gegner des Heimwehrfaschismus 1933 nach London und später in die USA. Sein Hauptwerk, das in den USA bereits 11 Auflagen erreicht hat und ihm einen Lehrstuhl an der Columbia University eintrug, unternimmt es, eine zusammenfassende Darstellung von „Aufstieg und Niedergang der Marktwirtschaft" zu geben. (Dieser Titel des umfangreichsten Hauptabschnittes wäre übrigens im Deutschen leichter als Gesamttitel des Werkes zu verwenden gewesen. Er gibt einen Eindruck vom ehrgeizigen Vorhaben des Autors, und die Beibehaltung des englischen Titels in der deutschen Ausgabe ist eher eine Verlegenheitslösung.)

Polanyi versucht zunächst eine Erklärung für die Periode des „Hundertjährigen Friedens" zwischen 1815 und 1914 zu geben, während der es in Europa zu keinen länger dauernden Auseinandersetzungen kam. Er sieht sie in dem „Friedensinteresse" mächtiger Gruppierungen, nämlich im „Kartell der Monarchen und Feudalherren" während der Zeit der Heiligen Allianz und im Konzert der Großmächte nach 1871. Während die Heilige Allianz allerdings eine relativ geschlossene „Internationale der Verwandtschaft" bildete, sei das ungleich lockerere Europäische Konzert durch das Friedensinteresse der internationalen Hochfinanz bedeutsam gestärkt worden. Dieser Einfluss der Hochfinanz wurde auch durch ihre inoffizielle Verwaltung der Finanzen halbkolonialer Regionen, einschließlich der islamischen Reiche, gesichert. In diesen Gebieten wurden damit zugleich stabile Voraussetzungen für langfristige Kapitalinvestitionen, etwa Eisenbahnbauten, geschaffen. Das Ende der Bismarck-Ära, der wachsende Protektionismus und die koloniale Expansion des Deutschen Reiches machten dann Großbritannien zum Führer der Friedensinteressen in Europa – einem Europa, das sich allerdings langsam in jene zwei feindlichen Mächtegruppen zu teilen begann, die den Weltkrieg ausfechten sollten.

Ein Überblick über die „konservativen zwanziger und revolutionären dreißiger Jahre" im krisenhaften Nachkriegseuropa dient Polanyi zur Verdeutlichung der fundamentalen Erschütterung des Systems, das den

„hundertjährigen Frieden" gewährleistet habe und auf den vier Einrichtungen des Kräftegleichgewichts der Großmächte, des internationalen Goldstandards, der Marktwirtschaft und des liberalen Staates begründet war. Nach dem Abklingen der kurzen revolutionären Phase zu Ende des Krieges war die vorherrschende Zielsetzung der zwanziger Jahre die Wiedererrichtung des vor 1914 bestehenden Systems, „aber diesmal auf fester Grundlage". Die Expropriation der Rentnerklasse und damit weiter Kreise des Mittelstandes und der Intelligenz legte aber bereits Grundlagen für den Erfolg des Nationalsozialismus in Deutschland, und die allgemeine Abkehr vom Goldstandard bezeichnete nach Polanyi eine revolutionäre Wende. In der Abschaffung des liberalen Marktsystems billigt der Autor – der übrigens als Korrespondent des „Volkswirt" noch selbst alle Arbeitsbeschaffungsprogramme als inflationistische Scheinlösungen abgelehnt hatte – dem Nazi-Deutschland der dreißiger Jahre dabei „eine Art unheimlicher intellektueller Überlegenheit" zu.

Der faschistische Ausweg aus dem Elend der Weltwirtschaftskrise stellte eine Reform der Marktwirtschaft um den Preis jeglicher Demokratie und Freiheit dar. Sein Sieg wurde gefördert durch den Widerstand der Liberalen gegen jegliche Reform, die Planung, Regelung und Kontrolle beinhaltete. Polanyi dagegen bekennt sich zum Abschluss seines Werks zu Freiheit *und* demokratischer Kontrolle. Er postuliert zwar die Abkehr vom selbstregulierender Marktsystem, da Arbeit, Boden und Geld diesen entzogen werden müssten, spricht sich aber für den verfassungsmäßigen Schutz nicht nur des Rechtes auf Arbeit, sondern auch des Nonkonformismus aus. Im Satze, der Schutz der individuellen Freiheit habe auch um den Preis der wirtschaftlichen Effizienz Vorrang, bewahrt und transzendiert Polanyi sein liberales Erbe. So mündet sein Werk in das Bekenntnis zu einem demokratischen Sozialismus, der auf den Interessen der Arbeitnehmer beruht, die als zahlenmäßig gewichtigste Gruppe dem Gemeinwohl am ehesten Ausdruck geben. Dieser demokratische Sozialismus Polanyis weist freilich durchaus vage Konturen auf und lässt die institutionellen Detailabgrenzungen von Plan und Markt, von Freiheit und Kontrolle unberücksichtigt.

Zur grundsätzlichen Problematik der Marktwirtschaft verarbeitet Polanyis Werk umfangreiches Material vornehmlich der britischen Wirtschaftsgeschichte. Seine genaue Analyse des Speenhamlandsystems etwa, das 1795 bis 1834 eine Art garantierten Mindesteinkommens in die englische Armenpflege einführte, ist äußerst lesenswert. Auch seine ethnologisch reich belegten Argumente gegen die „homo oeconomicus"-These vom Menschen als rationalistischem Nutzenmaximierer sind überaus sinnfällig. Gleich vielen bedeutenderen Denkern, von Karl Marx bis Robert Musil, gerät allerdings auch Polanyi das umfassend angelegte Werk zuweilen fragmentarisch, unübersichtlich und widersprüchlich: Die ehrgeizig ausgreifende Intention ist der Totalität, die sie zu fassen wünscht, nicht ganz gewachsen.

„The Great Transformation" hinterlässt so im Leser einen durchaus vielschichtigen Eindruck. Zweifellos ein bedeutendes Buch, erfrischend undogmatisch, reich an hochinteressanten Fakten und überraschenden Analogien, ist es zwar eine empfehlenswerte Lektüre für jeden sozialgeschichtlich Interessierten, Ob es aber seinem hohen Anspruch gerecht wird, eine fundamentale Darstellung des sozialen Wandels Westeuropas von der industriellen Revolution bis zum Zweiten Weltkrieg zu geben, mag bezweifelt werden.

(1977)

## POLANYI, Karl

### Kulturhistorisch faszinierend

Kenneth McRobbie, Kari Polany Levitt (Hrsg.): *Karl Polanyi in Vienna. The Contemporary Significance of the Great Transformation*

Montreal etc., Black Rose Books 2000

In gewissem Sinn liefert die jüngste österreichische Geschichte einen Beleg für Karl Polanyis vielleicht berühmtesten Ausspruch: „Laissez faire wurde geplant".

Die österreichische Bevölkerung war sich keineswegs im klaren, mit ihrem Votum bei der Nationalratswahl im Oktober 1999 gegen das hoch regulierte System der großen Koalition und Sozialpartnerschaft abgestimmt zu haben – auch wenn dies etwa von Sprechern der Industriellenvereinigung sofort behauptet wurde. In der Folge kam es aber zu einer überfallartigen Beschleunigung der bereits bestehenden Tendenz, „wohlerworbene Rechte" etablierter Interessengruppen und Verbände zugunsten erhöhter wirtschaftlicher Effizienz und globalisierter Wirtschaftsorganisationen und -philosophien zurückzustutzen, sowie zu Budgetreformen, die in diese Richtung wirken. Diese Entwicklung hatte nichts Naturwüchsiges, der Aspekt strategischer politischer Planung war sogar recht offenkundig (etwa bei der brutalen Beschleunigung des Defizitabbaus, offenbar, um rechtzeitig vor den nächsten Wahlen wieder Wahlgeschenke verteilen zu können).

Polanyis Ausspruch „schillert" freilich in etwas orakelhafter Weise: Auch geplante Maßnahmen können ja durchaus einer „spontanen Entwicklung" und einem historischen Wellenphänomen entsprechen, Ermüdungstendenzen wirtschaftlicher und politischer Organisationen widerspiegeln beziehungsweise von „aufsteigenden" sozialen Schichten inspiriert sein. Betrachtet man etwa die Krise der verstaatlichten Industrie, andere gemeinwirtschaftliche Firmenzusammenbrüche und Veränderungen im Umfeld Österreichs, den durch vielfältige technische Innovationen bedingten Abbau der Medien- und Telekommunikationsmonopole, den Druck der EU in Richtung mehr Wettbewerb etc., dann erscheint es durchaus „natürlich", dass eine ehrgeizige Politikerriege, die wenig zu verlieren hat, gegenüber gealterten regulativen Strukturen mit dem internationalen Trend auf radikale Vermarktlichung setzt.

Karl Polanyis Hauptwerk „The Great Transformation" ist, wie Friedrich von Hayeks „Weg in die Knechtschaft", erstmals 1944 erschienen. Polanyis Denken entsprach aber, wie M. Cangiani, einer der Beiträger des Symposiums, das an das 50jährige Jubiläum des Erscheinens erinnern sollte, feststellt, viel mehr dem Geist der damaligen Zeit als jenes von Hayek. Das heißt freilich auch, dass Polanyis Buch für den modernen Bobachter ziemlich „gealtert" erscheint: Die ein wenig nostalgische Erinnerung an den „hundertjährigen Frieden" von 1815 bis 1914 und sein relativ freizügiges Wirtschafts- und Währungssystem; die Überzeugung, der Versuch der Wiedereinsetzung dieses Systems nach dem Ersten Weltkrieg habe nicht funktioniert und über die Weltwirtschaftskrise zum Aufstieg der Faschismen geführt; der historische Blick auf „Aufstieg und Niedergang der Marktwirtschaft" und die Vorstellung, dass umfassende Planung nötig sei, aber unter demokratischer Kontrolle, dass „Arbeit, Boden und Geld" jedenfalls „dem Markt entzogen werden müssten".

Das alles passt sehr in die Zeit um das Ende des Zweiten Weltkriegs, als bekanntermaßen ja sogar die deutsche CDU auf Verstaatlichung setzte und Vertreter der linken Mitte allerorts Laissez faire für überholt ansahen. Heute dagegen sieht die Welt ziemlich anders aus, und ob Polanyi auf diese Situation die richtigen Antworten hat, erscheint ein wenig fraglich.

Das Symposium von 1994 zu Ehren Polanyis im Wiener Renner-Institut, dessen – englischsprachiges – Resümee nun, mit einiger Verspätung, erschienen ist, litt natürlich unter dieser Tatsache, dass Polanyis

Vision von 1944 heute „ein wenig alt aussieht". Die Vorstellungen umfassender demokratischer Wirtschaftsregulation waren ja schon unter der britischen Labour-Regierung der ersten Nachkriegszeit gescheitert – der Wohlfahrtsstaat hielt sich länger. Aber: nicht zuletzt unter amerikanischer „Beratung" setzten sich wirtschaftsliberale Strukturen in Europa über Marshallplan, EWG-Gründung etc. immer weiter durch – und erwiesen sich gegenüber den weiter existierenden Planungsmodellen realsozialistischen Typs auch als spektakulär erfolgreicher.

Natürlich wurde auch dieses erneuerte Laissez faire „geplant": Der Liberalisierung der Warenströme folgte die Liberalisierung des Kapitalverkehrs, und an dieser hatten die großen Finanzzentren in den USA und Europa natürlich primäres Interesse (wie etwa Eric Helleiner und Fred Block in ihren Aufsätzen im vorliegenden Buch ausführen). Auch der weltweite Abbau des Wohlfahrtsstaates ist natürlich durch das Interesse großer Unternehmen mitbedingt, die etwa in der privatisierten Kranken- und Pensionsvorsorge neue attraktive Märkte erobern wollen.

Gegen diese aktuellen Zeittendenzen unter mehr oder weniger intensiver Berufung auf Karl Polanyi „anschreiben" zu wollen – wie es etliche Beiträger dieses Bandes versuchen – ist ein etwas undankbares Geschäft, zumal es eben um die „Contemporary Significance" seines Hauptwerks nicht sehr gut bestellt ist (wie das etwa Michele Cangiani offen mit den Worten zugibt: „Hayek's thesis... was the better qualified to prevail, since it better accorded with the universal capitalism supported by the USA – despite the fact that the hypothesis of perfect competition was unrealistic." (S. 38).

Mit ein Problem der ökonomischen Beiträge des Bandes ist es auch, dass sie aus 1994 stammen und offenkundig auch kaum aktualisiert wurden. Der mittlerweile erzielte Transformationsstand in Ostmitteleuropa, die Hochkonjunktur der Clinton-Ära oder die Asienkrise kommen einfach nicht vor.

Was die Transformationsproblematik Osteuropas betrifft, seien hier einige kleine Anmerkungen zum Aufsatz Jan Kregels gemacht: Dieser betont (S. 108ff) die Bedeutung von Polanyis Gedanken für die „Agenda Group", die die Rolle des Staates bei der möglichst reibungslosen Transformation des realsozialistischen Systems hervorhob, und zwar im Sinne des (demokratischen) politischen Systems als Verzögerter und Puffer für allzu radikalen sozialen Wandel. Gerade das längere Polanyi-Zitat, mit dem Kregel seinen kurzen Beitrag eröffnet, belegt aber, wie wenig Polanyi hier konkret beizutragen hat, weil es in der Aussage gipfelt: „Diese obsolete Marktmentalität ist nach meiner Sicht das Haupthindernis einer realistischen Einschätzung der Probleme der kommenden Ära". („This obsolete market mentality is, as I see it, the chief impediment to a realistic approach to the economic problems of the oncoming era." – S. 108). Polanyi meint hier natürlich den Extremliberalismus seiner Zeit, und Kregel wendet das Zitat gegen Jeffrey Sachs und Co., aber die Denunziation von Marktmentalität an sich setzt einen ganz schiefen Akzent. Beim Transformationsprozeß im Osten geht es ja, kurz gesagt, gerade um den Wiederaufbau von rechenhafter Marktmentalität, die eben *nicht* obsolet ist, sondern nur in einem industrialisierten System „asiatischer Despotie" auf Jahrzehnte gewaltsam zurückgedrängt wurde. Überall dort, wo diese Zurückdrängung bloß partiell erfolgreich war, wo also der kalkulierende Erwerbsgeist seine soziale Basis nie ganz verloren hatte – also etwa in den fortgeschritteneren ehemaligen Satellitenstaaten oder dem erst 1944 in die Sowjetunion integrierten Baltikum – kann sich diese erneut vordringende Marktmentalität auf breitere gesellschaftliche Kräfte stützen (wobei die „kapitalistische Emigration" etwa im Falle Polens, Ungarns, Tschechiens und des Baltikums eine ähnlich wichtige Vermittlerrolle spielt wie das Auslandschinesentum in China). Die Rolle des demokratischen Staates als „sinnvoller Bremser" im Sinne Polanyis wird hier übrigens durchaus ausgeübt, etwa was die jahrelangen Verzögerungseffekte beim Abbau defizitärer Staatsbetriebe betrifft.

Die Sowjetunion selbst war aber dadurch gekennzeichnet, dass hier seit dem Ende der NEP-Periode beinahe vollständige „Tabula rasa" in Bezug auf jenes marktliche Denken gemacht wurde, das – trotz seiner „sozialen Gefühllosigkeit" und Borniertheit – als großer ökonomischer Fortschrittsmotor der Neuzeit anzusprechen ist.

Dieses Marktdenken mit seiner harten Leistungsmoral ist von Karl Polanyi (und vielen anderen Intellektuellen seiner Zeit) voreilig zu Grabe getragen worden, muss aber im postsowjetischen Rahmen völlig neu aufgebaut werden.

Nirgendwo sonst wurde die Agrarkollektivierung so brutal und radikal durchgeführt wie in der Sowjetunion, (die viel spätere und kaum agroindustriell verfestigte chinesische Kollektivierung erlaubte etwa eine produktivitätssteigernde Rückgabe des Landes an die Bauernfamilien als erste Stufe einer massiven de facto-Privatisierung). Nirgendwo sonst wurde privates Gewinnstreben derart konsequent als „Spekulantentum" diskreditiert und kriminalisiert. Nirgendwo sonst war auch der Widerstand der Führung gegen den modernisierenden Einfluss des Auslandskapitals so ausgeprägt: Man vergleiche etwa die Unfähigkeit und den Unwillen der Sowjetunion und ihrer größeren Nachfolgestaaten, „Sonderwirtschaftszonen" chinesischer Art einzuführen.

Angesichts der akuten Krise eines derart erstarrten, moderaten Reformen keinen Raum gebenden staatswirtschaftlichen Systems einen überharten „Zerschlagungskurs" zu fahren, scheint für dessen innere wie äußere Gegner nahezu selbstverständlich – auch wenn die sozialen Konsequenzen kurzfristig äußerst betrüblich sein mögen. Hier geht es wohl nicht nur, wie Kregel meint, um die „ökonomistische Täuschung" eines Jeffrey Sachs, sondern um die bewusste und unumkehrbare Zerstörung der Grundlagen einer bis Zähne gerüsteten, dabei aber sklerotisierten und ineffizienten Despotie, die jahrzehntelang jedes nicht konforme Denken und Handeln im Keim erstickt hatte. Diese Zerstörung mag von Strategen wie Zbigniew Brzezinski auch bewusst intendiert worden sein, und Leute wie Sachs hatten hier vielleicht die objektive Funktion von Erfüllungsgehilfen. Der Zusammenbruch der hyperzentralisierten Hierarchien und das daraus resultierende Führungsvakuum haben aber jede erst die Möglichkeiten eines dauerhaften, im Sinne Polanyis gedämpften Modernisierungsschubes in Ostmitteleuropa geschaffen.

Man mag also die Meinung vertreten, dass es um die *"contemporary relevan*ce" der Thesen Polanyis heute nicht allzu gut bestellt ist. Im kulturhistorischen Sinn allerdings erweist sich das Werk „Karl Polanyi in Vienna" als wahre Fundgrube. Allein der zweite Teil Werkes, der den farbigen Persönlichkeiten Karl Polanyis und seiner Frau Ilona Duczynska gewidmet ist, ist es wert, sich mit diesem Buch zu beschäftigen.

Karl Polanyis Lebensweg eines brillanten jungen Mannes aus kultiviertem bürgerlich-jüdischen Haus hat exemplarischen Charakter: vom linken Studenten über die Bewunderung des „roten Wien" (als Auslandsredakteur des „Österreichischen Volkswirtes") bis hin zur späten akademischen Etablierung in den USA durch die damals sehr zeitgeistige „Great Transformation" läuft hier ein „modellhaftes" Intellektuellenleben ab.

Ähnliches gilt auch für seine Frau Ilona Duczynska. Die rebellische Tochter aus polnischem Militäradel scheint bis ins hohe Alter Gefallen an „Husarenstücken" behalten zu haben: Sie hatte als junges Mädchen vor, den ungarischen Ministerpräsidenten Graf Tisza zu erschießen, war Mitarbeiterin Karl Radeks bei der Vorbereitung des Komintern-Kongresses von 1920, schmuggelte in einer Zahnpastatube Diamanten für die Exilanten der ungarischen Räteregierung nach Wien, schrieb für linke Zeitschriften und organisierte nach 1934 einen illegalen Radiosender des Schutzbundes (der aber nur selten und auf kleinem Gebiet zu hören war). Letztlich schrieb diese „romantische Revolutionärin aus gutem Haus" auch ihr „großes Buch" (typischerweise gegen die allzu „etatistische" Schutzbundkonzeption Alexander Eiflers als „Gegenarmee" und parteinehmend für General Körners realistischere, aber im Zeitkontext chancenlose Konzeption eines guerillaartigen Kleingruppenwiderstandes gegen eine faschistische Machtergreifung).[55]

Duczynskas Interesse für Emiliano Zapata, für die Pariser Studentendemonstrationen und Castros Kuba, ihr Einsatz für den RAF-Terroristen und Dichter Peter-Paul Zahl und ihre konspirativen Schmuggelfahrten zugunsten linker ungarischer Dissidenten haben in ihrem durchlaufenden „radical chic" etwas Romanhaftes (und zugleich nicht ganz Ernstzunehmendes). Diese jugendlich bewegte alte Dame von offenbar umwerfendem Charme konnte zuletzt auch auf ein exemplarisches Leben einer „Nobellinken" im 20. Jahrhundert zurückblicken. Die ihr gewidmeten Artikel u.a. von Kenneth McRobbie, Barbara Striker und György Konrad zählen jedenfalls zu den faszinierendsten Passagen dieses Bandes. Hier wird an einem Beispielfall die typische Rolle von Dissidenten der Oberschicht in den großen sozialen Bewegungen des Jahrhunderts thematisiert.

Karl Polanyi war zweifellos der „ruhigere" des ungleichen Paares. Aber auch seine Biografie, der sechs Artikel gewidmet sind, hat etwas Exemplarisches. Ilona Duczynska beschreibt, nicht ohne sozialanalytischen Tiefblick, das Familienmilieu. Der Vater Mihaly Pollacsek, gebürtig aus dem ungarisch-galizischen Grenzland, studierte bereits in den 1870er Jahren an der technischen Hochschule in Zürich und später in Edinburgh: Die schottische puritanische Ethik sollte ihn ein Leben lang prägen. Er wurde zeitweilig zum Industriekapitän, residierte an der no-

---

[55] Vgl. Alfred Pfabigan S. 265ff.

blen Adresse Andrássy út 2 – lehnte aber stets die Allüren der ungarischen „Gentry" und der dieser nacheifernden Teile des jüdischen Großbürgertums ab. Pollacsek verweigerte stolz die Abkehr vom Judentum und auch die Magyarisierung seines Namens (die aber seine Kinder vollzogen). Das Unternehmen des Vaters brach um 1900 (nach Duczynska infolge enormer Konventionalstrafen aufgrund eines verregneten Sommers) zusammen, aber der verarmte Patriarch blieb ungebrochen in seiner Redlichkeit und seinem Puritanismus.

Karl Polanyi, geboren 1886, hatte aus den Jahren des Reichtums ein wertvolles Kapital an Bildung mit bekommen. 1908 war er den „Sozialistischen Studenten" beigetreten, später wurde er der erste Präsident des Budapester Galilei-Kreises. Der strebsame Student und spätere Anwalt war ein Freund von Georg Lukács, scheint sich aber vom System der Räteregierung weitgehend ferngehalten zu haben (wiewohl er Lukács am 2.5.1919 geschrieben hatte, er trete der Partei bei). Die Übersiedlung nach Wien erfolgte laut Duczynska im Juni 1919 krankheitsbedingt. In Wien verkehrte der genesene Polanyi aber in kommunistischen Emigrantenkreisen, lernte da auch die Duczynska kennen und begeisterte sich bald als einziger „roter" Redakteur des „Österreichischen Volkswirt" für die Aufbauleistungen des sozialdemokratischen Wien. Sein zuweilen etwas „propheten- und rhapsodenhaftes" Auftreten ist auch in seinem Hauptwerk erahnbar (nicht immer zum Besten der Analyse).

Als der 1933 nach England und dann in die USA emigrierte Gelehrte 1947 aufgrund seiner „Great Transformation" eine Gastprofessur an der Columbia University erhielt, eröffnete ihm auch seine mitreißende Lehrtätigkeit eine späte Universitätskarriere. Die Übersiedlung der Familie nach Kanada wurde durch die 1947 erfolgte Landesverweisung der Duczynska aus den USA („als früheres Mitglied der ungarischen KP") bedingt. Es sind vor allem diese letzten 100 Seiten des umfangreichen Werks „Karl Polanyi in Vienna", die seinen Reiz ausmachen: jene Passagen, welche das Zeitkolorit des Autors, seiner Frau und seines Werkes deutlich machen – bis hin zu Richard Bermanns Schilderung der Redaktionskonferenzen des „Österreichischen Volkswirt" in der Porzellangasse 27 (eine Übersetzung eines im „Volkswirt" von 1928 erschienen Originalbeitrags).

Gewisse Grundgedanken von Polanyi, wie jener der sozialen Bindung des Marktmechanismus, werden spätestens im Gefolge einer größeren ökonomischen Krise sicher wieder stärker diskutiert werden. Dann werden wohl auch Polanyis Warnungen vor den „Gefahren planetarer Interdependenzen (assoziiert mit globaler Marktexpansion) und seine Plädoyers für regionalisierte Wirtschaftssphären wieder mehr beachtet werden.[56] Ob Polanyis Hauptwerk längerfristig jene Bedeutung hat, die ihm der Kreis um die Organisatoren der Wiener Konferenz von 1994 geben möchte, wird die Zukunft entscheiden. Mitherausgeber Kenneth McRobbie zeigt hier sehr schätzenswerte Nüchternheit (S. 85ff) – vor allem, was das rhapsodische Element bei Polanyi betrifft. Tatsache ist, dass aus Anlass des Fünfzig-Jahr-Jubiläums der „Great Transformation" ein Buch entstanden ist, das den Zeithintergrund, der mitteleuropäische Intellektuelle der ersten Hälfte des 20. Jahrhunderts bewegte, in exemplarischer Weise belegt.

(2001)

---

[56] Vgl. Björn Hettne S. 60ff.

## SCHACHT, Hjalmar

## Leben und Wirken einer umstrittenen Persönlichkeit

Pentzlin, Heinz: *Hjalmar Schacht: Ein untadeliger Handlanger zwischen Weimar und Hitler*

Berlin/Frankfurt/Wien, Ullstein Verlag 1982

Die schillernde Figur des „Finanzzauberers" Hjalmar Schacht würde im Falle einer Verschärfung der weltwirtschaftlichen Krisensymptome wohl wieder stärker ins historische Blickfeld rücken. Schacht zählt zu jenen umstrittenen Persönlichkeiten, die auch ihre Biographen zur distanzierenden oder rechtfertigenden Parteinahme verlocken. Heinz Pentzlins Werk[1] über ihn fällt unter die zweite Kategorie, ist dabei aber weit kritischer und informativer ausgefallen, als man es bei derlei Huldigungsliteratur erwartet. Das liegt jedoch nicht zuletzt an der Person Schachts selbst, der als nationalkonservativer aber weltoffener Grandseigneur in der Weimarer Republik so wie im „Dritten Reich" eine Funktion als mächtiger, bewunderter und beargwöhnter Außenseiter einnahm. Die zahlreichen NS-Propagandafotos belegen es am augenfälligsten: Neben den Bonzen in Uniform und dem jubelnden Spalier im „deutschen Gruß" wirkt der Bankmann immer etwas deplaciert: Ein selbstbewusster, etwas steifer Großbürger in altväterischer Zivilkleidung ...

### Das Gift der Reparationsfrage

Der 1877 geborene Horace Greeley Hjalmar Schacht stammte aus angesehener, aber wenig begüterter Familie in Nordschleswig. Sein Vater, Amerikaemigrant und -heimkehrer, erwarb erst spät als Repräsentant einer Versicherungsfirma einigen Wohlstand. Als Schüler einer Hamburger Nobelschule und promovierter Nationalökonom gelangte dagegen Sohn Hjalmar schon in jungen Jahren über eine Anstellung in einem Exportunternehmerverband in eine gehobene Position im Rahmen der Dresdner Bank. Währungspolitische Erfahrungen in der deutschen Militärverwaltung in Belgien und ein Vorstandsposten bei der Nationalbank (später DANAT-Bank) leiteten über zur steilen Nachkriegskarriere Schachts. Der Bankmann, der seit seinen Anfängen auch publizistisch arbeitete und für den Hausgebrauch Gedichte verfasste, betätigte sich nach Zusammenbruch des Kaiserreichs zusätzlich politisch im Vorstand der Demokratischen Partei. Sein Amt als Präsident der deutschen Reichsbank verdankte Schacht, der an der Beendigung der Hyperinflation Anteil hatte, nicht zuletzt der deutschen Linken. In den folgenden Jahren geriet Schacht allerdings im Rahmen der Verhandlungen über die Präzisierung der deutschen Reparationen in zunehmende Gegensätze zur „Erfüllungspolitik" der wechselnden Weimarer Koalitionen. Schachts hochfahrende Art und seine – nicht unberechtigten – Mahnungen vor dem Anwachsen der kurzfristigen deutschen Kreditverpflichtungen im Ausland entfremdeten ihn der Regierungspolitik, eher dilettantische außenpolitische Einzelaktionen, wie Schachts Forderungen nach Grenzrevisionen und Kolonien als Gegenleistung finanzpolitischer Zugeständnisse, zeigten seine Annäherung an die Rechtsopposition. Im Zusammenhang mit den Verhandlungen über den umstrittenen Young-Plan, dessen Vereinbarungen Schacht zunächst widerstrebend gebilligt hatte, kam es dann 1930 zum Rücktritt des Präsidenten der Reichsbank und 1931 zu seiner Teilnahme an der „Harzburger Front" mit Hugenberg und Hitler.

Die astronomischen Reparationsverpflichtungen Deutschlands, die nach dem Young-Plan noch bis 1988 dauern sollten, und die das politische Leben der Weimarer Republik vergiftet hatten, wurden übrigens im Juni 1932 der Regierung Papen vollständig erlassen – ohne bei über fünf Millionen Arbeitslosen den Aufstieg des Nationalsozialismus in der Gunst der Massen bremsen zu können. Zusammen mit der Aufhebung des deutschen Aufrüstungsverbotes Ende 1932 wurden diese verspäteten

Konzessionen der Entente damit zu unfreiwilligen Morgengaben an das Hitler-Regime.

## Der Opportunist als Warner

In einem Gedicht Schachts, das sich mit dem Vorwurf des Opportunismus auseinandersetzt, heißt es:

„Opportunismus ist die Kraft,

Den Augenblick beim Schopf zu fassen,

Hab' ich was Rechtes damit geschafft,

Will ich mich ruhig schelten lassen,

Mein Charakter sei nicht dauerhaft."

Durch das rechtzeitige Umschwenken zu Hitler den Augenblick beim Schopf zu fassen, gelang Schacht vorzüglich. Freilich ging es dabei nicht ohne ideologische Wendungen ab. Der frühere Mann der Linken und Verteidiger der Unabhängigkeit der Reichsbank wurde 1933-1939 erneut zum Reichsbankpräsidenten und 1934-1937 auch zu Hitlers kommissarischem Wirtschaftsminister. In diesen Funktionen agierte Schacht als sachkundiger Erfüllungsgehilfe der erfolgreichen Arbeitsbeschaffung und Aufrüstung. Er billigte und entwarf dabei dirigistische Maßnahmen, die er zu Zeiten der Republik wohl als gefährliche Experimente mit der Währung vernichtend kritisiert hätte: Beispiel sind die von Schachts Biographen Pentzlin zwar sorgfältig dargestellten, aber nicht als Surrogat der Notenpresse einbekannten MEFO- und OEFFA-Wechsel. (Dieser spektakuläre Wandel Schachts vom konservativen Finanzmann zum parakeynesianischen „Ankurbler" dokumentiert drastisch die Tendenz, dass in der Krise diktatorischem Durchgreifen zugebilligt wird, wozu der demokratischen Wirtschaftspolitik meist Mut, Möglichkeiten und öffentliche Zustimmung fehlen).

Freilich war Schacht auch im Dritten Reich kein bedingungsloser Jasager. In einem letztlich erfolglosen Kampf mit Göring versuchte er die immer massiveren Rüstungs- und Autarkieanstrengungen unter Hinweis auf ihre negativen Auswirkungen auf die Devisenlage zu bremsen. Der liberal geprägte Freimaurer Schacht nahm auch vorsichtig gegen die Rassen- und Kirchenpolitik der Nationalsozialisten Stellung. Freilich geriet er damit immer mehr in die Rolle des vernünftigen Don Quichote in einer Welt von Narren. Nach seiner Absetzung als Wirtschaftsminister und Präsident der Reichsbank behielt Hitler Schacht zwar noch bis 1943 als Minister ohne Portefeuille in der – nie mehr zusammentretenden – Reichsregierung. Schachts Brief an Hitler, nach den militärischen Erfolgen über Russland im September 1941 doch Friedensverhandlungen aufzunehmen und seine Proteste dagegen, dass ab Februar 1942 auch Reichsminister nicht mehr ausländische Rundfunksender hören durften, sind aber nur mehr als Ausdruck tragischer Groteske interessant. Zu den Verschwörern des 20. Juli hatte Schacht zwar lose Kontakte, aber hütete sich mit Recht vor Gördelers voreiliger Neigung zur Aufstellung von Ministerlisten. Am 23. Juli 1944 wurde Schacht verhaftet und bis Kriegsende gefangen gehalten, danach im Nürnberger Prozess angeklagt und freigesprochen, zuletzt auch nach jahrelangen Spruchkammerverfahren entlastet. Hjalmar Schacht ist bis ins hohe Alter im Bankwesen und publizistisch aktiv gewesen und 1970 im Alter von 93 Jahren verstorben.

Schachts Biograph Pentzlin zeichnet diesen Weg mit einer Vielzahl von Fakten (leider ohne im Einzelfall präzise Quellenangaben) und mit viel – ja vielleicht allzu viel – Verständnis nach. Die „Marxisten", selbst der demokratischen Linken, scheinen nämlich bei Pentzlin zuweilen auch noch im Rückblick schlimmer als jene „nationalen" Kreise, die Hitler an die Macht verhalfen.

Wenn man es aber genau nimmt, lag in diesem Aspekt Deutschlands Tragödie: Denn geniale Psychopathen mit Charisma wie Hitler gibt es zu allen Zeiten und in allen Völkern. Das Verhängnis lag jedoch darin, dass breite Kreise des deutschen Bürgertums, durchaus auch bedeutende und kultivierte Leute vom Schlage Schachts, bereit waren, die Demokratie einem solchen „starken Mann" zu opfern, dessen Plebejertum und krankhaften Rassismus sie zwar missbilligten, den sie aber als Rammbock gegen den Kommunismus für brauchbar und kontrollierbar hielten. Schacht ist in diesem Sinne die Symbolfigur des persönlich untadeligen Handlangers, der den Weg in den Abgrund ebnete. Sein Biograph Pentzlin kann diese Perspektive nicht kritisch ausleuchten, weil das Denken Schachts offenbar seiner eigenen Haltung entspricht.

(1983)

## SOMBART, Nicolaus

## Die Stille im Zentrum des Orkans

*Jugend in Berlin 1933-43. Ein Bericht*

München-Wien, Hanser Verlag 1984

Menschen, die ihre inneren Widersprüche offen zur Schau tragen, sind zumeist interessanter und ehrlicher als scheinbar bruchlose Charaktere. Offen entfaltete Subjektivität und Widersprüchlichkeit macht deshalb auch den größten Reiz von Nicolaus Sombarts Buch über seine Berliner Jugend 1933-43 aus.

Der Autor ist der späte Sohn des berühmten Nationalökonomen und zeitweiligen Kathedersozialisten Werner Sombart. Er wuchs in einem großbürgerlichen Villenhaushalt im Grunewald auf, geprägt wie er schreibt, durch die „Bibliothek des Vaters und den Salon der Mutter". Diese, eine lebensfrohe junge Frau aus rumänischer Bojarenfamilie, pflegte eine reiche Geselligkeit, unter anderem mit Angehörigen der französischen und italienischen Botschaft in Berlin, mit Exilrussen und Persönlichkeiten des damaligen deutschen Geisteslebens.

Nicolaus Sombarts Erinnerungen an seinen Vater, den ironisch-distanzierten, sehr patriarchalischen und doch liebevollen „Geheimrat" sind ebenso faszinierend wie jene an das gesellschaftliche Leben der Eltern und an die eigenen Jugendfreundschaften.

Obwohl in den Grunewaldvillen bis gegen Ende der dreißiger Jahre immer noch etliche jüdische Familien ausharrten, verkehrten im Hause der Sombarts vornehmlich Menschen, die man, wie Werner Sombart selbst, zumindest zeitweilig in das Umfeld des Nationalsozialismus rücken muss: Carl Schmitt etwa, der Staatsrechtler, dessen Führermythologie und Lehre vom totalen Staat die NS-Diktatur geistig vorbereiteten und überhöhten, war ständiger Gast des Hauses und väterlicher Freund von Nicolaus. Grigol Rolakidse, ein Exilgeorgier, veröffentlichte sogar ein hymnisches Buch über Hitler. Viele sahen zwar Hitler und seine Partei als verachtenswerte oder gefährliche Parvenus an, und erkannten die Gefahren herannahenden Krieges, waren aber selbst in elitäre Mythologien versponnen. Man diskutierte Ernst Jüngers „Auf den Marmorklippen" ...

Nicolaus Sombart versucht aus seinem lebendig erzählten Jugenderlebnissen eine Diagnose des Verfalls der deutschen Kulturtradition bis in die Schreckensherrschaft des Nationalsozialismus abzuleiten. Er verweist dabei immer wieder auf die Bedeutung homoerotisch gefärbter Männerbünde als Träger anti-demokratischer, antirationalistischer Mythen – von der bündischen Jugendbewegung bis zum schwarzen Corps der SS (man könnte dem freilich die homoerotisch-männerbündlerisch geprägte Kultur der britischen Public Schools und Colleges entgegenhalten, die offenbar keine solchen politisch-totalitären Auswirkungen hatte).

Trotz anregender, aber etwas improvisierter Anläufe rationaler Aufarbeitung begegnet man freilich auch bei Nicolaus Sombart den Nachwirkungen der seine Jugend prägenden Mythen – von einem zuweilen recht snobistisch angehauchten Elitebewusstsein über eine emphatische Schicksalsgläubigkeit bis zur abstrusen, aber offenbar ernst gemeinten These, dass glückliche Ehen nur dann gewährleistet sind, wenn die Partner das gleiche Nasenprofil aufweisen (S. 235). Trotz einer kurzen Jugendliebe zu einem jüdischen Mädchen scheint Sombart auch heute noch von jener philosemitisch-antisemitischen Ambivalenz geprägt, die das Gegenteil vorurteilsloser Menschlichkeit ist. (Dass Carl Schmitt gerade Benjamin Disraelis Porträt in seinem Arbeitszimmer hatte, belegt im Grunde die selbe Befangenheit).

Sombart kämpft ehrlich gegen die Nebel im Hirn, die so vielen deutschen Bildungsbürgern die klare Weltsicht verstellten, aber liebt dieses Gewaber offenbar auch – ähnlich Hans Jürgen Syberberg. So ist Nicolaus Sombarts Erinnerungsbuch ein ungemein lesenswertes, zuweilen aber auch befremdliches Zeitdokument einer privilegierten Kindheit im Zentrum eines historischen Orkans. Es belegt, und zwar gerade durch seine Schwächen, wie viel näher die Geisteswelt der „deutschen Mandarine" à la Carl Schmitt schon vor Hitler den Wahnvorstellungen des Unmenschen kam als manche das heute wahrhaben mögen.

(1984)

**STIEFEL, Dieter**

**Insel der Unseligen – Österreich 1918-38 aus der Sicht eines Wirtschaftshistorikers**

*Arbeitslosigkeit – Soziale, politische und wirtschaftliche Auswirkungen – am Beispiel Österreichs 1918-38*

Berlin, Duncker & Humblot 1979

Schon seit 1923 pendelte die österreichische Arbeitslosenrate ständig in der Nähe der 10 Prozent-Marke, um diese 1926 mit 11,0 Prozent sogar zu überschreiten. Alle Parteien, auch die Sozialdemokratie, verhielten sich gegenüber dieser erschreckenden Tatsache weitgehend resignativ und werteten sie vor allem als Beweis der Lebensunfähigkeit des jungen Kleinstaates und der Notwendigkeit des „Anschlusses".

Die nach dem Kriege provisorisch eingeführten Fürsorgemaßnahmen für die Arbeitslosen erwiesen sich somit als permanentes Provisorium. Katastrophal wurde die Situation allerdings ab dem Jahr 1931, und zwischen 1932 und 1933 unterschritt die Zahl der Erwerbslosen niemals die Zwanzig-Prozent-Marke, wobei die 557.000 oder 26,0 Prozent Arbeitslosen des Jahres 1933 einen traurigen Rekord darstellten.

Der internationale Vergleich zeigt dabei auf, dass Österreich damals eine gegenüber seinen Nachbarstaaten in der Regel überdurchschnittliche Arbeitslosigkeit aufwies, eine Umkehrung der heutigen Situation als (vorläufige) „Insel der Seligen". Besonders extrem war dabei der Gegensatz der hohen österreichischen Arbeitslosigkeit zu Ende der dreißiger Jahre gegenüber dem in Vollbeschäftigung aufrüstenden deutschen Reich.

Man könnte nun meinen, all das sei längst abgetan, historisch. Aber obwohl nur mehr ein kleiner Teil der heutigen Österreicher die Schrecken der Arbeitslosigkeit in der Weltwirtschaftskrise am eigenen Leibe erlebt hat, handelt es sich doch um ein Thema von ungebrochener

Aktualität. Das beweist nicht nur ein Blick über unsere Grenzen. Dieter Stiefels Studie über die sozialen, politischen und wirtschaftlichen Auswirkungen der Arbeitslosigkeit im Österreich der Zwischenkriegszeit macht auch erschreckend deutlich, dass viele Reaktionsmechanismen jener Epoche bei einer plötzlich auftretenden großen Krise wohl wieder auftreten würden, ja ansatzweise heute schon feststellbar sind.

Hier sind etwa zu nennen:

1. Die Finanzkrise der kleineren Gebietskörperschaften und der Parafisci, besonders der Arbeitslosenversicherung, deren Streben nach Defizitabbau krisenverschärfend wirkt. Um sich die finanzielle Fraugilität besonders der Arbeitslosenversicherung zu verdeutlichen, denke man nur daran, dass selbst in der derzeit (1980) recht guten Konjunkturlage die Arbeitsmarktverwaltung Finanzprobleme hat, die aktive Arbeitsmarktförderung selektiver gehandhabt werden soll und eine Erhöhung der Arbeitslosenbeiträge nicht ausgeschlossen wird.

2. Die Tendenz zur Verdrängung von Randgruppen vom Arbeitsmarkt. Dass Vertreter der Sozialdemokratie 1925 das so genannte Inlandsarbeiterschutzgesetz akklamierten und später seine allzu laxe Handhabung kritisierten, findet heute seine Parallele im allseits geschätzten Abbau des „Gastarbeiterpuffers", der auch nicht gerade als Akt internationaler proletarischer Solidarität gelten kann. Die Frauenbewegung hat seit den dreißiger Jahren vor allem durch die Herausbildung einer derzeit sehr aktiven intellektuellen Aktivistenschicht an Stärke gewonnen. Aber Maßnahmen wie der Abbau verheirateter weiblicher Bundesbediensteter 1933-34, und die damals auch von der linken Seite kommenden Vorstellungen einer Rückverweisung der Frauen an Heim und Herd sind wohl noch nicht ganz überwunden.

3. Der massive Widerstand gegen Arbeitszeitverkürzungen zur Bekämpfung der Arbeitslosigkeit ist heute wie zur Zeit der Weltwirtschaftskrise ungebrochen. Die Scheu vor Kreditschöpfungsmaßnahmen zur Finan-

zierung der Arbeitsbeschaffung, die damals als Spätfolge der Hyperinflation allen politischen Kräften außer der extremen Rechten gemeinsam war, scheint heute ebenfalls wieder stärker als am Höhepunkt des Keynesianismus. Auch die in den dreißiger Jahren von der österreichischen Industrie geforderten Varianten des Mond-Planes (temporäre Lohnsubventionen) scheiterten nicht zuletzt an dieser finanziellen Schranke.

4. Das Problem sinnvoller Arbeitsbeschaffung wird von Stiefel anhand des recht geringen Umfanges und der Ineffizienz der produktiven Arbeitslosenfürsorge im Österreich der zwanziger und dreißiger Jahre verdeutlicht. Es handelt sich hier um ein Problem, das heute verdrängt ist, im Bedarfsfall eines großen internationalen Konjunktureinbruches aber wohl wieder akute Ratlosigkeit hervorrufen würde. Bezeichnend ist es, dass die traditionelle Beschäftigung Arbeitsloser im Bauwesen in der Regel wenig wohlstandsvermehrenden Prestigeprojekten gewidmet ist. Statt hygienischer Sozialwohnbauten errichtete man etwa im Österreich der dreißiger Jahre, Jahrzehnte vor der Massenmotorisierung, vornehmlich die Höhenstraße, Großglocknerstraße und die Reichsbrücke. Archetypisch sinnloses Vorbild scheint hier das „riesige Amphitheater", das eine Kommission des Jahres 1848 den Pariser Arbeitslosen der Nationalwerkstätten als Bauaufgabe setzen wollte, und das sie noch dazu als Projekt von „hohem öffentlichen Nutzen" anpries. Schlimmer war zweifellos noch die Hitlersche Alternative der Arbeitsbeschaffung durch Aufrüstung zum Weltkrieg, aber dass etwa die Sanierung und Durchgrünung unserer Großstädte eine Großaufgabe für Krisenzeiten darstellt, ist leider eine auch heute noch kaum beachtete Tatsache.

Stiefels solides, mit Tabellen und Quellenhinweisen reich ausgestattetes Werk macht uns auch mit einigen eher absonderlichen Randaspekten der Arbeitslosigkeit bekannt: so mit der Anfrage der österreichischen Regierung aus 1933, ob uns Großbritannien nicht eine kleinere Kolonie zu Siedlungszwecken zur Verfügung stellen könnte. Auch über die „Innenkolonisation" wurde damals viel diskutiert, dennoch aber blieben die Arbeitslosen in den

Städten und wurden nicht Nebenerwerbslandwirte sondern höchstens Schrebergärtner. Die historisch immer wiederkehrenden Tendenzen zur Militarisierung der Erwerbslosen fanden schließlich in Österreich im „freiwilligen Arbeitsdienst", vor allem aber in der lächerlich martialischen Terminologie der erfolglosen „Arbeitsschlacht" von 1935 ihren Widerhall. In der Darstellung der sozialen Folgen der Arbeitslosigkeit basiert Stiefel vornehmlich auf der berühmten Studie von Jahoda-Lazarsfeld-Zeisel über die Arbeitslosen von Marienthal. Hier fällt als paradoxe Folge der Krise unter anderem die Eindämmung des Alkoholismus aus schierer Not auf.

Bei der Würdigung des politischen Aspektes seines Themas hebt Stiefel die Apathie der österreichischen Arbeitslosen hervor, die sich im Widerspruch zu Theoretikern wie Sorokin und den Hoffnungen der österreichischen KP nicht als revolutionäres Potential erwiesen. Der fehlende Hinweis auf die Desintegration des strukturell schwächeren Parteisystems der Weimarer Republik und den Aufstieg der NSDAP als Folge der Krise lässt hier Stiefels Überlegungen aber als etwas verkürzt und isolierend erscheinen. Richtig konstatiert Stiefel dagegen den konservativen, gesellschaftsstabilisierenden Aspekt der Arbeitslosenfürsorge, der in den 1920er Jahren eigentlich in Widerspruch mit den Aspirationen der Linken auf eine Gesamtänderung des politisch-sozialen Systems stand. Ebenso deutlich wird aber, dass eine Arbeiterbewegung, die aus politisch-taktischen Gründen auf die Leidminderung und minimale Lebenssicherung der Erwerbslosen verzichtete, sich durch moralischen Zynismus selbst disqualifizieren würde. In diesem Sinne, aber mehr noch im Sinne der Erhaltung der Vollbeschäftigung ist „Reparatur des Kapitalismus" – vor allem auch angesichts nicht eben rosiger Alternativen – einfach ein Gebot aktiver Humanität.

Stiefels ansprechendes, nur leider von etlichen Druckfehlern durchsetztes Werk sollte uns lehren, unberechtigten Hochmut gegenüber der Sozial- und Wirtschaftspolitik der Zwischenkriegszeit abzubauen, ihre scheinbaren und realen „Sachzwänge" besonders auf finanzpolitischem Gebiet zu erkennen und die verblassende gesellschaftliche Erinnerung an die Epoche der Massenarbeitslosigkeit wach halten. Es heißt, Geschichte wiederholt sich nicht. Dennoch aber gibt es typische Probleme und Abläufe, die in Variationen immer wiederkehren. Viele Haltungen und Vorurteile sind seit den dreißiger Jahren gar nicht so viel besser geworden, als es den Anschein hat. Hoffen wir, dass uns die Probe aufs Exempel in einer neuen großen Weltkrise erspart bleibt.

(1980)

## STOCKMAN, David A.

## Brilliante Borniertheit gegen bauernschlauen Biedersinn

*The Triumph of Politics – why the Reagan-Revolution failed*

New York, Harper & Row Publishers 1986

Einer der Schlager in der Wahlkampagne Ronald Reagans gegen Jimmy Carter war das Versprechen, trotz einer großen Steuersenkung den Staatshaushalt auszugleichen. Die Realität sah, wie bekannt, anders aus: das Budgetdefizit explodierte förmlich und erreichte für 1986 (laut der Vorschau zur Jahresmitte) etwa 220 Milliarden Dollar. Wie kam es nun dazu, dass ein Präsident, der dem „deficit spending" verbal so abhold ist wie Reagan, de facto eine recht massive neokeynesianische Ankurbelungspolitik betrieben hat?

David Stockmans faszinierendes und irritierendes Buch über das Scheitern der „Reagan-Revolution" gibt darauf Antwort. Die neokonservativen Ideologen der „supply side" setzten sich zwar mit ihren Steuersenkungsinitiativen durch, die entsprechenden massiven Ausgabenkürzungen waren aber aufgrund des Widerstands der Ministerialbürokratien, Subventionslobbies, der Kongressabgeordneten und nicht zuletzt wegen der Passivität eines popularitätsbewussten Präsidenten undurchführbar; das Resultat war laut Stockman „a free lunch message and a mindless political addiction to tax cutting without regard to the fiscal consequences" (S. 400). Im Endeffekt sieht Stockman nur den Ausweg einer massiven Steuererhöhung, vor der aber Reagan bisher ebenfalls zurückgeschreckt ist. (Die mittlerweile beschlossene große Steuerreform versteht sich ja als aufkommensneutral, ist aber in ihren praktischen Auswirkungen noch nicht voll abschätzbar.)

Die Mechanismen, durch die dieses paradoxe Ergebnis zustande kam, werden durch Stockmans Buch dokumentiert. Stockman beschönigt auch nicht seine eigene, mehr als zweifelhafte Rolle als Budgetdirektor, der durch phantasievolle Zahlenzaubereien die Chimäre des Budgetausgleichs wider besseres Wissen am Leben erhalten musste. Stockman zeichnet sich im

Rückblick aber mehr als eine Art Parsifal oder Don Quichote, einen reinen Toren, der an den Windmühlen der Subventionsbürokratie scheitert. Obwohl er abschließend die Redistributionsdemokratie anerkennt, bewahrt er seinen ideologischen Traum: das Credo eines minimalistischen Nachtwächterstaates und seine Ideologie „freie Bahn dem Tüchtigen" bezeugen letztlich ein tiefes Unverständnis gegenüber den sozialen Aufgaben des modernen Leistungsstaates.

David Stockmans gut lesbares, ja stellenweise suspekt trivialromanhaftes Buch (wo hat er nur immer wörtliche Gesprächszitate her?) beginnt mit einer Darstellung seiner persönlichen Erfolgsstory. Der leistungsbewusste Farmboy aus Michigan kämpfte sich, in geschickter zeitweiliger Anlehnung an diverse „Vaterfiguren" bis zum Kongressabgeordneten und Budgetexperten der Republikanischen Partei durch.

Ein Zwischenspiel in der Studentenbewegung der sechziger Jahre blieb für Stockman dabei intellektuell folgenlos. Das wird an der Kurzfassung seines ideologischen Lebensweges deutlich, die an plakativer Seichtigkeit nichts zu wünschen übrig lässt. „Like many in my generation, I took up Marxism and America-hating. Liberal professors and antiwar agitators shattered everything I believed in. When the radicals turned violent, however, I finally saw the light ... Slowly I discovered that the left was inherently totalitarian. I rediscovered the virtues of unfettered capitalism, the dangers of Soviet communism and the promise and ideals of American democracy" (S. 4). Auf dieser reichlich oberflächlichen Ebene werden von Stockman auch in der Folge Grundsatzfragen abgehandelt. Aber sein Buch hat einen anderen Wert: es zeigt ein scharfes Bild der politischen Mikroperspektive, wie sie der dynamische Jungpolitiker (Jahrgang 1946) als Abgeordneter und späterer Budgetdirektor Ronald Reagans erlebte.

Interessant ist zunächst, wie Stockman seine Position überhaupt erreichte. Als Theologiestudent in Harvard verschaffte sich Stockman eine Babysitterstelle bei Daniel Moynihan und wurde von diesem dem republikanischen Kongressabgeordneten John Anderson als Mitarbeiter empfohlen. Als solcher erarbeitete sich der maßlos ehrgeizige und lesehungrige Stockman autodidaktisch sein ökonomisches Weltbild. „I plunged into economics with the usual vigor. I read everything in sight, and before long I emerged a disciple of F. A. Hayek, the preeminent Austrian exponent of free market economics" (S. 30).

Gleichzeitig erlebte Stockman die administrativen Probleme der Lohn-Preis-Kontrollen der Nixon-Conally-Ära zu Anfang der siebziger Jahre. Als eine Art „Adoptivsohn" John Andersons kandidierte Stockman 1975 erstmals und erfolgreich für den Kongress im heimatlichen Michigan. Als aber Ronald Reagan 1980 gegen John Anderson um die republikanische Nominierung kämpfte, ließ sich der Jungabgeordnete Stockman vom Reagan-Lager als Sparring-Ersatz für Anderson anwerben. „Though I didn't hesitate to say yes, I was a bit uneasy about playing the role of my former rabbi" (S. 44). Aber ohne allzu große Skrupel macht sich Stockman von früheren Loyalitäten frei. Anderson war ja chancenlos, und die Möglichkeit, die Carter-Demokraten zu schlagen, schien Stockman nach eigener Aussage wichtiger. Entscheidend war wohl auch, dass sie den Weg „nach oben" ebnete. Stockmans erste Begegnung mit Ronald Reagan prägt bereits das Bild, das der Autor später in zahlreichen anekdotischen Details dem Leser vermittelt: Reagan wirkt auf Stockman sehr freundlich, etwas zerstreut und in der Debatte intellektuell enorm enttäuschend. „Reagan's performance was, well, miserable. I was shocked. He couldn't fill up the time. His answers just weren't long enough. And what time he could fill, he filled with woolly platitudes" (S. 46).

Stockmans Beziehung zu Reagan ist somit von Anfang an durch die Arroganz des Experten gegenüber dem sachunkundigen Politiker geprägt. Freilich überschätzt dabei Stockman wohl die eigene Expertise und unterschätzt die bauernschlaue Instinktsicherheit Reagans.

Als Kongressabgeordneter hatte Stockman wieder einen neuen „Guru" gefunden: Den Abgeordnetenkollegen Jack Kemp, der die Botschaft der supply side economics predigte und massive Deregulierung und eine 30prozentige Einkommensteuersenkung forderte. Wenn Stockman dieses Evangelium beschreibt, erweist er sich als derart naiver Ideologe, dass Reagan im Vergleich als geradezu subtiler Denker anmutet. Kemp und sein Kreis, Arthur Laffer („a dazzling thinker") und Jude Wanniski wurden von Stockman ja zeitweilig offenbar richtiggehend idolisiert (Wanniskis Buch: „The Way the World Works": ... „would soon burst on the world in a blaze of illumination" und erscheint Stockman als „Offenbarung", S. 39).

In seiner Präsidentschaftskampagne hatte Ronald Reagan mit Stockman-„Guru" Kemp ein Abkommen geschlossen, nach welchem dieser auf eine eigene Kandidatur verzichtete, aber dafür mit seinen Steuersenkungsplänen Reagans wirtschaftspolitische Linie prägen durfte. Aus dem Kemp-Lager wurde Stockman auch als Budgetdirektor lanciert.

Der Hauptteil des Buches ist nun Stockmans erfolglosen Versuchen gewidmet, 1981 eine massive Steuersenkung mittels ebenso massiver Ausgabenkürzungen zu einem Budgetausgleich „nach unten" zu kombinieren. Mit viel Sinn für aussagekräftige Details beschreibt Stockman die taktischen Winkelzüge der Minister, Bürokraten und Abgeordneten gegen seine Reduzierungsattacken. Da im amerikanischen Parlament kein Fraktionszwang herrscht und Ad-hoc-Koalitionen auf der Basis lokaler und lobbyistischer Bindungen möglich sind, ist das Beispiel Stockmans für europäische Demokratien nur bedingt lehrreich. Dennoch mag so mancher geplagte Finanzminister Ähnlichkeiten darin feststellen, wie jeder Budgetansatz von den potentiell Streichungsbetroffenen als absolute Notwendigkeit verteidigt wird. Von der Technik der Vorgangsweise her ist es besonders unterhaltsam, die Pro-forma-Taktiken zu betrachten. Etwa wie manche Kongressausschüsse gerade bei unumstrittenen Programmen besonders heftigen Kürzungswillen dokumentierten (weil sie mit dem Entrüstungssturm des Plenums rechnen konnten, der sie wieder ins Budget reklamieren würde) (S. 201), oder wie ein Ausschuss die Streichung subventionierter Abendessen damit kompensierte, dass „Lunch" zu jeder Tageszeit gewährt werden könnte (S. 210). Stockmans eigene Trickkiste war allerdings auch nicht uninteressant. So ist ihm die Erfindung der Budgetkategorie „künftige, noch zu identifizierende Einsparungen" (von immerhin 44 Milliarden Dollar) zu danken. Die von ihm unter dieser Rubrik geplanten mehrjährigen massiven Kürzungen der Sozialversicherungsausgaben (S. 161) wurden allerdings nie realisiert, weil Reagan als popularitätsbedachter Konsenspolitiker vor derart einschneidenden Maßnahmen stets zurückscheute. Auch als Stockman ihm verzweifelt einen großen multiple-choice-Test vorlegte, in dem der Präsident in 50 Budgetkategorien eine Vielzahl kleinerer, mittlerer oder großer Kürzungsentscheidungen treffen sollte, entschied Reagan stets für Minikürzungen und verfehlte dadurch das Einsparungsziel bei weitem (S. 356-357). Überlegungen der Art, dass die Tabuisierung großer Budgetteile gegenüber Kürzungen und der verschwenderische Ausbau der Militärausgaben mit einer Steuersenkung und einem Budgetausgleich inkompatibel sei, waren für den Präsidenten einfach zu kompliziert (S. 374).

Ronald Reagan kommt bei Stockman, wie erwähnt, überhaupt nicht sehr gut weg. Seine Neigung, von konkreten Sachfragen auf Anekdoten im Reader's-Digest-Stil abzuschwenken, seine Scheu, Kontroversen zwischen Mitarbeitern selbst zu entscheiden, seine Zugänglichkeit für Primitivargumentationen (die von Caspar Weinberger zynisch ausgenutzt wurde), wird von Stockman zuweilen mit genussvoller Indiskretion dargetan (Loyalität war ja offenbar nie seine größte Tugend). Dennoch unterschätzt der brillante, aber borniert Ideologe Stockman wahrscheinlich die Qualitäten des „Instinktpolitikers" Reagan: In der Fähigkeit, sich durch Delegation Freiräume zu schaffen, ist Reagan seinem viel intelligenteren Vorgänger Carter etwa weit überlegen. Und er hat das Gespür dafür, was innenpolitisch „geht" und was nicht. Hätte Reagan Stockmans wahnwitzige Budgetkürzungen durchziehen wollen und können, so hätte er möglicherweise die Rezession 1982 verschärft und wäre 1984 nicht wiedergewählt worden. So hat er, ohne es recht zu begreifen, das von ihm verabscheute „definit spending" betrieben und wird als eine Art „Keynesianer wider Willen" in die Geschichte eingehen. Das mag für seinen intellektuellen Ruf nicht sehr gut sein – aber es belegt sein „Feeling".

Stockmans eigene Wirtschaftskompetenz ist im übrigen vorrangig durch eine gewisse Fixigkeit im Umgang mit Zahlen dokumentiert. Von ökonomischen Theorien versteht er herzlich wenig, und diejenigen, die er kennt, verwendet er als Glaubensartikel: staatliche Kreditaufnahmen und Steuern reduzieren auf jeden Fall anderwärtig ökonomische Aktivität (S. 114), auf seinen massiven Widerstand gegen die Kreditgarantien für Chrysler ist Stockman noch heute stolz, obwohl sie den Staat nichts gekostet haben und die Firma längst wieder Gewinne schreibt. Landwirtschaftliche Marktordnungen erscheinen ihm als eine Art „Sowjetsystem" und U-Bahnen als „weiße Elefanten", deren Bau man nicht fördern dürfe. Der Ausbau der Streitkräfte liegt ihm zwar am Herzen, aber selbst die zivilen technologischen Nebenprodukte der Nasa erscheinen ihm sozialismusverdächtig. Letztlich ist das Mickymaus-Ökonomie und ein Beispiel mehr für jene Mischung aus naivem Sektierertum und Kreuzzugsmentalität, die den Europäern an der amerikanischen Politik schon lange unheimlich ist.

Übrigens: so sehr Stockman Reagan als ahnungslosen Opa darstellt, und sich selbst als gewieften Budgetmagier: in einem Punkt muss man sogar dem ökonomisch Viertelgebildeten Reagan gegen seinen selbstbewussten Zahlenfetischisten verteidigen: Auf Seite 351 sagt Reagan als Argument gegen eine Steuererhöhung: „There was once an economist, maybe you haven't heard of him. He said, when the government starts taking more than 25 per cent of the economy that's when the trouble starts."

Stockman merkt dazu hämisch an, der Präsident hätte nie gesagt, wer dieser anonyme Ökonom war. Hätte Stockman selbst sich einmal gründlich mit dem ökonomischen Einführungslehrbuch von Paul Samuelson befaßt, hätte er gewusst, dass Reagan von Colin Clark gesprochen hatte. Aber wer liest heute noch Keynesianer?

(1986)

## TERKEL, Studs

### Amerikas Rassenkonflikt aus erster Hand

*Die sind einfach anders – Die Angst vor der anderen Hautfarbe – Der alltägliche Rassismus in Amerika*

Aus dem Amerikanischen von Werner Kugler

Wien, Europaverlag 1994

Studs Terkel, der große alte Mann der amerikanischen „Oral History", ist mit seinen Interviewsammlungen über die Jahre der Weltwirtschaftskrise und den Zweiten Weltkrieg bereits legendär geworden. 1992 legte der damals 80jährige Rundfunk- und Fernsehjournalist sein Buch „Race" vor und erntete erneut begeisterte – und erschütterte – Zustimmung. Wieder einmal ist es dem Europaverlag zu danken, dass er in seiner Reihe der „roten Bücher" dem deutschsprachigen Leser ein großartiges politisches Zeitdokument vorlegt.

Studs Terkel nimmt den „Mann (und die Frau) von der Straße" ernst, und er hat die Kraft der Einfühlung und Sympathie, die Menschen zum Ausdruck dessen zu bringen, was sie wirklich bewegt. So werden aus den wenigen Seiten, die dem einzelnen Schicksal gewidmet sind, unglaublich präzise, aber in keiner Weise voyeuristische Blicke in Menschenleben unter dem Gesichtspunkt jenes „Rassenproblems", das Amerika seit Jahrhunderten vergiftet – und kulturell bereichert.

Es ist diese außerordentliche Redlichkeit und Offenheit der etwa 70 Gesprächspartner Terkels, die das Werk trägt, von der schwarzen Bürgerrechtskämpferin der sechziger Jahre bis zum drogensüchtigen Dieb, vom „armen Weißen", der im Ku-Klux-Klan war, bis zum Herausgeber des schwarzen Mittelschichtmagazins „Ebony". Und natürlich ist die Aussage des Buches geprägt vom tiefen Humanismus Terkels, einem Mann, der die pragmatische Hoffnung auf eine bessere Zukunft, wie sie der „New Deal" seiner Jugend verkörperte, bis heute im Herzen trägt.

Viele der Aussagen von Terkels Gesprächspartnern möchte man zitieren – nicht zuletzt, weil sie belegen, dass die Lebenserfahrung eines einfachen Menschen oft mehr Einsichten vermitteln kann als so manches gelehrte Traktat.

„Es müsste Arbeit für alle da sein, dann würde es nicht so viele Hassgefühle geben. Wir hätten nicht diese Angst, dass ein Schwarzer die Stelle kriegt, obwohl er gar nicht die Eignung hat", sagt Peggy Terry, deren Vater auf den Erdölfeldern von Oklahoma und in den Kohlengruben Kentuckys gearbeitet hat und der Gewerkschafter und Ku-Klux-Klan-Sympathisant war. Ihre Einstellung hat sich fundamental geändert, als sie sah, wie Martin Luther King von weißen Rassisten vor dem Gefängnis von Montgomery, Alabama, attackiert wurde. Und Frank Lumpkin, der schwarze Stahlarbeiter, der „30 Jahre und eine Woche" bei Wisconsin Steel gearbeitet hat, bis das Werk 1980 geschlossen wurde, meint: „Rassismus ist ein Geschäft. Als die Gewerkschaft in den Lagerhäusern Streiks organisierte, holten sie auf Schiffen Schwarze aus dem Süden als Streikbrecher herauf." Wiewohl dann einige dieser Schwarzen Hauptstütze einer gemischtrassigen Gewerkschaft geworden seien. Lumpkin zeigt die ökonomischen Mechanismen des gegenseitigen Ausspielens der Arbeitergruppen durch die Unternehmer auf, die für das Rassenproblem (ebenso wie für das „Gastarbeiterproblem") explosive Wirksamkeit entfalten.

Viele von Terkels Gesprächspartnern aus der jüngsten Zeit (das Interviewmaterial umspannt 25 Jahre) betonen die „Scherenentwicklung" zwischen dem Erfolg einer relativ erfolgreichen schwarzen Mittelschicht und der hoffnungslosen Erbitterung in den von Drogengangs beherrschten Unterschichtghettos. Sie machen auch deutlich, dass angesichts verbreiteter Arbeitslosigkeit der schnellste Weg zum „American Dream" materiellen Wohlstands für die Unterschichtkids eben im Drogenhandel liegt – eine Tendenz, die zuletzt auch in den Araberghettos der französischen Vorstädte sehr deutlich geworden ist.

Terkel verleugnet nicht die düstere soziale Realität der Ghettos, aber seine Gesprächspartner machen deutlich, dass etwa die traditionelle (aber heute abgeschaffte) Sozialunterstützung nur an allein erziehende Mütter die Instabilität der schwarzen Familie eindeutig gefördert hat. (Es gab ja sogar Kontrollen, ob die Frauen wirklich ohne männlichen Partner lebten.)

Immer wieder kommen auch die Versuche der Schwarzen, Selbstachtung zu gewinnen, zur Sprache, etwa der bewusste Verzicht der Stolzesten auf jene Sozialhilfe, die man als entwürdigend empfindet. Ähnlich ist die Rolle radikaler politischer und religiöser Bewegungen á la „Nation of Islam", die zwar Ressentiments mobilisieren, aber mit ihrer „puritanischen Ethik" zumindest einer aktiven Elite den Ausbruch aus der destruktiven Verzweiflung ermöglichen.

Wiewohl Terkel keine wirklichen Rassisten interviewt, lässt er auch Leute wie Dennis Carney verständnisvoll zu Wort kommen, der meint, „Mir kann keiner erzählen, dass die Klischees von den Schwarzen nicht stimmen", und dann expliziert: „Sie lassen ihre Wohnungen total vergammeln. Sie sind arbeitsscheu. Sie heiraten zehnmal." Er bezieht das nicht auf seine Kollegen am Bau – „Die sind in Ordnung, die haben Familie. aber die in den Sozialwohnungsblocks, die leben doch schon in der dritten Generation von der Fürsorge". Und es wird deutlich. dass die Sicht jedes von Terkels Gesprächspartnern ihren Teilaspekt an Wahrheit hat.

Amerika ist nach wie vor kein wirklicher „Schmelztiegel", sondern, wie der Latino Ron Maydon sagt: „so was wie eine Schichttorte": eine nur begrenzt offene Gesellschaft mit unzähligen ethnisch und sozial relativ abgeschotteten Untergruppen. Terkels Buch offenbart diesen „Mosaikcharakter" am Beispiel Chicagos – die meisten seiner Gesprächspartner kommen aus dieser Binnenmetropole, an der auch Terkel selbst mit ganz „unamerikanischer" Verwurzeltheit seit seiner Kindheit hängt.

Terkel macht auch deutlich, dass sich an diesem Zustand nicht so schnell etwas ändern wird. Die Not der Schwarzen führt jetzt etwa sogar dazu, dass ihre Animositäten gegen die jüdischen, arabischen und koreanischen Ladenbesitzer in ihren Vierteln zunehmen. Dazu kommt das wohlbekannte Phänomen, dass Unterschichtkinder, die durch gute Schulleistungen „ausbrechen" wollen, in ihrem sozialen Umfeld oft als „Streber" oder Verräter angesehen werden („Du willst den Weißen spielen").

Die „Zahnbürstenphilosophie", die Booker T. Washington um die Jahrhundertwende und die „Nation of Islam" heute vertreten („Immer sauber gewaschen und korrekt gekleidet sein und fleißig arbeiten"), habe nach Charles Johnson, einem schwarzen Schriftsteller und Literaturprofessor, in den letzten Jahren an Boden verloren. Viele junge Schwarze seien hoffnungslos geworden. Die Konkurrenz mit der zunehmenden Zahl der „Latinos" macht ihre Lage zudem nicht einfacher.

Lloyd King, Jazzmusiker und Sohn eines schwarzen Arbeiters und einer weißen jüdischen Ärztin, erhält allerdings das optimistische Schlusswort: Sein Kindertraum, in späteren Zeiten werde es „nur mehr Braune" geben, die reinrassigen Schwarzen und die reinrassigen Weißen würden „weggezüchtet" sein, liegt zwar noch in weiter Ferne. Trotzdem hofft King mit vorsichtigem Optimismus, dass das historisch junge Amerika in der Rassenfrage eine bessere Zukunft finden wird.

Clancy Sigal hat in der Rezension eines der früheren Bücher von Studs Terkel („The Good War") gemeint, dieser sei „einer der aufmerksamsten Zeugen unserer Zeit, einer mit dem Auge eines Polizeireporters und dem Herzen eines Dichters".

Diesen Ruf hat der alte Haudegen, der mit späteren Gangstern aufgewachsen ist und ein Freund von Big Bill Broonzy und Mahalia Jackson war, der die Chicago Law School absolviert und in billigen Radioschnulzen mitgewirkt hat, auch in diesem Buch wieder unter Beweis gestellt.

Manchmal könnte man meinen, Leute seines Schlages seien nur mehr Überbleibsel einer längst vergangenen Zeit: jener Epoche, in der es in Amerika noch wirkliche „Linke" gab.

Gerade Terkels gegenwärtige Berühmtheit, die sehr mit der McCarthy-Ära kontrastiert, in der er große Schwierigkeiten hatte, ließe sich als Beweis dafür anführen, dass er „ungefährlich" geworden ist und daher sentimentaler Bewunderung gewiß sein kann.

Man sollte allerdings die Erneuerungskraft der amerikanischen Demokratie nicht unterschätzen. Schon Ralph Waldo Emerson hat einmal geschrieben: „Jeder Mensch ist mir in irgendeiner Beziehung überlegen, und ich kann daher von ihm lernen." Studs Terkels große Interviewbücher sind Ausdruck dieses tiefen Respekts vor jedem Mitmenschen und der Bereitschaft, seine Erfahrungen ernst zu nehmen und aus ihnen zu lernen. Sie sind damit auch Teil einer breiten antielitären amerikanischen Tradition, die den „common man" achtet und respektiert – und aus dieser Quelle werden wohl auch wieder neue Wellen breiten sozialen Engagements entspringen.

Studs Terkel ist somit nicht nur ein Zeuge aus Amerikas Vergangenheit, der in der schnelllebigen Konsumgesellschaft das Bewusstsein für erlebte Geschichte aufrechterhalten möchte – er ist auch einer der Hüter wertvollsten amerikanischen Erbes für die Zukunft.

(1994)

**WATSON, Thomas J. jr., PETRE, Peter**

**IBM – Ein Weltkonzern aus der Insiderperspektive**

*Der Vater, der Sohn & die Firma – Die IBM-Story – Wie ein Weltkonzern entstand*

München, Heyne-Verlag 1993

Es ist in „Wirtschaft und Gesellschaft" eigentlich nicht üblich. Autobiographien von „Wirtschaftskapitänen" zu rezensieren, die mit Hilfe von Ghostwritern entstanden sind. Im Falle dieser IBM-Story ist aber vielleicht eine Ausnahme angebracht. Dafür bürgt unter anderem der besondere Rang der Firma, die bis zu ihrer ersten Verlustbilanz von 1991 (mit einem Rekordminus von 2,3 Milliarden Dollar) über Jahrzehnte als der nobelste der „Blue Chips" galt und die – eigentlich ein wenig zu Unrecht – zum Sinnbild der Computerrevolution wurde (IBM, unter der Leitung des greisen Thomas Watson senior, hatte nämlich Mühe, sich von der traditionellen Lochkartentechnologie zu trennen: der erste serienmäßige Großcomputer UNIVAC von Remington Rand wurde 1951, zwei Jahre vor der IBM 701, der Öffentlichkeit präsentiert, seine Väter, die Erfinder Eckert und Mauchly, die 1946 den ersten „eigentlichen" Computer gebaut hatten, wurden von IBM zunächst abgewiesen). Immerhin, IBM ist auf den Zug der Computerrevolution, nicht zuletzt dank Thomas Watson junior, früh und energisch aufgesprungen und hat so binnen kurzem fabelhafte Marktanteile erzielt, die auch zu zwei großen Anti-Trust-Verfahren und Schwierigkeiten mit der EG geführt haben.

Die Persönlichkeit des Autors Thomas Watson junior, der 1956, mit 42 Jahren, formell die Führung des Konzerns übernahm und bis nach 1970, nach einem Herzinfarkt, innehatte, trägt das ihre dazu bei, dieses Buch interessant zu machen. Mit großer Offenheit stellt der Autobiograph den Druck dar, als Sohn eines autoritären Unternehmerpatriarchen in dessen Fußstapfen zu treten. Watson ist nicht zuletzt für die ungewöhnliche Redlichkeit zu loben, mit der er eigene Charakterschwächen, etwa ein vom Vater ererbtes aufbrausendes Temperament, immer wieder und ohne Beschönigung eingesteht. Es gibt wenige Autobiographen, die so häufig und schmerzhaft einbekennen, ihren nächsten Angehörigen, etwa der Ehefrau oder dem Bruder, Unrecht getan zu haben – und das ganz ohne Koketterie, sondern in reumütiger Einsicht ihrer unglücklichen Natur. Schon allein wegen dieser seltenen Qualität ist dies ein lesenswertes Buch. Diese psychologische Komponente soll aber nicht im Vordergrund der vorliegenden Rezension stehen. Hier sei eher darauf hingewiesen, was heute selbst von Experten beinahe vergessen wird, dass nämlich viele Eigenheiten dessen, was wir als „typisch japanische" Firmenkultur kennen, eigentlich aus den USA kamen und sich in der traditionalen und patriarchalischen japanischen Gesellschaft einfach länger gehalten haben.

Thomas Watson senior, ursprünglich Verkäufer und Vertreter, seit 1914 Präsident der 1896 vom Erfinder Hermann Hollerith gegründeten Firma, der Watson 1924 den Namen IBM geben sollte, hat schon in seinen Jugendjahren bei John Henry Pattersons National Cash Register Company einige der Methoden kennen gelernt, die er später für den IBM-Gebrauch verfeinern sollte. Der Registrierkassen-König Patterson, der „Vater der modernen Verkaufstechnik", führte den Gebietsschutz für Vertreter ein, trieb sie mit Zuckerbrot und Peitsche zu Höchstleistungen, hob das Ansehen dieses Berufsstandes und schuf für seine Verkäufer Slogans und Songs, die sie motivieren sollten. Ähnliche Techniken wandte Watson an, als er, vom misstrauischen Patterson gekündigt, Chef der schwer verschuldeten CTR-Buchungsmaschinenfirma wurde (an der er übrigens, trotz größter Anstrengungen, bis zum Schluss nie mehr als 5 Prozent des Aktienkapitals hielt). Berühmt wurde der Watsonsche Slogan: „Think" – aber es gab sogar ein eigenes IBM-

Liederbuch, was man übrigens als Parallelphänomen zur Sangesfreudigkeit der damaligen politischen Bewegungen deuten kann.

Dieser Pionierunternehmer, der eigentlich „nur" Manager war, (aber mit seiner Gewinnbeteiligung zum Höchstverdiener der USA wurde), kann als Leitfigur jenes patriarchalischen, aber sozial orientierten Kapitalismus gelten, der in der ersten Jahrhunderthälfte zur vielleicht bedeutungsvollsten Herausforderung der gewerkschaftlichen Interessenvertretung wurde. Überdurchschnittliche Bezahlung, überdurchschnittliche Sozialleistungen, das elitäre Gefühl, ein „IBM-Mann" zu sein und eine Kultur des persönlichen Eingehens auf Mitarbeiter und Kunden hatten als Kehrseite der Medaille strikt hierarchischen Kollektivismus in der Form von Kleidungscodes, regelmäßigem Absingen der IBM-Hymne und natürlich „Gewerkschaftsfreiheit" zur Folge. Dabei war Thomas Watson senior übrigens einer der wenigen amerikanischen Großunternehmer, der den Demokraten nahe stand, eine Tradition, die auch von seinem Sohn gepflegt wurde, der von Präsident Carter (ausgerechnet kurz vor der russischen Afghanistan-Invasion) auf den Botschafterposten in Moskau berufen wurde.

Während der Weltwirtschaftskrise ging es IBM viel besser als dem Durchschnitt der US-Wirtschaft: Die administrativen Lenkungsmaßnahmen des New Deal erforderten für Behörden wie Unternehmen Hunderte von neuen Lochkartenmaschinen, und mit der Einführung der Social Security 1938 wurde der Staat IBMs größter Kunde. Im Krieg wurde IBM zusätzlich auch zum Rüstungsproduzenten. Watson senior, der 1937 von Hitler in Privataudienz empfangen und mit einer hohen deutschen Auszeichnung beglückt worden war, schickte diese allerdings 1939 an den „Führer" zurück, der ihn zunächst stark beeindruckt hatte. (Hier sei im übrigen angemerkt, wie bedauerlich es ist, dass Eduard März, der Watson senior als IBM-Mann in der Türkei persönlich kennen gelernt hat, im Gegensatz zu privaten Ankündigungen, darüber offenbar keine Aufzeichnungen hinterlassen hat. März, der schon in Wien IBM-Mitarbeiter geworden war, kam nach seiner Flucht in die Schweiz 1938 in den Genuss einer Watson-Direktive, die festhielt, auch emigrierte IBM-Leute seien weiter als Firmenangehörige zu behandeln).

Der Krieg und die berufliche Nutzung seines fliegerischen Hobbys vermittelten Thomas Watson junior die ersten Erfolgserlebnisse abseits der Spuren seines dominierenden Vaters, der im Gegensatz zu seiner strikten Pensionierungspolitik mit 65 selbst bis zum Alter von über 80 Jahren die Firmenleitung behielt. In einem keineswegs schmerz- und konfliktfreien Prozess der Generationsablöse stiegen Watson junior und sein jüngerer Bruder in den fünfziger Jahren an die Spitze von IBM bzw. der Auslandsholding des Konzerns auf: ein interessanter „familiendynastischer" Aspekt bei einer Publikums-AG. Der neben der recht offenen Preisgabe von Vater-Sohn-Konflikten interessanteste Aspekt dieses Buches bezüglich der Nachkriegs-IBM ist dabei wohl die Darstellung der ungeheuren Trägheit, mit der ein erfolgreiches, aber alt gewordenes Lochkarten-Unternehmen beinahe den Einstieg in die neue Spitzentechnologie versäumt hätte. Die Rolle der Generationsbrüche als Erneuerungsfaktor, die etwa auch in der Politik eine nicht zu vernachlässigende Bedeutung haben, wird dabei höchst konkret augenfällig gemacht – übrigens auch die dominierende Rolle des Verkaufsmanagements über die Technik bei diesem technischen Paradeunternehmen (sowohl Watson senior wie junior waren ja in erster Linie Verkäufer). Unter Thomas Watson junior wurde der Personenkult um den IBM-Präsidenten (ein typisches Dreißigerjahre-Phänomen) abgeschafft und das patriarchale Brimborium der IBM im Einklang mit dem Zeitgeist reduziert. Schon Mitte der fünfziger Jahre ließen die meisten Zweigstellenleiter ihre Verkäufer nicht mehr morgens zum Singen antreten, und dass Watson senior 1936 sogar eine eigene IBM-Symphonie hatte schreiben lassen, wird von seinem Sohn mit förmlichem Abscheu berichtet.

Watson junior öffnete das bisher sehr WASP-dominierte Unternehmen auch stärker für Juden und ließ eine „Vorzeigefabrik" in einem schwarzen Ghetto errichten. Andererseits führte er die von seinem Vater abgelehnte Akkordarbeit ein und versuchte auch, die IBM-Mitarbeiter am Unternehmen zu beteiligen. Allerdings hielten selbst in diesem Eliteunternehmen mit besten Gewinnaussichten – nur wenige Arbeitnehmer ihre Aktien über längere Zeit – ein Faktum, das alle eventuell noch vorhandenen Illusionen über einen „Volkskapitalismus" in Osteuropa via Kuponprivatisierung hinfällig machen sollte.

In der gegenwärtigen schweren Unternehmenskrise der 1990er Jahre dürfte dieser Prozess des Zurücksinkens eines Paradeunternehmens in die Normalität des Marktes seinen Abschluss finden: Die bisher eher „sanfte", wenn auch gelegentlich nachdrückliche Art der IBM, sich von Mitarbeitern zu trennen, ist nicht mehr zu halten; die Massenkündigungen, die in der Weltwirtschaftskrise hatten vermieden werden können, sind unvermeidbar geworden. Ende 1994 soll IBM nach dem neuen IBM-Vorsitzenden Louis Gerstner weltweit nur mehr 225.000 Beschäftigte zählen (gegenüber 400.000 im Jahr 1990), dabei versucht man allerdings immer noch freiwillige Abgänge zu fördern, was die Umstrukturierungskosten enorm anhebt. Trotzdem ist da vieles, was von den IBM-Leitsätzen und -Traditionen beherzigenswert bleibt: Von Thomas Watson seniors Worten an seinen Sohn: „Was der Durchschnittsgeschäftsmann als richtig für sein Land betrachtet, ist in den meisten Fällen verkehrt" bis zur „Politik der offenen Tür", die subalternen Beschwerdeführern nach Befassung ihres Vorgesetzten stets den Appell an die Konzernspitze erlaubte. „Ein Manager ist der Gehilfe seiner Leute." Dieser demokratische Spruch des alten Tom Watson wäre in so manchen „sozial fortschrittlicheren" Bürokratien immer noch recht nützlich, ebenso wie die Einstellung seines Sohnes „gegen jede Doppelmoral für Führungskräfte und Untergebene". Watson junior hielt auch nach eigener Aussage „stets Ausschau nach intelligenten, unangepassten, fast ungeschliffenen jungen Männern, die die Dinge so sehen und wiedergeben konnten, wie sie wirklich waren". Auch dies gehört zu jener Art von Weisheiten, die auch andere Organisationsspitzen als jene der IBM als beherzigenswert empfinden sollten und die dieses Buch zur faszinierenden Lektüre machen.

(1993)

## WEIßBERG-CYBULSKI, Alexander

## Spiel mit dem Leben – ein Gefangener analysiert Stalins Säuberungen

*Im Verhör. Ein Überlebender der stalinistischen Säuberungen berichtet*

Wien, Europaverlag 1993

In den letzten Jahren hat der Wiener Europaverlag eine Reihe von hervorragenden Büchern zu zeitgeschichtlichen Themen herausgebracht bzw. neu ediert. Nach den Bänden über die „Rote Kapelle" und Henri Curiel ist nun mit Alexander Weißberg-Cybulskis Buch „Im Verhör" ein neues, faszinierendes Werk eines Zeitzeugen zu nennen.

Alexander Weißberg wurde 1901 in Krakau als Sohn eines wohlhabenden orthodox-jüdischen Kaufmannes geboren. 1902 zog die Familie nach Wien, Weißberg studierte technische Physik, wurde von der sozialistischen Jugendbewegung geprägt und ging 1927 zu den Kommunisten. Er war kurzfristig als Ingenieur in Argentinien tätig und erhielt 1931 einen Ruf an das Ukrainische Physikalisch-Technische Institut (UFTI) in Charkow. Im April 1936 wurde Weißberg verhaftet und geriet in die schauerliche Maschinerie der großen stalinistischen „Säuberungen". Obwohl er durch seine österreichische Staatsbürgerschaft und vor allem sein internationales Renommee sicher einen gewissen Sonderstatus hatte (Albert Einstein und das Ehepaar Joliot-Curie intervenierten 1938 für seine Freilassung), musste Weißberg doch unsägliche Qualen durchstehen – namentlich „Fließbandverhöre" von bis zu einer Woche Dauer. Weißberg blieb aber standhaft und beteuerte immer wieder seine Unschuld (man hatte ihm eine absurde Verschwörung zur Ermordung Stalins und Woroschilows angedichtet). Einzelne „Geständnisse" nach physischen Zusammenbrüchen aufgrund der Folterverhöre widerrief er sofort. 1940 wurde Weißberg vom NKWD an Nazideutschland ausgeliefert. Den Krieg überstand er nach abenteuerlichen Wechselfällen und Lagerhaft im wesentlichen mit den Papieren des in den USA weilenden Grafen Cybulski, die ihm von dessen Frau, seiner Lebensgefährtin, zur Verfügung gestellt wurden. 1964 ist er als Geschäftsmann in Paris verstorben.

Dass Weißberg-Cybulski 1951 sein großes Buch über die Erlebnisse in der Zeit der „großen Tschistka" schrieb, mag auf seine Rolle als Kronzeuge im Prozess des Schriftstellers David Rousset gegen die kommunistischen „Lettres Françaises" zurückgehen, der 1950 der Offenlegung des Terrorcharakters des stalinistischen Regimes diente. Die Verlesung der Intervention Professor Joliot-Curies aus 1938, der 1950 einer der Paradeintellektuellen der KPF war, trug damals wesentlich zur moralischen Niederlage der Kommunisten im Pariser Sensationsprozess bei.

Trotz dieses Hintergrundes im „Kalten Krieg" ist Weißberg-Cybulskis Buch „Im Verhör" nichts weniger als Propagandaliteratur. Arthur Koestler rühmt ihm im Vorwort zurecht die „Verbindung von Erzählfreude mit durchdringender wissenschaftlicher Analyse" nach und nennt die Porträts von Weißbergs Mitgefangenen wie des Provokateurs Roshanskij „unvergesslich". Was Koestler etwas stört, die Abschweifungen zum sowjetischen Rationierungssystem oder andere vorwiegend analytische Passagen, die „spannende" Handlungsabläufe unterbrechen, ist sogar aus heutiger Sicht besonders interessant. Weißberg war nicht nur ein Gefangener, der litt, sondern einer, der sich Gedanken über die Struktur des Systems machte, dessen Opfer er wurde. Begierig saugte er Informationen auf, wie die, dass die Wiedereinführung der Rationierung 1932 der Verschleierung der Privilegien der neuen Führungsschichten diente, und dass die Bevorzugung der Moskauer Arbeiter gegenüber dem Rest des Landes ebenfalls die Stabilisierung der Machtzentrale der Elite zum Ziel hatte. Er spekulierte über die ökonomische Verschwendung, dass die „Zahl der Wachorgane" in Stalins SU größer wäre „als jene der Metall- und Kohlenarbeiter zusammen" etc. Weißberg erkannte etwa auch, dass die pausenlosen Verhöre vornehmlich den Sinn hatten, die zermürbten Angeklagten ihre „Schuldlegenden" selbst erdichten zu lassen – sie wurden dadurch „logischer" und glaubwürdiger in den biographiebezogenen Details. Es gelang ihm übrigens, durch diese Fähigkeit zur Objektivierung selbst seine Peiniger als bloße Rädchen der Maschinerie zu sehen, die selbst gegenüber ihren Kollegen so tun mussten, als glaubten sie an die Verbrechen, die sie angeblich aufdeckten. Diese Fähigkeit zu erklären (und damit zu entschuldigen) war vermutlich ein wichtiger Persönlichkeitsaspekt, der Weißbergs Überleben im Stalinismus – und im noch schlimmeren Terror des Nationalsozialismus – ermöglichte. Sowohl Koestlers Vorwort wie Ella Lingens' Nachwort betonen die joviale Weltzugewandtheit Weißbergs, bei aller intellektuellen Brillanz. Er mochte die Menschen einfach – und er wirkte wahrscheinlich sogar auf seine Verfolger sympathisch.

So ist „Im Verhör" auch ein Buch ohne Hass. Eine Unzahl von Menschenschicksalen aus der Zeit der „großen Tschistka" werden hier ausgebreitet. (Man lernt im Gefängnis die Menschen schneller und tiefer kennen als in Freiheit, vermerkt Weißberg mit Recht). Nie aber hat man das Gefühl, es würden hier persönliche Rechnungen beglichen. Seine Achtung auch vor einfachen Menschen, die seine Zellengenossen wurden, ist groß. (Vor allem im Jahr 1938 wurden ja unter absurdesten Vorwänden auch viele Bauern verhaftet). Wenn Weißberg über einen Konflikt an seinem Institut berichtet: „Die Genossen in der Parteizelle wussten noch nicht, mit wem man sich gut stellen musste: mit dem Direktor, hinter dem wahrscheinlich die GPU stand, oder mit den führenden Wissenschaftern, die Hilfe vom ZK aus Moskau erwarten konnten", dann ist das illusionslose Menschenkenntnis ohne Verurteilungspose.

Selbst Roshanskij, der „Dostojewski-Figur" des Revolutionärs mit den „brennenden Augen", verzeiht Weißberg letztlich die Denunziation, zu der er als Spitzel ja verpflichtet war. Zugleich ist Weißberg gewieft, baut in seine „Geständnisse" bewusst logische Widersprüche ein und ist von unersättlicher Neugier nach Fakten motiviert. Er referiert die genaue Form seiner Gefängnisse, die Tatsache, dass körperliche Gewalt vom NKWD vor dem 17. August 1937 nur in Ausnahmefällen angewandt wurde, ab diesem Zeitpunkt aber systematisch, erläutert die ritualisierte Form der „Schuldbekenntnisse" und verweist darauf, dass der exzessiv bürokratisierte Charakter des stalinistischen Terrorsystems auch gewisse minimale Chancen für Proteste der Gefangenen bot (ihre Eingaben mussten jedenfalls dem Akt beigefügt werden).

Dass Weißberg seine Unschuldsbeteuerung so lange durchhielt und nicht letztlich irgendeine vergleichsweise harmlose „Untat" eingestand, um einfach Ruhe zu bekommen und ins Lager abgeschoben zu werden, hat in gewissem Sinn etwas Don Quichotteskes. Auch Koestler und Lingens berichten, dass Weißberg mit seinem beharrlichen Insistieren selbst Freunde „zur Raserei bringen" konnte; und dass er, der als Geschäftsmann nach 1945 mit extrem riskanten Projekten Millionen verdiente und verlor (aber auch in Casinos verspielte), den Kitzel extremer Lebenssituationen geradezu brauchte. Wahrscheinlich war auch die Verhörsituation für Weißberg eine Art Spiel – wenn auch ein Spiel mit dem Leben.

Er berichtet übrigens ganz ungeniert über seinen Aberglauben (von dem er entschuldigend bemerkt, dass er ihn „mit vielen areligiösen Menschen gemein habe"). Aufgrund dieses Aberglaubens habe er – nach langer Verhörpause – ein bestimmtes Datum als nächsten Verhörtermin „errechnet" – dass er aber an diesem Tag tatsächlich zum Verhör gebracht wurde, erklärt er ganz logisch damit, Zuträger unter den Mitgefangenen hätten vermutlich den Untersuchungsrichter von seiner Obsession informiert, und dieser habe sich den Scherz geleistet, sie zu bestätigen. So versteht Weißberg selbst die eigene Irrationalität distanziert zu durchschauen und zu belächeln – eine seltene und wertvolle Gabe.

Alexander Weißbergs Buch „Im Verhör" ist weit mehr als ein politischer Augenzeugenbericht. Es ist die Begegnung mit einem Meistererzähler und einer faszinierenden Persönlichkeit. Auch wenn Weißberg ein „Gedächtniswunder" war, ist die lebendige, romanhafte Gestaltung der Dialoge dieses Buches natürlich als „schöpferische Nachgestaltung" zu werten, die aber offenbar der inneren Wahrhaftigkeit des Beschriebenen keinen Abbruch tut.

Über die „große Tschistka" werden wohl noch viele Bücher geschrieben werden. Vielleicht wird auch noch die reale Rolle der parteiinternen Opposition gegen Stalin, die 1934 bei seiner Wahl zum Generalsekretär 300 Gegenstimmen mobilisierte und Kirow als eine Art Herausforderer Stalins etablierte, einmal näher aufgeklärt. („Die großen Oppositionellen haben uns das eingebrockt und das Volk muss es ausbaden", lautete ja eine der Populärtheorien über die Säuberung – die zweitwichtigste war die der Zwangsarbeitsrekrutierung für den Norden.) Eine gewisse reale Basis für Stalins Paranoia war jedenfalls vermutlich vorhanden, auch wenn die Geheimpolizei unter Jeschow einen Verhaftungsterror entfaltete, der selbst Stalin zu viel wurde. Weißbergs Buch gibt hier und in seiner ganz auf Stalin zentrierten Deutung der Ereignisse eine vermutlich subjektiv verkürzende Sicht der Geschichte. Als Erlebnisbericht ist es aber einzigartig. Schade nur, dass der Verlag die gekürzte Fassung der zweiten Auflage nachdruckt und dass er gewisse Gallizismen („Weiße Bären" für „Eisbären", „Prokuror" für „Prokurator") oder Anglizismen („Konveyer" für „Fließband") nicht korrigiert hat.

Weißberg, der seine spätere Tätigkeit als Geschäftsmann nach dem Zeugnis von Ella Lingens als eine Art Abstieg empfand, hat als gläubiger Kommunist beim „sozialistischen Aufbau der Sowjetunion" sicher sein Bestes gegeben. Dieser diesseitigen Religion und ihrer Zerstörung durch Stalins große Säuberung, die die Elite der Revolution erniedrigte und vernichtete, ist in seinem Buch „im Verhör" ein eindrucksvolles Denkmal erstanden.

(1993)

# WERTPAPIERMÄRKTE

## Unabhängige Analysten?

Elmenhorst, Jan, Kramer, Jost W.: *Beeinflussung von Wertpapiermärkten durch Analystenkommentare - Konfliktpotenziale und Lösungsansätze*

München und Mering, Hampp Verlag 2006

Am Montag, den 13.3.2000 gab es einen bemerkenswerten Spiegel-Cover. In Anlehnung an Pieter Breughels berühmten Turmbau zu Babel konnte man den damals aktuellen hektischen Börsenboom als Luftschloss aus Firmenlogos, umrankt von den düsteren Wolken eines drohenden Kursgewitters, entlarvt sehen. Der zugehörige Artikel im Inneren des Blattes ließ keine Zweifel offen. Wer damals sofort seine Aktien verkauft hat, wurde vom Krach des März 2000 und der darauf folgenden mehrjährigen Baisse auch kaum betroffen. Übrigens hatte es, wie in solchen Fällen üblich, Warnungen vor dem drohenden Crash schon Monate zuvor gegeben: am Europäischen Forum Alpbach wurde etwa Ende August 1999 bereits eine einschlägige Studie des Instituts für Höhere Studien präsentiert.

Im Katzenjammer nach dem Zusammenbruch der spekulativen Blase um die New Economy und infolge diverser Gerichtsverfahren in den USA wurde dann schmerzliche Nabelbeschau betrieben, und ihr verdankt das vorliegende Buch viel von seinem informativen und spannenden Inhalt: Da wurde – wieder einmal – das problematische Naheverhältnis von Investmentbanken und börsengängigen Unternehmen aufgezeigt, da ging es um die keineswegs uneigennützigen Ratschläge, zu kaufen (oder wenigstens zu „halten"), mit denen abhängige „Analysts" ihre Kleinkunden zu „betreuen" pflegten etc.

Elmenhorsts und Kramers äußerst informatives Buch erläutert zunächst die Grundlagen des Investmentbanking und dessen hauptsächliche Geschäftsfelder, nämlich die Mittlerrolle der Investmentbanken bei

Emissionen und deren Placierung bei den Investoren, die Anlegerberatung, die Beratung bei Mergers und Acquisitions. Hier wird bereits vermerkt, dass das „Research" kein eigenes Geschäftsfeld im Rahmen einer Investmentbank darstellt. Das Research, die Tätigkeit der Analysts agiert freilich nicht im interessenfreien Raum: Man spricht von Buy-Side- und Sell-Side-Analysts. Die ersteren veröffentlichen ihre Berichte aber weit seltener als die von den Banken bezahlten Researcher der Sell-Side – und darin liegt ein großes Problem.

Elmenhorst/Kramer zitieren unter anderem aus dem nach dem Krach vom Frühjahr 2000 erstellten Bericht des New Yorker Generalstaatsanwaltes Eliot Spitzer über eine Reihe von Investmentbanken, in dem es heißt „research analysts were acting as quasi-investment bankers for the companies at issue ... producing misleading ratings that were neither objective nor independent as they purported to be." Die so genannten Chinese Walls, die bankenintern die Unabhängigkeit der Analysts garantieren sollten, existierten offenbar nur auf dem Papier. Unternehmen wie Enron scheuten nicht davor zurück, wenn ein Analyst ihre Aktien auf Halten herabstufte (wie das Merrill Lynch 1999 tat), massivst zu intervenieren – daraufhin wurde der Analyst ausgetauscht und die Aktie wieder auf Kaufen eingestuft (Elmenhorst/Kramer S. 16f).

Offensichtlich sind die Analysts des Emissionskonsortiums auch in der Zeit nach der Emission (nach Ablauf der so genannten „Quiet Period") systematisch mehr zur Kaufempfehlung bereit als ferner stehende Analysts. Das führte unter anderem auch nach dem Börsengang von Premiere TV zu hitzigen Diskussionen in Deutschland.

Vieles, was Elmenhorst und Kramer darlegen, kommt dem wirtschaftsgeschichtlich Interessierten ziemlich bekannt vor. Ist nicht „gefärbte" Information immer schon ein unausrottbarer Bestandteil des Börsengeschehens gewesen, und das speziell in Phasen, in denen spekulative Blasen schon knapp vor dem Platzen stehen, die Insider längst ans

Verkaufen denken und erste Warnungen durch immer schrilleren Medienhype übertönt werden sollen? Hat man nicht sogar in den Monaten vor dem Wiener Krach von 1873 „unabhängigen" Journalisten unter der Hand Aktienpakte von Unternehmen zugeschanzt, die zunächst hochgejubelt wurden und sich bald darauf als Gründungsschwindel entpuppten? Und ist es nicht so, dass üblicherweise nach dem großen Krach reguliert und in der großen Euphorie eines Superbooms wieder dereguliert wird? Leider klammern die Autoren diese historische Dimension aus.

Elmenhorst/Kramer offerieren letztlich eine Lösung für das Problem der abhängigen Analysts, nämlich die Entgeltlichkeit und damit (erhoffte) größere Unabhängigkeit des von den Analysten betriebenen „Research". Wer Charles Kindlebergers Klassiker „Manias, Crashes and Panics" gelesen hat, wird freilich ein wenig skeptisch bezüglich der Realisierbarkeit einer solchen Objektivierung sein. Zu groß sind die Vorteile, die, wenigstens kurzfristig, aus „gefärbter" Information zu lukrieren sind. Gottlob gibt es allerdings, inmitten der dubiosen Triumphberichte auch das eine oder andere „negativistische" Medium á la „Spiegel", das rechtzeitig Alarm schlägt.

(2006)

## WINTER, Ernst Karl

## Verantwortungsvoller Mahner in düsterer Zeit

1) *Rudolph IV. von Österreich*

Wien, Reinhold-Verlag 1934

2) Alfred Missong (Hrsg.): *Ernst Karl Winter – Bahnbrecher des Dialogs*

Wien, Europaverlag 1969

3) Karl Hans Heinz (Hrsg.): *Ernst Karl Winter – ein Katholik zwischen Österreichs Fronten 1933-1938*

Wien-Graz, Böhlau 1984

Am 1. September 1995 hat ein großer Österreicher seinen 100. Geburtstag gefeiert. Die angemessene Erinnerung erfolgt mit Verspätung: Dieser Tage (September 1996) wird Ernst Karl Winter mit der feierlichen Benennung einer Gemeindewohnanlage geehrt. Ein Forschungsprojekt zur Aufarbeitung seines Nachlasses ist andererseits noch in Schwebe.

All das dürfte kein reiner Zufall sein. Denn Ernst Karl Winter war keiner von denen, die erfolgreich auf den Wellen des Zeitgeistes zu reiten verstehen. Es ermangelte ihm jenes Ausmaß an Opportunismus und Flexibilität, das häufig genug die Voraussetzung der „ganz großen" Karrieren ist. Ernst Karl Winter stellte sein unabhängiges Urteil, sein Verantwortungsbewusstsein, seine Treue zur Tradition und seine vernünftige Einsicht stets über die politische Tageskonjunktur. Das hat ihn in seinem persönlichen Aufstieg immer wieder zurückgeworfen und ihm den Ruf eines Querkopfes eingetragen. Im historischen Rückblick aber sollte sich seine Gestalt als die eines verantwortungsvollen Mahners zur Vernunft umso heller abzeichnen – gäbe es nicht auch hier die Neigung zum parteilichen Klischee und zum vergröbernden Freskogemälde, das auf die vermittelnden Gestalten zwischen den Fronten gerne vergisst. Dabei sind doch häufig sie es, die längerfristig Recht behalten.

Ernst Karl Winter war ein Spross aus bürgerlicher Familie, der sich früh für den Weg eines sozial engagierten Katholiken entschied. Zu dem in akademischen Kreisen dominierenden deutsch-nationalen Gedankengut geriet er früh in Widerspruch. Mit zwanzig Jahren, als Einjährig-Freiwilliger bei den Tiroler Kaiserschützen, verweigerte Winter im Sinne der katholischen Doktrin das Duell, als ihn ein deutschnationaler Offizier wegen eines allzu kaisertreuen Artikels angegriffen hatte. Er verlor somit die Möglichkeit einer Offizierskarriere.

1918 kritisierte Winter als überzeugter Legitimist den höchst pragmatisch motivierten Schwenk des österreichischen politischen Katholizismus in Richtung Republik. Gemessen an der kurz zuvor noch gepflegten hymnischen „Gott-Erhalt-Position" dieser Gruppierung war das ein nicht unberechtigter Vorhalt opportunistischer Gesinnung.

In der Zwischenkriegszeit orientierte sich Ernst Karl Winter aber allmählich auf ein anderes Ideal hin: Österreichische Nation und österreichische Neutralität hießen seine neuen Leitbilder – wenigstens so lange, bis er knapp vor dem Anschluss wieder auf Otto Habsburg als unbelasteten Träger einer „Volksfront" gegen Hitler setzte. Angesichts einer Situation, die auf Grund der Lebensfähigkeitsdebatte bekennendes Österreichertum noch schwieriger machte als in der Zeit der zu Ende gehenden Habsburgermonarchie, verbaute sich der promovierte Historiker und Soziologe Winter in den letzten Friedensjahren der Ersten Republik den Weg zur Habilitation. Seine Arbeit über Rudolf IV. von Österreich war natürlich „austriakisch" – und der damals in seinem Fach als informelle Vorbedingung der Habilitation geltende Artikel in der DÖTZ (Deutsch-Österreichische Tageszeitung), dem Organ der Großdeutschen, wäre Winter als Landesverrat erschienen.

Während sich die politischen Lager in Österreich immer weiter voneinander entfernten, die sozialdemokratischen Träume von einem „neuen Menschen" und einem grundsätzlich geänderten Gesellschaftssystem immer feindseligerer Ablehnung durch die traditionellen Mächte in Wirtschaft, Staat und Kirche begegneten, betätigte sich Ernst Karl Winter als Mahner zur Versöhnung, als Befürworter des Gesprächs. Auch hier wieder Scheitern. Aber wieviel ehrenvoller und vorausblickender war diese „Erfolglosigkeit" als das verblendete Agieren derer, die damals glaubten, das „Heft in der Hand" zu haben!

## *Windmühlen*

Vielleicht ist es am besten, an den 1986 bei Böhlau erschienenen Dokumentenband zu erinnern, in dem Winters enger Mitarbeiter der Jahre 1934 bis 1936, Karl Hans Heinz, die wichtigsten Artikel aus Winters „Wiener Politischen Blättern" und seine Nachkriegskorrespondenz mit Kurt Schuschnigg gesammelt und kommentiert hat.

Österreich vor dem Anschluss an NS-Deutschland zu bewahren und eine Versöhnung von Arbeitern, Staat und Kirche herbeizuführen, waren Winters Hauptziele, die er vor allem zwischen April 1933 und Februar 1934 in den „Wiener Politischen Blättern" verfocht. Im Rückblick musste Winter diese Bemühung allerdings selbst als „Donquichotterie", als „ohnmächtigen Windmühlenkampf gegen ein unaufhaltsames Verhängnis" qualifizieren (S. 173 im Buch von Heinz).

Unmittelbar nach dem Februaraufstand versuchte Engelbert Dollfuß übrigens, seinen alten Regimentskameraden und Freund Winter als Verbindungsmann zur gedemütigten Linken zu instrumentalisieren: Ein bitterer „Karrierehöhepunkt" für Winter, der sich auf das Abenteuer sehenden Auges einließ, um zu retten, was zu retten war, trotzdem aber an seiner fundamentalen Oppositionshaltung zum Kurs des Regimes festhielt.

Winters Absetzung als Dritter Wiener Vizebürgermeister am 24. Oktober 1936 und das Verbot seiner „Wiener Politischen Blätter" sollte hier bald einen offenen Schlusspunkt setzen. Dass Winter nach dem Juliabkommen 1936 explizit seine Hoffnung in Otto Habsburg als Träger einer breiten Front gegen Hitler gesetzt hatte, wurde ihm nicht verziehen.

In den knappen zwei Jahren, in denen Winter eine – wenn auch marginale – offizielle Funktion und gewisse finanzielle Sicherheit genoss, gelang es ihm übrigens auch, in seinem Gsur-Verlag wichtige antifaschistische Literatur herauszugeben: etwa „Unsere Töchter, die Nazinen" von Hermynia zur Mühlen, „Müller – die Chronik einer deutschen Sippe" von Walter Mehring und Theodor Kramers Lyrikband „Mit der Ziehharmonika".

Unmittelbar vor der Besetzung Österreichs versuchte Winter nochmals, den schwankenden Schuschnigg von der Notwendigkeit eines zumindest kurzen bewaffneten Kampfes um Österreichs Unabhängigkeit zu überzeugen – wie man weiß, vergeblich.

Winter gelang es knappest, mit Frau und sieben Kindern in die USA zu emigrieren, wo er eine akademische Tätigkeit aufnehmen konnte. Nach 1945 war für Leute wie Ernst Karl Winter, obwohl und weil sie so manches besser gewusst hatten, in Österreich offenbar kein Platz. Ernst Karl Winters Hoffnung auf eine Professur an der Universität Graz (die von Dobretsberger und Hurdes favorisiert wurde) zerschlug sich. Winters Österreich-Ideologie wurde zwar zum Baustein der Zweiten Republik, aber jene, die sie als erste vertreten hatten, Legitimisten und Kommunisten, blieben ironischerweise aus dem politischen Leben ausgegrenzt. (Man denke nur an die von Bruno Pittermann grotesk aufgeblasene „Staatskrise" um die mögliche Rückkehr Otto Habsburgs, zu einem Zeitpunkt, da gleichzeitig sehr intensive SPÖ-Kontakte zur damals noch sehr „nationalen" FPÖ liefen.) So starb Ernst Karl Winter 1959 in vieler Hinsicht als Gescheiterter, als Außenseiter.

## Hochachtung

Trotzdem sollten wir seiner in Hochachtung gedenken, und dies kann vielleicht am besten geschehen, wenn man Winter selbst zu Wort kommen lässt. Im Buch von Karl Hans Heinz nachzulesen sind etwa Winters berühmte „Offene Briefe" an Bundespräsident Miklas nach der Ausschaltung des Parlaments, die auszugsweise auch am 12. März 1933 und am 2. April 1934 in der AZ erschienen sind. Sie zeigen Winters Vorurteilslosigkeit und Toleranz in schönster Weise.

Mit seiner Anerkennung der Leistungen des Wiener Kommunalsozialismus und seiner Kulturschaffenden Funktion, mit Winters Bekenntnis zu einem Arbeitsbeschaffungsprogramm auf breitester politischer Basis und mit seinem Argumentieren gegen den „verfassungsrechtlichen Nonsens" des Begriffs der Selbstausschaltung des Parlaments erwies sich Winter hier als Staatsdenker von hohem Rang.

Hier findet sich auch seine offene Warnung an den Duzfreund und Couleurbruder Dollfuß, es sei „aussichtslos und töricht, den Nationalsozialismus dadurch bekämpfen zu wollen, daß man ihn selber durchführt" (S. 39) und seine Forderung nach mehr direkter Demokratie, die einen „ebenso demokratischen wie konservativen Faktor" (S. 49) bilde.

Äußerungen wie „Der Christos und die Ekklesia allein können auch das Proletariat erlösen" (S. 68) mögen uns heute recht fremd erscheinen. Ihrem gelegentlichen Überschwang stehen aber eine Vielzahl von klugen und höchst realpolitischen Äußerungen Winters gegenüber.

Beispiele sind etwa die Einschätzung: „Die Basis der Regierung Dollfuß ist sowohl numerisch als auch intellektuell überaus schmal", oder Winters Hinweis auf die paradoxe Gebundenheit des nationalsozialistischen Rassenmythos an den jüdischen Messsianismus und – ähnlich – die „Freimaurerphobie" mancher katholischer Kreise als Reflex von deren Idealbild der Kirche als einem weltumspannenden, allmächtigen

Apparat. Hier kann sogar von tiefen psychologischen Einsichten gesprochen werden.

Ernst Karl Winter als lebenslanger Vertreter der „österreichischen Idee" ist auch nach dem Beitritt Osterreichs zur Europäischen Union aktuell. Dieser soll und darf ja nicht Selbstaufgabe und stille Angliederung an eine deutsche Vormacht sein, sondern muss selbstbewusste Mitgestaltung als eigenberechtigter Partner einer übernationalen Friedensordnung darstellen. Alles andere würde die Gesamtstruktur der EU selbst destabilisieren.

(1996)

## ZWASS, Adam

**Die Krise im Ostblock**

*Planwirtschaft im Wandel der Zeit*

Wien, Europaverlag 1982

Schwere Versorgungsmängel, geringe Produktivität, unausrottbare „Tonnenideologie", mindere Qualität der Industrieprodukte, zahllose halbfertige Investitionsruinen, Vernachlässigung der Landwirtschaft und Konsumgütererzeugung zugunsten der rüstungsorientierten Schwerindustrie – zu diesem vertrauten Mängelkatalog der Ostwirtschaften sind in den letzten Jahren auch noch die schweren Probleme der Devisenschulden von Ländern wie Polen, Rumänien, DDR und Ungarn hinzugekommen.

Adam Zwass, der selbst lange Jahre als Wirtschaftsexperte in der Sowjetunion und Polen tätig war, analysiert diese traditionellen Schwierigkeiten der Staatswirtschaft aus der Warte des Insiders. Sein Buch ist besonders wertvoll durch die ausführliche und dabei kritische Verwendung von Originalquellen aus dem RGW-Raum und durch die Verknüpfung ökonomischer und politischer Argumente. Interessantester Abschnitt des Werkes ist jener Teil, in dem die diversen ökonomischen Reformbestrebungen der Oststaaten und ihr letztliches Scheitern an den Widerständen der etablierten Planungsbürokratien eingehend dargestellt werden.

Die Gaststättenmisere in einem industriell hoch entwickelten Staat wie der DDR – Restaurantbesuche erfordern eine oft wochenlange Vorbestellung – wäre beispielsweise durch die Lizenzierung privater Speiselokale binnen kurzem zu beseitigen. Auch andere, wenig kapitalintensive Wirtschaftssparten in Handel und Gewerbe (zum Beispiel bei der Textilverarbeitung) würden bei einem Minimum an wirtschaftlichem Liberalismus wohl binnen kurzem von Privatunternehmen dominiert. Es ist nicht zuletzt das Wissen um die Unterlegenheit der planwirtschaftlichen Wirtschaftsorganisation und die Furcht vor der „neuen Bourgeoisie", die - mit Ausnahme von Ungarn - die meisten KP-Regimes daran hindert, hier die Zügel lockerer zu lassen. Gemischtwirtschaftliche Systeme sind wohl nicht, wie Zwass annimmt, im Ostblock von der Geschichte überholt. Selbst in der Sowjetunion gelang es ja dem Untergrundmillionär Otarij Lasischwili mit Duldung lokaler Parteifunktionäre, Anfang der siebziger Jahre ein kleines Textilimperium aufzubauen. Nebst der Furcht einer Verbindung von politischem und wirtschaftlichem Liberalismus ist es daher vermutlich das Bewusstsein der prinzipiellen Brüchigkeit des planwirtschaftlichen Lenkungssystems, das die Oststaaten an selbst kleinen Reformschritten hindert. Dabei erreicht aber die latent marktwirtschaftliche „Parallelökonomie" ein immer größeres Ausmaß.

Zwass wahrt in seinem Buch die planerische Makroperspektive, erwähnt zwar auch die Korrumpierung der Führungsschichten (etwa der Gierek-Clique), betont aber vielleicht etwas zu wenig die Phänomene der Massenkorruption (Absentismus, Schwarzarbeit für Westgeld, Diebstahl am Arbeitsplatz usw.), die hier zunehmend desintegrativ auf die offizielle Wirtschaft wirken. Angesichts der knapper werdender Rohstoffreserven werden das extensive Wachstum der Ostwirtschaften und ihre eingebauten Vergeudungsmechanismen immer problematischer. Es ehrt Zwass, dass er angesichts dieser Situation nicht, wie andere Ostemigranten, eine harte Linie des Westens fordert, um den Zusammenbruch der Ostblockregimes durch „Niederrüsten" zu fördern. Als Mann des Ausgleichs und der Humanität hofft Zwass immer noch auf Entspannung und auf das Modell eines auf selbständigen Unternehmungen mit Arbeitermitbestimmung fußenden sozialistischen Pluralismus. Der Rezensent ist, was speziell die Chancen der Arbeitermitbestimmung im Hinblick auf eine Effizienzverbesserung betrifft, etwas skeptisch, hält aber eine partielle Restauration des Kapitalismus durch aufgeklärte KP-Führungsschichten für möglich, und zwar auch ohne oder sogar anstatt politischer Liberalisierung. Hier läge etwa die einzige Chance des polnischen Militärregimes.

(1982)

## A

| | |
|---|---|
| Abälard, Peter | 91 |
| Adenauer, Konrad | 148 |
| Adler, Friedrich | 154 |
| Adler, Viktor | 152, 154 |
| Agrippa, Cornelius | 22 |
| Alain, eigtl. Chartier, Emile-Auguste | 56 |
| Altenberg, Peter | 151, 152 |
| Anderson, John | 222 |
| Androsch, Hannes | 165 |
| Aragon, Louis | 49, 51 |
| Archer, Mark | 114 |
| Arendt, Hannah | 60 |
| Attersee, Christian Ludwig | 188 |
| Auden, Wystan H. | 115 |
| Austerlitz, Friedrich | 40 |

## B

| | |
|---|---|
| Baade, Fritz | 124 |
| Barker, Andrew | 41 |
| Bartmann, Christoph | 137 |
| Bauer, Otto | 58 |
| Beaumont, Cyril | 109 |
| Becker, Nikolas | 18 |
| Beckett, Samuel | 51, 53 |
| Bekessy, Imre | 155 |
| Bell, Clive | 94, 101 |
| Bell, Vanessa | 101 |
| Bely, Andrej | 67 |
| Berlin, Isaiah | 12, 13, 14, 15, 16, 17, 18, 19, 20, 21, 22, 23 |
| Berliner, Wilhelm | 170 |
| Bermann, Richard | 206 |
| Bernhard, Thomas | 53 |
| Beuys, Joseph | 188 |
| Bismarck, Otto von | 138, 156, 195 |
| Blanqui, Auguste | 57 |
| Bljumin, J.G. | 122 |
| Bloch, Ernst | 49 |
| Block, Fred | 200 |
| Blum, Léon | 58 |
| Böll, Heinrich | 51 |
| Bombach, Gottfried | 118, 119, 120 |
| Börne, Ludwig | 155 |
| Bourdieu, Pierre | 179 |
| Brandt, Willi | 148 |
| Breschnew, Leonid | 149 |
| Breughel, Pieter | 243 |
| Broonzy, Big Bill | 231 |
| Bruck, Karl Ludwig von | 160, 165 |
| Bruckner, Anton | 164 |
| Bruhat, Jean | 61 |
| Brüning, Heinrich | 158 |
| Brunngraber, Rudolf | 25, 26, 27 |
| Brzezinski, Zbigniew | 203 |
| Bühler, Charlotte | 138 |
| Busch, Wilhelm | 49 |
| Bushell, A. | 41 |

## C

| | |
|---|---|
| Cabet, Etienne | 19, 182, 183, 185 |
| Caemmerer, C. | 31 |
| Caesar, Gaius Iulius | 152 |
| Cahagnes, William de | 89 |
| Camus, Albert | 10, 28, 29, 30, 75 |
| Canetti, Elias | 162 |
| Cangiani, Michele | 199, 200 |
| Carney, Dennis | 229 |
| Carter, James Earl | 220, 222, 225, 234 |
| Castro, Fidel | 204 |
| Cézanne, Paul | 96 |
| Chaloupek, Ferdinand | 161 |
| Chaloupek, Günther | 161 |
| Chamberlain, Joseph | 92 |
| Chamberlain, Neville | 116 |
| Chevalier, Maurice | 139 |
| Chruschtschow, Nikita | 62, 64, 148, 149 |
| Churchill, Winston | 110, 192 |

| | |
|---|---|
| Clark, Colin | 226 |
| Clinton, William | 200 |
| Comte, Auguste | 20, 55 |
| Conally, John | 222 |
| Condorcet, Nicolas de | 93 |
| Constant, Benjamin | 55 |
| Croce, Benedetto | 110 |
| Curiel, Henri | 238 |

**D**

| | |
|---|---|
| Darwin, Charles | 89, 106 |
| de Beauvoir, Simone | 29 |
| de Gaulle, Charles | 148, 149 |
| de Maistre, Joseph | 15, 16, 17 |
| Degas, Edgar | 96 |
| Delabar, W. | 31 |
| Delacroix, Eugène | 96 |
| Demosthenes | 152 |
| di Rienzi, Cola | 168 |
| Diaghilev, Sergei | 109 |
| Disraeli, Benjamin | 21, 213 |
| Dobretsberger, Josef | 170, 249 |
| Doderer, Heimito von | 10, 31, 32, 33, 34, 35, 36, 37, 38, 39, 40, 41, 42, 43, 44, 45, 46, 47, 170 |
| Dollfuß, Engelbert | 248, 250 |
| Domitian | 157 |
| Dräger, Heinrich | 123, 124 |
| Drimmel, Heinrich | 50 |
| Duczynska, Ilona | 203, 204, 205 |
| Dülfer, Martin | 138 |

**E**

| | |
|---|---|
| Ebert, Christa | 68 |
| Ebert, Friedrich | 138 |
| Eckert, John Presper | 232 |
| Edgeworth, Francis Ysidro | 93 |
| Edschmid, Kasimir | 27 |
| Eifler, Alexander | 204 |
| Einstein, Albert | 108, 238 |
| Eisenbach, Heinrich | 152 |
| Eisler, Hanns | 51 |
| Eisner, Kurt | 138 |
| Elmenhorst, Jan | 243, 244, 245 |
| Emerson, Ralph Waldo | 231 |
| Ender, Otto | 132 |
| Engels, Friedrich | 20, 21, 168 |

**F**

| | |
|---|---|
| Faludy, Bela | 45 |
| Faulhaber, Michael von | 138 |
| Feder, Gottfried | 124 |
| Fetscher, Iring | 50 |
| Feuchtwanger, Lion | 49 |
| Fischer, Ernst | 10, 48, 49, 50, 51, 52, 53, 161, 162, 170 |
| Fleischer, Wolfgang | 31, 36, 37, 38, 40, 41, 42, 45 |
| Föhl, Carl | 120 |
| Frank, Wilhelm | 164 |
| Friedell, Egon | 35 |
| Friedländer-Prechtl, Robert | 120 |
| Friedman, Milton | 113, 122 |
| Funk, Walther | 116 |
| Furet, Francois | 10, 54, 55, 56, 57, 58, 59, 60, 61, 62, 63, 64, 66 |

**G**

| | |
|---|---|
| Gauß, Karl Markus | 48, 51 |
| George, Lloyd | 95, 110 |
| Gerstner, Louis | 236 |
| Gide, André | 64, 65, 66 |
| Gierek, Edward | 253 |
| Girardi, Alexander | 152 |
| Giraudoux, Jean | 94 |
| Goebbels, Joseph | 12, 26 |
| Goethe, Johann Wolfgang | 13 |
| Gördeler, Carl Friedrich | 210 |
| Göring, Hermann | 146, 210 |
| Gorki, Maxim | 67, 110 |
| Grant, Duncan | 91, 95, 99, 101 |
| Greene, Graham | 81 |

| | | | |
|---|---|---|---|
| Gregory, T.E. | 120 | Hilferding, Rudolf | 124, 125 |
| Grenier, Jean | 29 | Hippius, Sinaida | 56, 67, 68 |

Gregory, T.E. 120
Grenier, Jean 29
Greunder, Ruth 151
Groß, Otto 151
Grüner, Franz 170
Gumbel, Ernst Julius 158
Gurian, Waldemar 60
Gütersloh, Albert Paris 43, 44, 170

## H

Habsburg, Otto 247, 249
Hahn, Kurt 156
Haider, Jörg 65
Haile Selassie Mariam 81
Halévy, Elie 56
Hamann, Johann Georg 15
Harnack, Arvid 191
Harris, S. 73
Harrod, Roy 88, 91, 94, 95, 100, 102
Hartinger, Ludwig 48, 51
Haslinger, Josef 127
Hasterlik, Paul 33, 45
Hausheer, Roger 19
Havel, Vaclav 51, 53
Hayek, Friedrich August von 106, 107, 120, 122, 199, 200, 222
Hegel, Georg Wilhelm Friedrich 17, 69
Heine, Heinrich 13, 17, 161
Heinz, Karl Hans 246, 248, 250
Held, Michael 118, 121, 122, 123, 124, 125, 126
Helleiner, Eric 200
Herder, Johann Gottfried 15
Hergé 57
Herzen, Alexander 19
Herzl, Theodor 18
Hess, Moses 17, 18, 19
Hesson, Elizabeth 35, 42, 43
Hettner, Björn 206
Hicks, John 108

Hilferding, Rudolf 124, 125
Hippius, Sinaida 56, 67, 68
Hitler, Adolf 36, 40, 48, 60, 62, 63, 65, 75, 116, 141, 151, 152, 154, 192, 207, 208, 209, 210, 213, 214, 217, 234, 247, 249
Ho Chi Minh 134
Hobsbawm, Eric John 10, 69, 70, 71, 72, 73, 74, 75, 76
Hochwälder, Fritz 165
Hoet, Jan 188
Hofmannsthal, Hugo von 164
Hollerith, Hermann 233
Hollitscher, Walter 50, 164
Holzer, Stefanie 8
Homer 15
Honecker, Erich 65
Hoxha, Enver 78
Huch, Ricarda 157, 158
Hugenberg, Alfred 208
Hurdes, Felix 249
Husemann, Walter 191

## I

Ibsen, Henrik 115
Innitzer, Theodor 170

## J

Jackson, Mahalia 231
Jahoda, Marie 218
Jaspers, Karl 156, 157, 158
Jelski, Walter 139
Jeschow, Nikolai Iwanowitsch 242
Joham, Josef 165
Johannsen, Nicholas A. 120
Johnson, Charles 230
Joliot-Curie, Frédéric 238, 239
Joliot-Curie, Irène 238
Jünger, Ernst 56, 213

## K

| | |
|---|---|
| Kadare, Ismail | 77, 78, 79, 80 |
| Kafka, Franz | 154 |
| Kahn, Richard | 106, 107 |
| Kainz, Ludwig | 191 |
| Kamenew, Lew Borissowitsch | 59 |
| Kamitz, Reinhard | 108 |
| Kant, Immanuel | 22, 161 |
| Kapuściński, Ryszard | 81, 82, 83, 84 |
| Karl I. (öst.-ung. Monarch) | 154 |
| Kastner, Walther | 85, 86, 87 |
| Kautsky, Karl | 57, 58, 60, 167 |
| Keegan, William | 114 |
| Kemp, Jack | 223 |
| Kempowski, Walter | 132 |
| Kennan, George | 131 |
| Kennedy, John F. | 149 |
| Kerenski, Alexander Fjodorowitsch | 67 |
| Keynes, John Maynard | 9, 12, 64, 88, 89, 90, 91, 92, 93, 94, 95, 96, 97, 98, 99, 100, 101, 102, 103, 104, 105, 106, 107, 108, 109, 110, 111, 112, 113, 114, 115, 116, 117, 118, 119, 120, 121, 122, 123, 124, 125, 126, 158, 209, 217, 220, 225, 226 |
| Keynes, Neville | 89, 92 |
| Kienböck, Viktor | 87 |
| Kindleberger, Charles | 245 |
| King, Lloyd | 230 |
| King, Martin Luther | 228 |
| Kirow, Sergej Mironowitsch | 242 |
| Klaus, Josef | 169 |
| Klein, Daisy | 139 |
| Kleist, Heinrich von | 51, 52, 53 |
| Klemperer, Berthold | 139 |
| Klemperer, Eva | 130, 136, 139, 141, 147 |
| Klemperer, Georg | 139 |
| Klemperer, Hadwig | 147 |
| Klemperer, Victor | 9, 127, 128, 129, 130, 131, 132, 133, 134, 135, 136, 137, 138, 139, 140, 141, 142, 143, 145, 146, 147 |
| Klier, Walter | 8 |
| Kling, Vincent | 41 |
| Klotz, Louis-Lucien | 95 |
| Knieriem, Michael | 168 |
| Koestler, Arthur | 239, 240, 241 |
| Köhler, Annemarie | 129, 146 |
| Kokoschka, Oskar | 170 |
| Konrad, György | 204 |
| Körner, Theodor | 204 |
| Kramer, Jost W. | 6, 243, 244, 245 |
| Kramer, Theodor | 249 |
| Kraus, Karl | 151, 152, 153, 154, 155 |
| Kregel, Jan | 201, 202 |
| Kreisky, Bruno | 10, 148, 149, 150, 163 |
| Kreyssig, Gerhard | 126 |
| Kugler, Werner | 227 |
| Kuh, Anton | 151, 152, 153, 154, 155 |
| Kuhn, Thomas | 173 |

## L

| | |
|---|---|
| Lafargue, Paul | 74 |
| Laffer, Arthur | 223 |
| Lasischwili, Otarij | 253 |
| Lautenbach, Wilhelm | 120, 121 |
| Lazarsfeld, Paul | 218 |
| Lederer, Emil | 125 |
| Leffingwell, Russell | 103 |
| Lenin, Wladimir Iljitsch | 12, 13, 17, 49, 55, 56, 57, 60, 70, 139, 140, 191 |
| Lessing, Gotthold Ephraim | 13, 17 |
| Lichnowsky, Karl von | 157 |
| Lingens, Ella | 240, 241, 242 |
| Löffler, Henner | 41 |
| Löffler, Sigrid | 178 |
| Lopokotova, Lydia | 107, 109, 115 |
| Lottman, Herbert | 10, 28, 29, 30 |
| Löw, Hans | 86 |
| Löwenthal, Richard | 126 |
| Ludendorff, Erich | 141 |
| Luehrs, Kai | 31, 35, 37, 38, 40, 41 |

| | | | | |
|---|---|---|---|---|
| Lukács, Georg | 59, 205 | | Mirsky, Dimitri | 101 |
| Lukrez | 161 | | Missong, Alfred | 246 |
| Lumpkin, Frank | 228 | | Moczar, Mieczyslaw | 192 |
| Lütgendorf, Karl | 149 | | Montesquieu, Charles de Secondat | 20 |
| Luxemburg, Rosa | 57 | | Moore, G.E. | 93, 101, 111 |

## M

Moser, Hans 152

| | | | | |
|---|---|---|---|---|
| MacDonald, Ramsay | 110 | | Mosley, Oswald | 98 |
| Machackova, Vera | 168 | | Moynihan, Daniel | 222 |
| Machiavelli, Nicolo | 14, 64 | | Mühl, David | 183 |
| Macmillan, Harold | 120 | | Mühl, Friedel | 183 |
| Magris, Claudio | 151 | | Mühl, Otto | 182, 183, 184, 185, 186, 187, 188, 189 |
| Mahler, Gustav | 164 | | Münzenberg, Willi | 191 |
| Mann, Golo | 156, 157, 158, 159 | | Musil, Robert | 197 |
| Mann, Katia | 156 | | Mussolini, Benito | 63, 79 |
| Mann, Klaus | 159 | | **N** | |
| Mann, Thomas | 51, 60, 159 | | Nadler, Josef | 170 |
| Mao Tse Tung | 74, 133 | | Naphtali, Fritz | 124 |
| Marquand, David | 99, 112 | | Netzband, Karl-Bernhard | 118, 119 |
| Marshall, Alfred | 89, 90, 92, 100 | | Newton, Isaac | 106 |
| Marx, Karl | 9, 10, 13, 17, 19, 20, 21, 53, 55, 57, 58, 60, 69, 71, 75, 101, 103, 123, 126, 146, 168, 182, 194, 197, 210, 221 | | Niekisch, Ernst | 60 |
| | | | Nietzsche, Friedrich | 53, 63 |
| März, Eduard | 10, 50, 160, 161, 162, 163, 164, 165, 166, 167, 168, 234, 235 | | Nitsch, Hermann | 188 |
| | | | Nixon, Richard M. | 222 |
| Matejka, Viktor | 10, 32, 46, 169, 170, 171 | | Nora, Philippe | 179 |
| Matzner, Egon | 11, 172, 173, 174, 175, 176, 178, 179, 180, 181 | | **O** | |
| | | | Oberhuber, Oswald | 188 |
| Matzner-Holzer, Gabriele | 175, 178 | | Ofner, Günther | 132 |
| Mauchly, John William | 232 | | Olah, Franz | 149 |
| Maydon, Ron | 229 | | Orwell, George | 64, 66, 187 |
| Mayer, Hans | 50 | | **P** | |
| McCarthy, Joseph | 62, 231 | | Pallenberg, Max | 152 |
| McKenna, Reginald | 95 | | Pannée, Jean-Louis | 59 |
| McRobbie, Kenneth | 198, 204, 206 | | Papen, Franz von | 208 |
| Mehring, Walter | 249 | | Pascal, Pierre | 58 |
| Meister, Richard | 46 | | Patterson, John Henry | 233 |
| Menuhin, Yehudi | 74 | | Pentzlin, Heinz | 207, 209, 210, 211 |
| Mereschkowski, Dimitri | 67 | | Pernter, Hans | 154 |
| Miklas, Wilhelm | 250 | | Perrault, Gilles | 190, 192 |

| | | | |
|---|---|---|---|
| Petöfi, Sándor | 51 | Russell, Bertrand | 57, 91, 194 |
| Petre, Peter | 232 | **S** | |
| Pfabigan, Alfred | 204 | Sachs, Jeffrey | 201, 202, 203 |
| Pissecker, Walter | 185 | Saint-Simon, Herzog von | 134 |
| Pittermann, Bruno | 249 | Samuelson, Paul A. | 72, 73, 226 |
| Plant, Arnold | 120 | Sartre, Jean Paul | 29, 64, 65, 179 |
| Polanyi, Karl | 10, 194, 195, 196, 197, 198, 199, 200, 201, 202, 203, 204, 205, 206 | Say, Jean Baptiste | 106 |
| | | Schacht, Hjalmar | 108, 207, 208, 209, 210, 211 |
| Polanyi, Michael | 194 | Schah Reza Pahlevi II | 82 |
| Polanyi-Levitt, Kari | 198 | Schediwy, Johann | 165 |
| Polgar, Alfred | 152 | Schediwy, Rózsi | 131, 132 |
| Pollacsek, Mihaly | 204, 205 | Schiller, Friedrich | 13, 161, 163 |
| Preiser, Erich | 120 | Schiller, Karl | 126 |
| Pusch, Hans | 149 | Schlick, Moritz | 164 |
| **R** | | Schlothauer, Andreas | 182, 183, 185, 186, 187, 189 |
| Raab, Julius | 87, 148 | Schmidt-Dengler, Wendelin | 26, 37 |
| Radek, Karl | 203 | Schmitt, Carl | 212, 213, 214 |
| Ramser, Hans-Jürgen | 118, 119 | Schnitzler, Arthur | 162 |
| Rapp, Maria | 50 | Schönerer, Georg von | 161 |
| Reagan, Ronald | 113, 220, 221, 222, 223, 224, 225, 226 | Schröder, Hans Joachim | 41 |
| | | Schuhmacher, Kurt | 170 |
| Reich, Wilhelm | 184 | Schuhmeier, Franz | 154 |
| Reininger, A. | 41, 42, 43 | Schulze-Boysen, Harro | 191 |
| Renner, Karl | 161, 170, 199 | Schulze-Boysen, Libertas | 191 |
| Reuter, Fritz | 33 | Schumpeter, Joseph Alois | 117, 164, 168, 194 |
| Reynaud, Paul | 192 | Schupp, U. | 40 |
| Robbins, Lionel | 106, 107, 120 | Schuschnigg, Kurt | 154, 249 |
| Robinson, Joan | 106 | Schuschnigg, Kurt von | 248 |
| Rocek, Roman | 32 | Schwarzschild, Leopold | 158 |
| Rökk, Marika | 131 | Segesser, Philipp Anton von | 178 |
| Rolakidse, Grigol | 212 | Seipel, Ignaz | 152 |
| Roosevelt, Franklin Delano | 119 | Seitz, Karl | 154 |
| Röpke, Wilhelm | 120, 121 | Shakespeare, William | 79, 168 |
| Rosenmark, Raymond | 61 | Shaplen,-Joseph | 60 |
| Roth, Joseph | 12, 35 | Shaw, George Bernard | 63, 64, 111 |
| Rousseau, Jean Jacques | 17 | Shub, David | 60 |
| Rousset, David | 239 | Sidgwick, Henry | 89 |
| Rudolf IV „der Stifter" | 247 | Sigal, Clancy | 230 |

| | |
|---|---|
| Sinowjew, Grigori Jewsejewitsch | 59 |
| Skidelsky, Robert | 9, 88, 89, 90, 91, 92, 93, 94, 98, 99, 101, 102, 106, 109, 112, 113, 114, 115, 116, 117 |
| Slánsky, Rudolf | 13 |
| Smith, Adam | 116 |
| Solschenizyn, Alexander | 51, 53 |
| Sombart, Nicolaus | 212, 213, 214 |
| Sombart, Werner | 212 |
| Sommer, Gerald | 31, 32, 35, 37, 38, 39, 40, 41, 42 |
| Sorokin, Pitirim | 218 |
| Souvarine, Boris | 59 |
| Soyfer, Jura | 167 |
| Spann, Othmar | 170 |
| Spiel, Hilde | 45 |
| Spiethoff, Wilhelm | 108 |
| Spitzer, Eliot | 244 |
| Stalin, Josef | 8, 13, 17, 48, 49, 52, 53, 59, 60, 61, 62, 63, 64, 65, 70, 74, 76, 80, 104, 146, 147, 170, 182, 188, 191, 192, 193, 238, 239, 240, 241, 242 |
| Staud, Johann | 169 |
| Steiger, Otto | 125 |
| Stiefel, Dieter | 215, 216, 217, 218 |
| Stockman, David A. | 220, 221, 222, 223, 224, 225, 226 |
| Strachey, Lytton | 92, 94, 99, 101 |
| Straight, Michael | 105 |
| Striker, Barbara | 204 |
| Stürgkh, Karl Graf von | 155 |
| Syberberg, Hans Jürgen | 213 |
| Szécsi, Maria | 49, 50 |
| Szeemann, Harald | 188 |

**T**

| | |
|---|---|
| Tacitus | 157 |
| Talmon, Jacob L. | 61 |
| Tarnow, Fritz | 124 |
| Taylor, Frederick | 25 |
| Terkel, Studs | 227, 228, 229, 230, 231 |
| Terry, Peggy | 228 |
| Thatcher, Margaret | 74 |
| Theißig, Eva | 130 |
| Timmermann, Manfred | 118, 119 |
| Tinbergen, Jan | 104 |
| Tisza, Graf Stephan | 203 |
| Tito, Josip Broz | 52, 170 |
| Todt, Fritz | 191 |
| Toller, Ernst | 64 |
| Treichl, Heinrich | 32 |
| Trepper, Leopold | 190, 191, 192 |
| Trincher, Karl | 164 |
| Trotzki, Leo | 59, 63 |
| Truman, Harry S. | 149 |
| Tucholsky, Kurt | 154, 155 |

**V**

| | |
|---|---|
| Vico, Giambattista | 15 |
| Voelkner, Käthe | 191 |
| Voltaire, (Arouet, Francois Marie) | 17 |

**W**

| | |
|---|---|
| Waehner, Trude | 170 |
| Wagener, Hilde | 167, 168 |
| Wahington, Booker T. | 230 |
| Walde, Alfons | 170 |
| Waldheim, Kurt | 65, 175 |
| Wanniski, Jude | 223 |
| Watson, Thomas junior | 232, 233, 235, 236 |
| Watson, Thomas senior | 232, 233, 234, 235, 236 |
| Webb, Beatrice | 63, 64, 105, 125 |
| Webb, Sidney | 63, 64 |
| Weber, Max | 194 |
| Weber, Wilhelm | 108 |
| Weigel, Hans | 170 |
| Weinberger, Caspar | 224 |
| Weininger, Otto | 36 |
| Weißberg-Cybulski, Alexander | 10, 238, 239, 240, 241, 242 |
| Wells, Herbert George | 63, 64 |
| Werbezirk, Gisela | 152 |

| | |
|---|---|
| Werfel, Franz | 162 |
| Wertheimstein, Leopold von | 166 |
| Wicksell, Knut | 107 |
| Wiesinger-Stock, Sandra | 45 |
| Wilhem II (deutscher Kaiser) | 25 |
| William der Eroberer | 89 |
| Winock, Michel | 179 |
| Winter, Ernst Karl | 246, 247, 248, 249, 250, 251 |
| Woolf, Virginia | 99, 101, 109 |
| Woroschilow, Kliment Jefremowitsch | 238 |
| Woytinsky, Wladimir | 124, 125 |
| Wurm, Shalom | 183 |
| Wyden, Peter | 131 |

**Y**

| | |
|---|---|
| Young, Owen | 208 |

**Z**

| | |
|---|---|
| Zahl, Peter Paul | 204 |
| Zapata, Emiliano | 204 |
| Zeisel, Hans | 218 |
| Ziak, Karl | 26 |
| Zogu, Achmed | 79 |
| Zola, Émile | 179 |
| Zorn, Rudolf | 126 |
| zur Mühlen, Hermynia | 249 |
| Zwass, Adam | 252, 253 |
| Zweig, Stefan | 12 |

## Angaben zur Erstveröffentlichung

**Berlin**, Isaiah: Das krumme Holz der Humanität, GEGENWART (Innsbruck) Nr. 24/1995.

**Bombach**, G. siehe **Keynesianismus**.

**Brunngraber**, Rudolf: Karl und das zwanzigste Jahrhundert, AKZENTE (Wien) 7-8/1989.

**Camus**, Albert: siehe **Lottman**.

**Doderer**, Heimito von: Die Dämonen, DAS JÜDISCHE ECHO (Wien) 2006.

**Elmenhorst**, Jan. **Kramer**, Jost: Beeinflussung von Wertpapiermärkten durch Analystenkommentare – Konfliktpotenziale und Lösungsansätze, WIRTSCHAFT UND GESELLSCHAFT Nr. 4/2006.

**Fischer**, Ernst: Erinnerungen und Reflexionen, AKZENTE (Wien) 7-8/1988.

**Fischer**, Ernst: Aufstand der Wirklichkeit, DIE ZUKUNFT (Wien) Nr. 12, 1989.

**Furet**, Francois: Das Ende der Illusion, GEGENWART (Innsbruck) Nr. 31 10-12/1996.

**Held**, Michael: siehe **Keynesianismus**.

**Hippius**, Sinaida: Petersburger Tagebuch. Verfasst 1993. Publikation nicht eruierbar.

**Hobsbawm**, Eric: Das Zeitalter der Extreme. Weltgeschichte des 20. Jahrhunderts, GEGENWART (Innsbruck) Nr. 28 1-3/1996.

**Kadare**, Ismail: Chronik in Stein. WIENER ZEITUNG, 5.12.1989.

**Kapuściński**, Ryszard: Schah-in-Schah. Verfasst 1986, Publikation nicht eruierbar.

**Kastner**, Walther: Mein Leben – kein Traum. Aus dem Leben eines österreichischen Juristen. DIE ZUKUNFT Nr. 10/1983.

**Keynes**, John Maynard: siehe **Skidelsky**.

**Keynesianismus**

**Bombach**, Gottfried. **Netzband**, Karl-Bernhard. **Ramser**, Hans-Jürgen. **Timmermann**, Manfred (Hrsg.): Der Keynesianismus, Band III – Die geld- und beschäftigungstheoretische Diskussion in Deutschland zur Zeit von Keynes WIRTSCHAFT UND GESELLSCHAFT (Wien) 1/1983.

**Held**, Michael: Sozialdemokratie und Keynesianismus – Von der Weltwirtschaftskrise bis zum Godesberger Programm WIRTSCHAFT UND GESELLSCHAFT (Wien) Nr. 1/1983.

**Klemperer**, Victor: Ich will Zeugnis ablegen bis zum letzten. Tagebücher 1933-41 und 1942-45. GEGENWART (Innsbruck) Nr. 29/1996.

**Klemperer**, Victor: Leben sammeln, nicht fragen wozu und warum. Tagebücher 1918-1924 (Band 1) und 1925-1932 (Band 2). GEGENWART (Innsbruck) Nr. 34/1997.

**Klemperer**, Victor: So sitze ich denn zwischen allen Stühlen. Tagebücher 1945-1959. Zwei Bände. WIENER ZEITUNG 5.-6.Nov.1999.

**Kramer**, Jost W., siehe: **Elmenhorst**.

**Kreisky**, Bruno: „Im Strom der Politik" – Erfahrungen eines Europäers. AKZENTE (Wien) 3-4/1989.

**Kuh**, Anton: „Luftlinien." Feuilletons, Essays und Publizistik. DIE ZUKUNFT (Wien) Nr. 6/1982.

**Lottman**, Herbert: Camus – Eine Biographie, gesendet in Ö1 „ex libris", 1.2.1987.

**Mann**, Golo: Erinnerungen und Gedanken – eine Jugend in Deutschland, BÜCHERSCHAU (Wien) 4-6/1987 (gekürzt).

**März**, Eduard: 1) Karl Ludwig Freiherr vom Bruck Das Spiel von der Hybris der politischen Macht; 2)Tod eines Condottiere oder Skandal in Neukakanien, (Zwei unpublizierte Lesedramen) ARCHIV (Verein für die Geschichte der Arbeiterbewegung, Wien) 1995.

**Matejka**, Viktor: Anregung ist alles. Das Buch Nr. 2. AKZENTE (Wien) 5/1991.

**Matzner, Egon:** Nachrufartikel, 2003 (bislang unveröffentlicht)

**Mühl**, Otto, siehe: **Schlothauer**.

**Netzband**, Karl-Bernhard, siehe **Keynesianismus**.

**Perrault**, Gilles: Auf den Spuren der roten Kapelle. ARCHIV (Verein für die Geschichte der Arbeiterbewegung, Wien) 1995.

**Polanyi**, Karl: The Great Transformation, in „WIENER TAGEBUCH" Nr. 7/1977.

**Polanyi**, Karl: Kenneth McRobbie, Kari Polany Levitt (Hrsg.) Karl Polanyi in Vienna. The Contemporary Significance of the Great Transformation, in: WIRTSCHAFT UND GESELLSCHAFT Nr. 1/2001.

**Pentzlin**, Heinz: „Hjalmar Schacht, Leben und Wirken einer umstrittenen Persönlichkeit". DIE ZUKUNFT (Wien) Nr. 1/1983.

**Ramser**, Hans-Jürgen, siehe: **Keynesianismus**.

**Schacht**, Hjalmar, siehe: **Pentzlin**.

**Schlothauer**, Andreas: Die Diktatur der Freien Sexualität - AAO, Mühl-Kommune Friedrichshof. WIENER ZEITUNG 31. Juli 1992.

**Skidelsky**, Robert: John Maynard Keynes: Hopes Betrayed 1883-1920. WIRTSCHAFT UND GESELLSCHAFT (Wien) Nr. 2/1984.

**Skidelsky**, Robert: John Maynard Keynes: The Economist as Saviour 1920-1937, WIRTSCHAFT UND GESELLSCHAFT (Wien) Nr. 3/1994.

**Skidelsky**, Robert: John Maynard Keynes; 1883 – 1946. Economist, Philosopher, Statesman. WIRTSCHAFT UND GESELLSCHAFT (Wien) Nr. 1/2007.

**Sombart**, Nicolaus: Jugend in Berlin 1933 – 43, Gekürzt in: BÜCHERSCHAU Nr.7-9/1984.

**Stiefel**, Dieter: Arbeitslosigkeit – Soziale, politische und wirtschaftliche Auswirkungen – am Beispiel Osterreichs 1918-38. WIRTSCHAFT UND GESELLSCHAFT (Wien) Nr. 2/1980.

**Stockman**, David A: The Triumph of Politics – why the Reagan-Revolution failed. WIRTSCHAFT UND GESELLSCHAFT (Wien) Nr. 2/1986.

**Terkel**, Studs: Die sind einfach anders – Die Angst vor der anderen Hautfarbe – Der alltägliche Rassismus in Amerika. DIE ZUKUNFT (Wien) 8/1994.

**Timmermann,** Manfred, siehe: **Keynesianismus**.

**Watson,** Thomas J. jr. **Petre,** Peter: Der Vater, der Sohn & die Firma – Die IBM-Story – Wie ein Weltkonzern entstand. WIRTSCHAFT UND GESELLSCHAFT (Wien) Nr. 3/1993.

**Wertpapiermärkte**, siehe: **Elmenhorst**.

**Weißberg-Cybulski**, Alexander: Im Verhör. Ein Überlebender der stalinistischen Säuberungen berichtet. ARCHIV (Verein für die Geschichte der Arbeiterbewegung, Wien) 1993.

**Winter,** Ernst Karl: 1) Rudolph IV. von Österreich, 2) Alfred Missong (Hrsg.): Bahnbrecher des Dialogs. DIE ZUKUNFT (Wien) Nr. 9/1996.

**Zwass,** Adam: Planwirtschaft im Wandel der Zeit. DIE ZUKUNFT (Wien) Nr. 12/1982.

**Autorenangaben**

Robert Schediwy, geb. 1947 in Wien, Studium der Rechtswissenschaften an der Universität Wien. Promotion zum Dr. jur. an der Universität Wien 1969, als Fulbrightstipendiat M.A. in Economics an der Saint Louis University, Saint Louis, Missouri 1971. 1971 bis 1973 Assistent am Forschungsinstitut für Genossenschaftswesen der Universität Wien, 1975 bis 2003 (Ruhestand) Referent der Wirtschaftskammer Österreich für Genossenschaften und öffentliche Wirtschaft. Daneben Lehraufträge an der Universität Wien, Adjunct Professor an der Webster Universität, Wien, 1998 Habilitation an der Universität Kuopio, Finnland (Fach „Social Economy") und 2000 bis 2003 Teilzeitprofessur daselbst.

Neben zahlreichen wissenschaftlichen Veröffentlichungen hat er während der letzten Jahrzehnte in großem Umfang Buchbesprechungen verfasst, u. a. für „Akzente", „Archiv (Verein für die Geschichte der Arbeiterbewegung, Wien)", „Bücherschau", „Das Jüdische Echo", „Die Zukunft", „Gegenwart", „Wiener Tagebuch" „Wiener Zeitung" sowie „Wirtschaft und Gesellschaft".